Notebooks on Military Archaeology and Architectı
Edited by Roberto Sconfienza

Gli incroci pericolosi

Storia e Archeologia della Strada di Fiandra in Italia e Savoia. 1561–1659

Giovanni Cerino Badone

BAR International Series 2885

2018

Published in 2018 by
BAR Publishing, Oxford

BAR International Series 2885

Notebooks on Military Archaeology and Architecture 13
Gli incroci pericolosi

ISBN 978 1 4073 1641 3

© Giovanni Cerino Badone 2018

COVER IMAGE *'El milagro de Empel', copyright Augusto Ferrer-Dalmau; used under the Creative Commons Attribution-Share Alike 4.0 International licence.*

The Author's moral rights under the 1988 UK Copyright,
Designs and Patents Act are hereby expressly asserted.

All rights reserved. No part of this work may be copied, reproduced, stored, sold, distributed, scanned, saved in any form of digital format or transmitted in any form digitally, without the written permission of the Publisher.

Printed in England

BAR titles are available from:

BAR Publishing
122 Banbury Rd, Oxford, OX2 7BP, UK
EMAIL   info@barpublishing.com
PHONE +44 (0)1865 310431
FAX   +44 (0)1865 316916
www.barpublishing.com

Notebooks on Military Archaeology and Architecture

Edited by Roberto Sconfienza

La collana promossa dai BAR, di cui questo libro costituisce il tredicesimo volume, nasce in seguito al desiderio di poter aprire uno spazio autonomo per le pubblicazioni di un settore specialistico degli studi archeologici e storico-architettonici, che è quello relativo al più ampio tema della storia militare. Non si danno perciò fin d'ora limiti cronologici o spaziali, volendo fornire al maggior numero di studiosi la possibilità di pubblicare studi inerenti il tema della collana. Per comunicazioni e proposte di pubblicazioni fare riferimento al responsabile:
ROBERTO SCONFIENZA

* * * * *

La collection lancée par les BAR, dont la présente édition constitue le treizième exemplaire, remonte au désir de faire place aux publications concernant le secteur de l'histoire militaire, un secteur très spécialisé dans le panorama des études d'archéologie et d'histoire de l'architecture. Dans le but d'offrir au plus grand nombre d'auteurs la possibilité de publier leurs ouvrages, on n'a donné aucune limite spatio-temporelle aux sujets traités. Pour tout renseignement et proposition de publication s'adresser au responsable:
ROBERTO SCONFIENZA

* * * * *

The series, promoted by BAR, of which the present volume is the thirteenth issue, originates from the desire to open a new, autonomous ground for specialized publications concerning archaeological and historical studies, in particular relating to the wider field of military studies. No boundaries are set, concerning time and space, since the aim is to offer the most scholars the possibility to publish their works relating to the topic of the series. For any further suggestions and proposals of publications please contact the editor:
ROBERTO SCONFIENZA

* * * * *

Der vorliegende Band stellt die dreizehnte Nummer der neuen von BAR geförderte Reihe dar. Diese Serie entsteht infolge des Wunsches einen selbständigen Platz zu schaffen, der für die Ausgaben eines fachmännischen Gebietes von der archäologischen und architektonisch-geschichtlichen Untersuchungen bestimmt ist. Von jetzt an, setzt man keine chronologischen oder räumlichen Grenzen; auf diese Weise hat ein größer Teil der Gelehrten die Gelegenheit die Untersuchung über den Gegenstand dieser Bücherreihe zu veröffentlichen. Für die Mitteilungen und Veröffentlichungs-vorschlage darf man sich auf den Verantwortliche beziehen:
ROBERTO SCONFIENZA

Roberto Sconfienza,
- via Claudio Beaumont n. 28, 10138, Torino, Italia
- via per Aglié n. 12, 10090, Cuceglio, (Torino), Italia
n. tel. 0039-011-4345944; 0039-0124-492237; 0039-333-4265619
mail: robertosconfienza@libero.it
academia.edu : http://scuolerivarolocanavese.academia.edu/RobertoSconfienza

NOTEBOOKS ON MILITARY ARCHAEOLOGY AND ARCHITECTURE

Edited by Roberto Sconfienza

e-mail: robertosconfienza@libero.it

No 1	ROBERTO SCONFIENZA, *Fortificazioni tardo classiche e ellenistiche in Magna Grecia. I casi esemplari nell'Ita-lia del Sud*, Oxford 2005	BAR International Series 1341 2005
No 2	GIOVANNI CERINO BADONE, *La guerra contro Dolcino "perfido eresiarca" (1305 1307). Descrizione e studio di un assedio medioevale*, Oxford 2005	BAR International Series 1387 2005
No 3	PAOLA GREPPI, *Provincia Maritima Italorum. Fortificazioni altomedievali in Liguria*, Oxford 2007	BAR International Series 1839 2007
No 4	ROBERTO SCONFIENZA, *Pietralunga 1744. Archeologia di una battaglia e delle sue fortificazioni sulle Alpi fra Piemonte e Delfinato. Italia nord-occi-dentale*, Oxford 2009	BAR International Series 1920 2009
No 5	GIORGIO DONDI, *La fatica del bello. Tecniche decorative del-l'acciaio e del ferro su armi e armature in Europa tra Basso Medioevo ed Età Moderna*, Oxford 2011	BAR International Series 2282 2011
No 6	ROBERTO SCONFIENZA, *Le pietre del Re. Archeologia, trattatistica e tipologia delle fortificazioni campali moderne fra Piemonte, Savoia e Delfinato*, Oxford 2011	BAR International Series 2303 2011
No 7	ROBERTO SCONFIENZA (a cura di), *La campagna gallispana del 1744. Storia e Archeologia Militare di un anno di guerra fra Piemonte e Delfinato*, Oxford 2012	BAR International Series 2350 2012
No 8	ROBERTO SCONFIENZA, *Le fortificazioni campali dei colli di Finestre e Fattières. Archeologia e Storia di un sito militare d'Età Moderna sulle Alpi Occidentali*, Oxford 2014	BAR International Series 2640 2014

No 9	ARMANDO DONATO, ANTONINO TERAMO, *La fortificazione della piazza di Messina e le Martello Tower. Il piano difensivo anglo siciliano nel 1810,* Oxford 2014	**BAR International Series 2644 2014**
No 10	ROBERTO SCONFIENZA, *La piazzaforte di Casale Monferrato durante la Guerra di Successione Spagnola, 1701-1706,* Oxford 2015	**BAR International Series 2704 2015**
No 11	ARMANDO DONATO, *Architettura militare di fine Ottocento. La difesa costiera e l'impiego delle batterie dello Stretto di Messina,* Oxford 2016	**BAR International Series 2784 2016**
No 12	ARMANDO DONATO, *Messina 1860-1943. Storia e Archeologia Militare di una piazzaforte contesa,* Oxford 2017	**BAR International Series 2877 2017**
No 13	GIOVANNI CERINO BADONE, *Gli incroci pericolosi. Storia e Archeologia della Strada di Fiandra in Italia e Savoia. 1561-1659,* Oxford 2018	**BAR International Series 2885 2018**

Distributor:
BAR Publishing
122 Banbury Road, Oxford OX2 7BP, England, Fax +44 (0)1865 310431

INDICE

INDICE DELLE ILLUSTRAZIONI

PARTE PRIMA

CAPITOLO 1

PARTE SECONDA

CAPITOLO 1

Introduzione

Questo libro vuole raccontare come fu ideato, progettato, realizzato, difeso e smantellato il corridoio strategico che univa la Spagna alle Fiandre, territori appartenenti all'impero iberico e coincidenti con gli attuali Belgio e Olanda, e noto con il nome di "Strada di Fiandra". Parlare della storia di questa "strada" è molto più importante di quanto si possa credere.

La presenza dalla Strada di Fiandra ha influenzato, e non poco, lo sviluppo delle operazioni legate a quel periodo di conflitti europei noto come Guerra dei Trent'anni (1618-1648), considerata il più grave evento che coinvolse l'Europa centrale prima delle Guerre Mondiali, con conseguenze molto rilevanti sia da un punto di vista sociale e demografico che politico e culturale. Si parla appunto, come effetto diretto di questo periodo di guerra, di "crisi del XVII secolo". Nel corso della ricerca si è cercato prima di tutto di definire quale sia stato l'impatto di questo conflitto in Italia, partendo dal presupposto storiografico che le operazioni belliche della prima metà del XVII secolo devono ancora essere accuratamente definite in tutte le loro linee principali. Ma occorre fare chiarezza ed essere piuttosto netti nello stabilire i limiti anche geografici di cosa sia "Guerra dei Trent'anni" e cosa non lo sia. Il concetto storiografico di "Guerra dei Trent'Anni" è comodo. Ci consegna un lungo periodo di guerra, di distruzioni, di vuoto al quale agganciare davanti il lungo periodo postmedievale del rinascimento, e dietro l'era moderna propriamente detta, quella successiva alla pace di Westfalia. Personalmente ritengo che il contesto militare, sociale e storiografico della Guerra dei Trent'anni sia indissolubilmente legato al mondo germanico e al Sacro Romano Impero. Anche la stessa definizione temporale "dei Trent'Anni" non può che indicare quel luogo nella sua accezione spaziotemporale più ristretta. Si è soliti ritenere che la definizione risalga a Samuel Pufendorf, famoso giurista e storico del XVII secolo, che la impiegò nel suo volume *De statu imperi Germanici*, pubblicato per la prima volta nel 1667[1]. Nel maggio del 1648, mentre i combattimenti erano ancora in corso, uno dei delegati al congresso per la pace di Westfalia fece riferimento alla *Guerra dei Trent'anni*. Nel 1649 il settimanale inglese *The Moderate Intelligencer* realizzò una sintesi degli avvenimenti intercorsi tra il 1618 ed il 1648 con il titolo di *An epitome of the late Thirty Years' War in Germany*. Simili pubblicazioni comparvero contemporaneamente in Germania già nel dicembre del 1648, come ad esempio il *Von dem Dreissig-Jährigen Deutschen Kriege, welcher sich Anno 1618. angefanen und durch Gottes Gnade Anno 1648. beendiget hat*[2]. Gli storici della metà del XVII secolo di fede protestante tentarono di giustificare a posteriori la ribellione boema del 1618 contro l'imperatore Ferdinando II, collegandola al suo comportamento successivo teso a soffocare le libertà costituzionali e religiose della Germania. All'epoca le vicende di Praga e della Montagna Bianca erano apparse troppo remote perché tanti sovrani protestanti le appoggiassero militarmente. Solo in un secondo tempo, quando ormai la potenza imperiale stava di fatto dilagando in tutta l'Europa settentrionale e le convezioni imperiali erano state accantonate, essi scesero in campo contro gli Asburgo. Troppo tardi per salvare i ribelli boemi ma in tempo per incendiare tutto ciò che esisteva tra il Mare del Nord e le Alpi bavaresi. Il re di Svezia fu uno di questi e sostenne nel 1628 che ormai "tutte le guerre in atto in Europa si sono fuse insieme, diventando una guerra unica"[3].

L'Europa cattolica, d'altro canto, non ha mai accettato questa visione unitaria della guerra. Eberhard Wassenberg, uno degli storici legati alla casa d'Austria, nel suo *Everhardi Wassenbergii*

---

[1] La copia consultata per questa ricerca, conservata presso la biblioteca dell'Università di Losanna, fu stampata nel 1706: PUFENDORF 1706.
[2] REPGEN 1992.
[3] PARKER 1994, p. 4.

1

embricensis Commentarium de Bello inter invictissimos imperatores Ferdinandos II et III et eorum hostes pubblicato a Francoforte nel 1639, vedeva ogni campagna di guerra come un distinto e ingiustificato assalto all'imperatore e alle sue prerogative. Ogni edizione veniva aggiornata con nuovi episodi delle guerre in corso o con lo svolgersi di nuovi conflitti. L'edizione del 1648 vedeva il titolo completato di una nuova intera sezione di *hostes*: *Everhardi Wassenbergii embricensis Commentarium de Bello inter invictissimos imperatores Ferdinandos II et III et Fridericum Palatinum, Gabrielem Bethlenum, Daniæ, Sve-ciæ, Franciæ Reges, et Georgiuim Ragotzky Liber Singularis.* La cronaca di Wassenberg della "guerra austriaca", ossia la rivolta contadina del 1626, era distinta dalla "Guerra Danese" del 1625-1629, dalla "Terza Guerra Transilvana", dalla "Guerra Olandese", dalla "Guerra di Mantova" e così via. Anche se non in modo così netto, anche altri scrittori cattolici percepivano le profonde differenze che le varie campagne di guerra presentavano. Il vescovo Gepeck di Freising (1618-1651) nelle sue lettere distingueva con attenzione e costanza ciò che erano stati i "disordini della Boemia" degli anni venti, di natura simile ad altre crisi locali che l'impero aveva vissuto dalla pace di Augusta del 1555, e la guerra contro la Svezia iniziata nel 1630, che lo aveva costretto a fuggire dalla sua città episcopale non meno di otto volte prima che pace fosse conclusa nel 1648[4]. Per il vescovo dunque la guerra era durata diciotto anni ed era una guerra solo tedesca o, quanto meno, strettamente legata all'impero.

Del resto il conflitto inteso come unico nel suo trentennale svolgersi cominciò a prendere piede una generazione dopo Westfalia. Nel 1680 Wolfgang Textor (1638-1701) in un trattato intitolato *Dei diritti del vincitore sullo sconfitto* si riferiva a "Guerra dei Trent'Anni" per definire le guerre tedesche della prima metà del secolo. Con lo scoppio della Guerra della Lega di Augusta, poi, iniziarono ad essere pubblicati numerosi libelli ostili alla Francia. Il messaggio politico di queste opere non era quello di definire la natura delle guerre seicentesche combattute tra il 1618 ed il 1648, quanto quello di illustrare che si era combattuto per almeno trent'anni all'inizio del secolo e che ora Luigi XIV voleva nuovamente insanguinare l'Europa, e la Germania in particolare.

Un secolo dopo la sua conclusione si giunse finalmente a maturare l'idea storiografica della Guerra dei Trent'anni come un vero e proprio evento a sè stante. Così la presenta nel 1750 Christian Gottlieb Buder nella sua *Geschichte des Dreissigjährigen Krieges und des Westpahilischen Friedens*, volume edito a Francoforte e a Lipsia nel 1750. Io non credo che il testo di Buder giunga in quel preciso periodo storico del tutto a caso. La Guerra della Lega di Augusta (1689-1696), della Successione di Spagna (1700-1713), la Grande Guerra del Nord (1700-1721), la Guerra della Quadruplice Alleanza (1718-1720), della Successione Polacca (1732-1739) e la Guerra di Successione Austriaca (1740-1748) davano l'impressione di una ripetizione su una scala maggiore dei conflitti del secolo precedente.

Dopo il 1792 il pericolo francese fu avvertito con una nuova ondata di invasioni, sconfitte e devastazioni. Parallelamente alle sconfitte di Valmy nel 1792 e di Jena nel 1806, con la conseguente occupazione della Germania per mano di Napoleone Bonaparte, si sviluppavano anche le correnti culturali ed intellettuali associate al Romanticismo e al movimento letterario dello *Sturm und Drang*. Torbide storie di saccheggi e distruzioni della Guerra del Trent'Anni furono riscoperte e ripresentate con rinnovato interesse e curiosità. Figure di spicco la cui vita era stata segnata da drammatici eventi, come il generale imperiale Wallestein o il re di Svezia Gustavo Adolfo, furono riviste sotto una luce completamente diversa ed equiparate a Napoleone Bonaparte che nel 1806 celebrava il suo trionfo a Berlino sfilando sotto i tigli di Unter den Linden.

Friedrich Schiller, figura chiave del movimento dello *Sturm und Drang*, aveva già prodotto uno dei suoi più grandi successi letterari, la *Geschichte des dreißigjährigen Krieges*, data alle stampe a Francoforte e a Lipsia nel 1792. Tra il 1797 ed il 1799 seguivano la pubblicazione del *Wallenstein*,

---

[4] WEBER 1972, pp. 88-90.

2

dedicata all'omonimo generale imperiale, l'equivalente letterario per la letteratura tedesca alle opere di Shakespeare. L'interpretazione di Schiller degli eventi e delle persone ha segnato e segna ancora oggi la percezione che abbiamo dei conflitti della prima metà del XVII secolo.

Inutile dire come l'opera letteraria di Schiller abbia avuto grande diffusione in tutta Europa. Nel 1799 già era stata pubblicata a Londra come *The history of the thirty years' war in Germany* con la traduzione del capitano Blaquiere. L'anno era pronto per i lettori britannici il *Wallenstein*, curato da uno dei fondatori del romanticismo inglese, Samuel Taylor *Coleridge*. In Francia l'*Histoire de la Guerre des Trente Ans* comparve a Parigi nel 1803. Questa venne diffusa in breve anche nei circoli letterari italiani. Non a caso proprio in quel periodo iniziò a comparire anche in Italia il termine di "Guerra dei Trent'anni". Nel 1841 era data alle stampe, in volume unico edito a Lugano, l'edizione italiana di *La Storia della Guerra de' Trent'anni*, tradotta dal tedesco da Antonio Benci che sarà ripubblicata una sola volta, per conto dei tipi della UTET nel 1867.

L'idea di agganciare vicende collegate o attinenti al concetto di "Guerra dei Trent'anni" fu un richiamo troppo forte per gli storici francesi del XIX secolo. Nel 1839 a Parigi e a Marsiglia era edito il testo di C. Pons, *Histoire de la Guerre des Trente ans*. Sebbene la Francia avesse giocato un ruolo di primissimo piano all'interno del conflitto tedesco della prima metà del XVII secolo, il suo impegno militare e politico non si risolse con la pace di Westfalia. Eppure nella storiografia ottocentesca e in quella odierna il termine temporale rimane. All'interno di questo arco cronologico si muove, ad esempio, David Parrott nel suo *Richelieu's Army. War, government and Society in France, 1624-1642*. Se il parallelo storico con il lavoro di J.H. Elliott, *Richelieu and Olivares* del 1984 è salvaguardato, le vicende dell'armata di Francia tra il 1642 ed il 1659 sono del tutto assenti. Come del resto appare evidente in pressoché buona parte dell'attuale storiografia di lingua anglosassone. Al punto che nel lavoro di sintesi preparato da Peter H. Wilson, *The Thirty Years War. Europe's Tragedy*, tutto ciò che è fuori dal ferreo canone "Impero 1618-1648" viene definito come *regional squabbles*[5].

Il discorso vale in parte anche per la storiografia italiana. La Guerra dei Trent'anni è un riferimento troppo significativo perché le vicende avvenute nella penisola, o che abbiano avuto come protagonisti stati italiani preunitari, non facciano parte di questa grande tragedia europea. Con una particolarità; già nei lavori di Romolo Quazza e in particolare nel suo monumentale *Le guerre per la successione di Mantova e del Monferrato (1628-1631)* appariva la necessità di ribadire l'importanza della "Guerra di Mantova e del Monferrato", sottolineando come questo sia stato l'evento più importante della Guerra dei Trent'anni tra il 1628 ed il 1631. Di qui la necessità di ribadire l'importanza del teatro italiano nell'economia generale del conflitto. Questo continuo richiamo alla peculiarità dell'elemento italiano compare del resto in altri testi contemporanei di storia militare, quali i lavori di Piero Pieri. Anche lavori recenti, come il testo a cura di Agostino Borromeo[6], molto curato con un confronto di fonti inedite sia iconografiche che documentarie provenienti da Venezia, Roma, Madrid e Milano, vogliono a tutti i costi porre l'oggetto dello studio come un evento capitale della storia europea. Fu più onesto nel 1935 Ulrico Martinelli con il suo *Le Guerre per la Valtellina nel secolo XVII*. Nell'introduzione scriveva che "nelle Corti di Madrid e di Parigi le sorti della Valtellina sono pure oggetto di continue preoccupazioni, non però come affare o questione a sé stante, ma come un aspetto particolare, un problema dei tanti che travagliano l'Europa nella laboriosa crisi politica e religiosa del primo seicento"[7]. Anche se si allarga l'arco cronologico sino al 1659, come troviamo nel volume di Davide Maffi[8], questo limite è presente. Pur avendo egli riconosciuto e ben ricostruito dal punto di vista spagnolo il conflitto con la Francia

---

[5] WILSON 2009, p. 9.
[6] BORROMEO 1998.
[7] MARTINELLI 1935, p. 9.
[8] MAFFI 2007.

avvenuto in Lombardia tra il 1630 e la pace dei Pirenei del 1659 con l'analisi di una enorme quantità di materiale proveniente dall'Archivio General de Simancas, il ritenere la Lombardia e Milano "la pedina fondamentale di tutte le scelte di politica internazionale della Spagna imperiale" mi sembra obbiettivamente eccessivo. La Spagna era uno Stato che, tra la seconda metà del XVI e la prima del XVII secolo, doveva amministrare, controllare e difendere province quali il Messico, il Brasile, le Indie orientali già portoghesi, per non parlare di altri territori come Napoli e la Sicilia. Tranne che in studi legati alle realtà strettamente italiane o locali, rimangono comunque esclusi alcuni episodi che, a mio avviso, sono di importanza capitale per comprendere gli eventi della prima metà del XVII secolo: le guerre di Carlo Emanuele I tra il 1588 ed il 1601 e la Prima Guerra per la successione del Monferrato del 1613-1617. Gli equilibri di Cateau-Cambrésis e, nello specifico, quelli per la pace in Italia vennero completamente sconvolti, al punto che solo Utrecht oltre un secolo dopo riuscì a riequilibrare una situazione destinata altrimenti a rimanere fortemente instabile. come è stata colto nel volume di Stéphane Gal[9], e dal solito Parker[10].

In questa studio sostengo invece che il termine "Guerra dei Trent'anni" risulti essere una chiave di lettura storiografica convincente per quel che riguarda l'Europa settentrionale, ma non per raccontare le vicende italiane. Parleremo invece di una seconda edizione delle Guerre d'Italia la cui finalità era il controllo delle vie di comunicazione della penisola. Questo argomento verrà suddiviso in due parti:
- nella prima parte, *La Pace di Cateau Cambrésis e le sue conseguenze*, è descritta la situazione dell'impero spagnolo e della Francia dopo la pace del 1559, la loro situazione economica e politica. In particolare ho voluto descrivere nel dettaglio il nuovo modello di strategia messo in atto dalla Spagna in Italia, con l'apertura del corridoio strategico definito "Strada di Fiandra" e la creazione di formazioni politiche che ho chiamato "stati clienti" dedicati alla sua difesa;
- la seconda parte, *La Strada di Fiandra*, descrive nel dettaglio come le comunicazioni strategiche spagnole vennero pensate, tracciate e come venne organizzata la loro difesa. Nel contempo anche la principale avversaria nel teatro italiano, la Francia, aveva realizzato qualcosa di analogo per portare i propri eserciti a combattere nella Pianura Padana. Su queste basi è stato possibile per la prima volta tracciato un percorso descrittivo degli eventi bellici che interessarono le Alpi, il Piemonte, la Lombardia e la Liguria per il controllo di questa comunicazioni tra il 1588 ed il 1659.

I risultati della ricerca, per nulla scontati all'inizio dei lavori e che mi hanno portato a numerosi ripensamenti e necessari approfondimenti, sono stati i seguenti:

- L'Europa di Cateau-Cambrésis. Riprendendo il "cammino" proprio dalla strada di Fiandra appare chiaro che i conflitti italiani furono generati per il mantenimento dello *status quo* di Cateau-Cambrésis. Due sono gli agenti che combatterono per il suo mantenimento o per la sua distruzione o cambiamento radicale degli assetti. La Spagna intendeva conservare la situazione che si è cristallizzata dopo la pace del 1559, mentre la Francia, terminate le guerre di religione interne, si sentì sufficientemente forte per contendere il predominio italiano alla sua antica avversaria. A questi aggiungiamo il desiderio, la necessità, o la semplice ambizione, che muoveva i piccoli stati italiani, il ducato di Savoia, il ducato del Monferrato e di Mantova sino alla Repubblica di Venezia.

- Il nuovo modello strategico di Filippo II, creazione degli stati cuscinetto. Se confrontiamo le teorie di Luttwak presentate nel suo studio *La Grande Strategia dell'Impero Romano* con l'impero di Filippo II, troviamo due fondamentali punti in comune[11]:

[9] GAL 2007.
[10] PARKER 2004.
[11] Per una definizione di "Stato Cliente" e lo sviluppo della dottrina della "difesa in profondità" presentate in questa ricerca è stato fondamentale LUTTWAK 1981. Edito per la prima volta dalla Johns Hopkins University Press nel 1976, lo studio di Luttwak propose per la prima volta la storia dello sviluppo del pensiero strategico dell'impero romano e come questo si traducesse in una dottrina d'impiego per la difesa delle frontiere. Il testo andava a riempire uno dei vuoti più evidenti della storiografica classica e, naturalmente, ha alimentato e continua ad alimentare un accesissimo dibattito. Il

a. il sistema imperiale romano e quello spagnolo erano sostanzialmente difensivi;

b. le operazioni militari romane e spagnole, la scelta delle frontiere e la sistemazione delle comunicazioni interne erano da sempre state realizzate in modo sistematico e razionale, con l'obiettivo principale di garantire dei confini difendibili.

Secondo Luttwak per conseguire questi obiettivi era necessario per un impero (Luttwak si riferiva a quello romano, ma il discorso si adatta benissimo a quello spagnolo) basare la propria sicurezza su due elementi; la creazione di Stati clienti per delegare almeno in parte il controllo delle immense frontiere e l'impiego della dottrina strategica della "Difesa in profondità". Questi punti ci aiutano a comprendere quanto il ducato di Savoia di Emanuele Filiberto non fosse tanto uno "Stato cuscinetto", quanto uno "Stato Cliente" della Spagna di Filippo II. Lo Stato cuscinetto esplica una funzione unicamente militare: serve come zona neutra vera e propria fra due potenze maggiori, permettendo loro di evitare il conflitto finché lo desiderano. Uno Stato cuscinetto non può rappresentare un ostacolo attivo nei confronti dei pericoli "ad alta intensità" come un'invasione su larga scala, né si assume normalmente la responsabilità di contenere quelli "a bassa intensità", come invece facevano gli stati clienti, poiché non può allinearsi liberamente da una parte o dall'altra, senza provocare l'intervento di una potenza rivale più forte. Gli *officia* che uno Stato come quello sabaudo (e così il Monferrato e Mantova) doveva a quello spagnolo erano ben diversi rispetto alla tipica passività di un vero stato cuscinetto. Si trattava di effettuare vere e proprie azioni militari (compresa la fornitura di truppe locali da impiegare talvolta in azioni congiunte, come la campagna di Lepanto), ma la funzione più importante di uno stato "cliente" nel sistema di sicurezza spagnolo prevedeva che, in virtù della sua esistenza, questo stato si assumesse l'onere di garantire ai propri confini la sicurezza contro infiltrazioni, azioni di disturbo e altri pericoli "a bassa intensità" come ad esempio incursioni armate di ugonotti francesi o dei ginevrini. L'importanza di uno stato cliente come il ducato di Savoia nell'ambito della strategia spagnola superava di gran lunga il proprio effettivo impegno militare, in quanto il contributo sabaudo non era semplicemente aggiuntivo, ma complementare al potere militare spagnolo.

- La rinascita degli stati sabaudi. Questo ovviamente ci consegna una chiave di lettura completamente differente della nascita, o rinascita seconda dei punti di vista, di alcuni stati italiani, primo fra tutti il ducato di Savoia. Un'anonima relazione, attribuita a Cassiano dal Pozzo e redatta entro il 1559, venne consegnata nel 1560 a Nizza al duca Emanuele Filiberto. In quelle pagine si leggeva testualmente che "il paese restituito dai Franciosi si può perdere in ventiquattro hore; per il che V. A. gli saprà provveder, con fortificar dove le parerà comodo et utile, ché ben sa V. A. quanto poco vagliano gli stati senza le fortezze". Pubblicata da Ercole Ricotti nella sua *Storia della monarchia piemontese*, questa relazione divenne *de facto* il simbolo di un disegno politico sabaudo teso sin da subito ad affrancarsi dai suoi potenti vicini, fortificando adeguatamente i confini e levando un piccolo ma efficiente esercito. Questa chiave di lettura, già del Ricotti e rimasta in auge per tutto il XIX secolo, non subì sostanziali cambiamenti nel corso del 1928, quarto centenario della nascita del duca. Così, sebbene fossero pubblicati numerosi documenti fino allora inediti[12], gli studi del periodo rimasero di fatto fermi nell'idea di uno stato diplomaticamente distaccato dalla Francia e dalla Spagna e, grazie alla sua forza militare, già teso ad una politica di espansione, in particolare verso l'Italia. Solo Walter Barberis ha proposto un nuovo approccio alla costruzione dello stato sabaudo nel XVI, e la parte iniziale del suo lavoro è stata impostante per comprendere le reali forze, poche, di quel ducato[13]. Ma non è possibile realizzare uno studio di storia militare sabauda senza analizzare sotto il profilo operativo una sola delle campagne militari condotte dai Savoia tra il 1559 ed il 1659 (e il discorso vale anche per il volume di Barberis) e senza tener conto dell'impianto

---

più tenace oppositore alle idee di Luttwak è *B.H. Isaac (ISAAC* 1992), il quale nega l'esistenza di un concetto di strategia nell'impero romano così come espresso da Luttwak. Sul dibattito storiografico suscitato da Luttwak cfr. MANN 1979, pp.175-183; GOLDSWORTHY 2000.

[12] BIBLIOTECA DELLA SOCIETÀ STORICA SUBALPINA 1928, STUDI PUBBLICATI DALLA REGIA UNIVERSITÀ DI TORINO 1928, SEGRE-EGIDI 1928, MOR 1929.

[13] BARBERIS 1988.

strategico costruito da Filippo II. Il recente lavoro di Pierpaolo Merlin[14] ha cambiato la prospettiva di equidistanza tanto cara alla storiografia ottocentesca, anche se non vi si colgono i segni di Geoffrey Parker[15] che molta attenzione ha dedicato al ducato di Savoia. Le fascinazioni di Ricotti sorprendentemente si ritrovano anche nei recenti studi di Micaela Viglino-Davico[16], dove grande attenzione è riservata all'organizzazione e alla formazione dello Stato sabaudo nel XVI secolo. Il 26 marzo 1559 al convento di Grünendal veniva siglato un trattato di alleanza difensivo e offensivo tra l'imperatore Filippo II e il duca Emanuele Filiberto. Così, a una settimana dalla ratifica di Cateau-Cambrésis (3 aprile 1559) gli spagnoli avevano uno dei loro uomini di fiducia (il Savoia era già governatore delle Fiandre e comandante dell'esercito imperiale a San Quintino) a controllare uno dei punti nevralgici delle comunicazioni strategiche: "La Strada di Fiandra" tra la penisola iberica, l'Italia e il nord Europa. Al duca venne affiancato Francesco Paciotto, probabilmente il migliore ingegnere militare del periodo, con il quale fu pianificata la messa in sicurezza delle vie di transito dalla Lombardia e dagli approdi liguri, verso la Savoia e la Franca Contea. Le nuove fortezze bastionate (Vercelli 1561, Villafranca marittima 1557, Torino 1564, Montmélian 1566, Bourg en Bresse e Rumilly 1568, Mondovì 1573) furono elevate non tanto a difesa di confini molto labili e del tutto indifendibili, ma lungo la "Strada di Fiandra", spesso anche a notevole distanza dai confini veri e propri. Lo spostamento della capitale da Chambéry a Torino ebbe lo scopo di avvicinare il centro nevralgico dello Stato verso aree controllate dal principale alleato, la Spagna. Allo stesso modo anche la tentata distruzione delle comunità valdesi del 1561 e il loro confino entro aree ben protette è da rileggersi come uno dei passi necessari per mettere in sicurezza le comunicazioni strategiche spagnole. La rinascita dello Stato sabaudo sotto Emanuele Filiberto rappresentò per la Spagna un elemento di stabilità in quel settore strategico per oltre vent'anni.

- La guerra per le strade militari. Il filo conduttore dei conflitti italiani riguarda dunque il controllo delle vie di transito per le Fiandre (la "Via di Fiandra"), per la Francia dalle Alpi occidentali, per la Francia o la Germania attraverso la Valtellina; La Spagna sentì il bisogno di mantenere aperti ad ogni costo i corridoi strategici che tenevano insieme il suo impero. Senza di questi intere province rimanevano separate l'una dall'altra ed erano esposte a conquiste da parte di potenze ostili o a rivolte interne. Appena uno di questi corridoi era minacciato o interrotto si innescava quasi automaticamente un conflitto generalizzato tra Francia, Spagna e i loro alleati locali, dagli eserciti sabaudi alle milizie grigione. Il primo conflitto scatenato per il controllo di una di queste vie di comunicazione avviene nel 1588 (Guerra per Saluzzo). Con alcune pause, talvolta della durata di oltre un decennio (1601-1617), i conflitti proseguiranno in Italia sino al 1659 (Pace dei Pirenei). Almeno cinque sono pertanto le guerre scoppiate per il controllo dei corridoi strategici spagnoli:
  - Guerra di Saluzzo e della Savoia, 1588-1601;
  - Prima Guerra del Monferrato, 1613-1617;
  - Rivolta della Valtellina, 1620-1625;
  - Guerra di Mantova, 1628-1631;
  - Guerra Franco-Spagnola, 1630-1659.

Come abbiamo già detto, le vicende della "Strada di Fiandra" sono ben note grazie ad uno degli studi più importanti della storia militare moderna del XX secolo, *The Army of Flandres and the Spanish Road 1576-1659* di Geoffrey Parker. Eppure, nonostante questo imponente studio, non tutto il percorso della strada di Fiandra ci è perfettamente chiaro e noto. Proprio il settore italiano, come abbiamo sin qui detto cruciale, non è stato nel dettaglio ancora studiato e compreso nel suo

---

[14] MERLIN 1995.
[15] PARKER 2004. La prima edizione di questo volume è del 1974. Appare quanto meno sconcertante il fatto che un'edizione italiana di questo fondamentale lavoro non sia ancora apparso. Pur essendo un testo per alcuni aspetti superato, come il paradigma della "rivoluzione militare" e la descrizione delle comunicazioni militari spagnole attraverso le Alpi, l'idea di base del volume è ancora perfettamente attuale e spiazzerebbe, di fatto, due secoli di storiografia italiana legata alle vicende del ducato di Savoia.
[16] VIGLINO DAVICO 2005.

funzionamento. Dove, con il termine funzionamento, non intendiamo solo il modo in cui un esercito si metteva in marcia da una destinazione ad un'altra, ma come la strada veniva scelta, tenuta sgombra dagli avversari e da ostacoli naturali, quali i lavori di manutenzione, avvalendoci non solo delle tradizioni fonti storiche e storiografiche, ma in questo caso anche quelle che la *Conflict Archaeology* è in grado offrire agli storici militari, rivelandosi un notevole e prima di oggi impensabile strumento di studio[17]. Quindi vogliamo raccontare come un comandante spagnolo del XVI o del XVII secolo poteva raggiungere il Rodano partendo da Alessandria senza perdere la strada e la metà dei suoi uomini in imboscate, incidenti di percorso, mancanza di cibo e malattie.

---

[17] FOX 2003, HARRINGTON 2004, SCOTT-BABITS-HAECKER 2007.

PARTE PRIMA

La pace di Cateau-Cambrésis
e le sue conseguenze

CAPITOLO 1

La *Pax Hispanica* e la sua gestione

Madrepatria

Il periodo tra il 1516 ed il 1659 è considerato come l'età d'oro (*el Siglo de Oro*) della monarchia spagnola. I principali conflitti combattuti in questo arco temporale videro la Spagna impegnata in prima persona o, comunque, indirettamente presente con i propri alleati o con truppe inviate come "ausiliarie" nei settori critici. Date le dimensioni planetarie che l'impero spagnolo aveva raggiunto già alla metà del XVI secolo, qualsiasi crisi o conflitto che interessava la corona di Spagna immancabilmente si ripercuoteva attraverso l'intero continente europeo sino nelle sue colonie americane.

Al pari dei cugini austriaci, gli Asburgo di Spagna governavano un grande impero piuttosto difficile da gestire e mantenere. Questo impero aveva recentemente aumentato le sue già notevoli dimensioni con l'annessione forzata della corona di Portogallo da parte di Filippo II nel 1580. Il giovane Sebastiano I era morto con il fiore della nobiltà portoghese nella disastrosa battaglia di KsarelKebir (4 agosto 1578), segnando l'estinzione della Casa degli Aviz, sul trono dal 1385[1].

L'annessione, forzata ed imposta da Filippo II (già zio di Sebastiano I) tramite l'invio di un esercito, permise ai commerci portoghesi di innestarsi con quelli spagnoli, con enormi benefici per entrambi. I numeri del "nuovo" impero nato dal disastro di Ksarel Kebir erano per la seconda metà del XVI secolo impressionanti. Il solo Portogallo portò agli Asburgo di Spagna 1,1 milioni di nuovi sudditi e l'unione delle colonie africane, asiatiche e quella, in Sudamerica, del Brasile. Il loro sviluppo era comunque ancora tutto in divenire. Nonostante le ricchezze che venivano esportate, specie di metalli preziosi quali oro e argento, la presenza di europei era del tutto sporadica e limitata per lo più ad insediamenti costruiti lungo la costa. Il solo Brasile, la più vasta delle colonie portoghesi, nel 1600 era abitato da appena 30.000 europei e 15.000 schiavi, circondati da circa 2,4 milioni di indigeni sparpagliati su un vastissimo e sconosciuto territorio. Poche migliaia di portoghesi presidiavano piccoli centri fortificati in Angola e in Mozambico, mentre altri 10.000 erano giunti nell'*Estado da India*, come venivano chiamati i possedimenti a est del Capo di Buona Speranza e che avevano in Goa il principale centro di controllo[2].

La Spagna contava circa 8,7 milioni di abitanti in Castiglia e nei regni a lei legati di Catalonia, Aragona, Valencia e nelle provincie Basche. Carestie, malattie, emigrazione verso le colonie americane e, soprattutto, il peso delle guerre e delle tasse fecero sì che la popolazione della Castiglia rimanesse di fatto ferma a circa 5 milioni di abitanti, al contrario del resto d'Europa dove continuava a crescere. Nel 1631 furono censiti 4 milioni di castigliani, uno in meno di quarant'anni prima.

Le colonie spagnole d'oltreoceano allo stesso modo furono condizionate dal declino della popolazione, soprattutto a causa della conquista stessa. La popolazione indigena, piegata dal lavoro coatto dei conquistatori e dalle malattie "importate" dall'Europa, fu ridotta dai 34 milioni di abitanti

---

[1] Le vicende della Battaglia di Ksarel Kebir (Alcazarquivir secondo la storiografia spagnola e portoghese) sono raccolte in NIETO 1892, pp. 411-458.
[2] Sull'impero spagnolo-portoghese cfr.: BOXER 1969; LOCKHART-SCHWARTZ 1983; BIRGHINGHAM 2000; NEWITT 2005.

11

stimati alla metà del XVI secolo ad appena 1,5 milioni nel 1620. Le perdite umane e di manodopera furono sostituite da 175.000 coloni e da un numero pressoché uguale di schiavi africani e popolazioni di diversa provenienza distribuiti tra il Messico, i Caraibi, le coste nord-occidentali del Sudamerica e intorno a Manila nelle Filippine[3].

Le statistiche servono a mettere a confronto l'impero coloniale spagnolo e quello, di recente acquisizione, portoghese con i domini europei. I Paesi Bassi spagnoli contavano 1,5 milioni di sudditi, oltre un milione sia nel ducato di Milano che in Sicilia e oltre 3 milioni nel regno di Napoli.

All'importanza dei domini della Spagna e delle sue colonie faceva da contraltare lo stato stagnante della loro economia. Ad eccezione dell'immissione sul continen-te europeo dell'argento americano, il principale sforzo commerciale della Spagna sulle piazze europee riguardava principalmente materie prime, semilavorati e derrate alimentari. Ogni spunto di crescita era soffocato dal sistema di cartelli con monopoli su particolari prodotti, una pratica estesa ai commerci delle colonie con la collaborazione della Corona che fece di Siviglia l'unico porto autorizzato ad armare navigli per le colonie e permetterne l'attracco.

Carlo V decise di decorare il proprio stemma araldico con due colonne – le colonne d'Ercole – avvolte in un cartiglio decorato dalla scritta *PLUS ULTRA*, proprio per celebrare l'espansione spagnola nei domini d'oltreoceano. Ma l'incapacità di produrre beni in sufficienti quantità impedì agli spagnoli di godere dei benefici derivanti dall'aumento dei commerci che di anno in anno andavano sviluppandosi con le colonie, in linea con l'aumento della popolazione europea nelle Americhe. Gli olandesi e altri mercanti stranieri si affollarono sui mercati spagnoli, ottenendo speciali concessioni per l'uso dei porti atlantici della Spagna intorno al 1600. Cinquant'anni più tardi c'erano oltre 120.000 stranieri in Spagna, principalmente concentrati a Siviglia dove formavano circa un decimo della popolazione.

L'argento

L'argento rimase sempre l'aspetto economico delle colonie che più interessava la Spagna. Il Nuovo Mondo produsse qualcosa come 50.000 tonnellate d'argento tra il 1500 ed il 1700, raddoppiando i depositi europei sino ad allora esistenti. Le esportazioni tuttavia iniziarono a decollare solo dopo la scoperta dei ricchi giacimenti presso il Cerro Rico – "La Montagna Ricca" - di Potosí in Bolivia nel 1545 e di Zacateras in Messico nel 1548[4]. In Germania venne nel contempo adottata la nuova tecnica di estrazione dell'amalgama, impiegata a partire dal 1453, in base alla quale era possibile separare l'argento dal piombo con l'uso del mercurio[5]. Le miniere di Zacateras impiegavano mercurio di importazione che veniva imbarcato in Spagna ad Almadèn e di qui trasportato in Messico. I giacimenti boliviani invece poterono avvantaggiarsi di riserve di mercurio locale. Non appena furono scoperti i depositi di Huancavelia in Perù, l'estrazione dell'argento dalle miniere di Potosí conobbe un importante incremento della produzione. Nel 1610 la città, che si fregiava del titolo di "Città Imperiale" dal 1547, contava 160.000 abitanti; era una delle principali città dell'impero spagnolo e nel suo centro fu sistemata la *Casa de la Moneda*, che divenne in breve la

---

[3] Per una introduzione generale sull'impero spagnolo, i suoi traffici economici e demografici con le coline sudamericane e l'organizzazione economica cfr. Kamen 2005. Studi di dettaglio sulle colonie spagnole e sull'economia spagnola nel XVI-XVII secolo includono: ELLIOTT 1963; PARRY 1966; ELLIOTT 1972; LINCH 1981; ROCK 1987; BAKEWELL 1997; LOVEMAN 2001; KAMEN 2003; THOMAS 2003. Sugli aspetti demografici cfr. VIDAL 2000, pp. 443-469.
[4] BAKEWELL 1976.
[5] Per le tecniche di estrazione dell'argento e la loro importanza nell'economia mondiale del XVI secolo cfr.: NEF 1941, PP. 1-40; PERCY 1880; LYNCH 2003.

12

principale zecca del continente sudamericano. Parafrasando Cervantes, nel XVI secolo la frase *valer un Potosì* era sinonimo di "valere una fortuna".

Le estrazioni di Potosì erano effettuate tramite forza lavoro coatta attraverso il sistema della *mita*. Ciascun nativo indiano era tenuto a pagare i tributi alla Corona prestando il proprio lavoro nelle miniere d'argento. Gli indigeni erano inviati a Potosì o a Zacateras per dieci mesi all'anno, mentre la quota di personale impiegato non poteva superare un terzo della popolazione tributaria. Questa organizzazione del lavoro ebbe l'effetto pratico di sterminare di fatto la popolazione locale. La media delle morti giornaliere era di 40 minatori a causa della fatica – turni di sei giorni di scavo a settimana - e delle condizioni di lavoro, con gli imbocchi delle gallerie di estrazione a 4.000 metri di quota. Un numero sempre maggiore di villaggi iniziò a comprarsi l'esenzione alla *mita* pagando i tributi in denaro o, più semplicemente, trasferendosi sulla costa boliviana dove era stato introdotto il lavoro salariato. Nel 1600 circa metà dei minatori di Potosì era composta da lavoratori stipendiati, ma l'intera filiera di produzione era controllata da una elite locale gelosa del proprio potere[6].

L'argento estratto era caricato sul dorso di migliaia di muli e lama per essere trasportato sulle coste del Pacifico in minima parte già trasformato in moneta. I materiali grezzi venivano a questo punto lavorati con il mercurio spagnolo, trasformati del tutto in monete o in lingotti e imbarcati per il viaggio di ritorno. I preziosi carichi d'argento navigavano verso nord sino a raggiungere l'istmo di Panama, dove raggiungevano le coste atlantiche per il definitivo imbarco per il vecchio continente e il porto di Siviglia. I viceré spagnoli tentarono a più riprese di migliorare le atroci condizioni delle miniere di mercurio di Huancavelia. Prima ancora che per ragioni umanitarie, queste operazioni erano finalizzate all'aumento della resa dei giacimenti del Cerro Rico. Ad ogni modo la produzione d'argento delle miniere boliviane raggiunse nel 1597 i 7,7 milioni di pesos. Eventuali disavanzi erano coperti dalle produzioni argentifere di Zacatecas, dove a partire dal 1615 le estrazioni furono in grado di superare quelle di Potosì scese nel frattempo a 2,95 milioni di pesos. Tuttavia le miniere messicane erano del tutto dipendenti dalla Spagna per quel che riguarda le forniture del mercurio, importato dall'Europa attraverso le lunghe e vulnerabili rotte europee.

I traffici oceanici erano basati sul sistema dei convogli impiegato dal 1564. Due flotte sotto scorta diretta di vascelli da guerra navigavano a turno da est a ovest e viceversa trasportando in Spagna i preziosi carichi d'argento. I *galeones* salpavano da Siviglia in agosto, proseguivano con una rotta sud-sudovest lungo le coste africane e quindi doppiavano le Canarie per sfruttare i venti che li avrebbero spinti sino alle isole Leewards nelle Piccole Antille. Da qui la rotta proseguiva verso sudovest sino a Cartagena nella moderna Colombia, oppure verso Portobello a Panama. Si trattava di un viaggio di 6.880 km che, se i venti e il mare lo permettevano, era coperto con una navigazione di otto settimane. La scorta normale di questi convogli era composta da uno squadrone di otto navi da guerra con un equipaggio di 2.000 tra marinai e fanteria imbarcata. A Cartagena e a Portobello veniva imbarcato l'argento cavato a Potosì, insieme ad altri prodotti delle colonie quali la cocciniglia e pelli di animali. La flotta salpava alla volta dell'Havana dove attendeva la primavera per far ritorno al porto di Siviglia.

La seconda flotta salpava da Cadice in aprile o maggio a seconda delle condizioni dei venti ed era scortata da due sole navi da guerra. Seguiva la stessa rotta della flotta di Siviglia sino alle Piccole Antille, per poi dirigersi verso nordovest su Hispaniola, Cuba e Vera Cruz in Messico dove era sbarcato il mercurio estratto ad Almeida, e raccogliere l'argento di Zacatecas. Quindi entrambe le flotte salpavano per il viaggio di ritorno attraverso Cuba e le isole Bahamas. Questo tratto di mare rappresentava la parte più difficile e pericolosa del viaggio a causa delle improvvise tempeste e delle correnti. Le due flotte spagnole compirono il percorso dalle colonie alla Spagna 29 volte durante la prima metà del XVII secolo e solo in due occasioni l'argento andò perduto a causa di

---

[6] Sulla città imperiale di Potosì e le sue miniere cfr. ARZÁNS DE ORSÚA Y VELA 1965; BAKEWELL 1989.

un'azione nemica (nel 1628 e nel 1656). Al netto l'intera operazione di estrazione dell'argento e il suo trasporto in Spagna permetteva entrate per 10 milioni di ducati all'anno a partire dal 1600, circa il doppio di quanto riuscivano a fare i traffici portoghesi con le Indie orientali[7].

I portoghesi impiegavano a loro volta il sistema dei convogli, detti *cafila*, per proteggere le loro rotte commerciali che si snodavano lungo tutto il continente africano sino all'Oceano Indiano. Furono sviluppati insediamenti ad Axim e Elmina sulla Costa d'Oro (odierno Ghana) per mettere in sicurezza i giacimenti d'oro e il commercio di schiavi, costruendo una catena di fortezze intorno la foce del fiume Congo, a Banguela in Angola e sud di Luanda nel 1617. Le comunicazioni con il Portogallo era state messe in sicurezza grazie al controllo delle isole di Capo Verde e di SãoTomé. I portoghesi cercavano dove possibile di mantenere relazioni con le popolazioni locali il più possibile buone, in particolare con il re di Ndongo a est di Luanda. L'accesso all'entroterra africano era possibile tramite gli Imbangala, detti *Jagas*dai portoghesi, che rapivano schiavi che erano poi raccolti sulle coste. L'importazione di schiavi dall'Africa era già iniziata alla metà del XV secolo, con una media di 700 persone all'anno, e verso il 1535 iniziarono gli sbarchi in Brasile. Uno schiavo aveva allora un costo medio di 400 pesos, equivalente alla paga di otto mesi di un indigeno amerindo e solo dal 1570 divenne necessario aumentarne l'importazione a causa della drammatica implosione della popolazione locale. L'espansione coloniale portoghese in Congo e in Angola permise ai portoghesi di imbarcare 4.000 schiavi all'anno a partire dal 1620, soppiantando completamente il lavoro indigeno nelle coltivazioni di zucchero del Brasile. Almeno 3.650.000 persone erano state trasportate in America meridionale quando il commercio degli schiavi venne formalmente abolito nel 1850. Gli schiavi divennero un elemento essenziale dell'economia brasiliana che beneficiò dell'aumento delle esportazioni della canna da zucchero a partire dal 1600. La produzione era in continua ascesa, al punto che nel 1628 erano necessari 300 vascelli da carico per trasportare il raccolto, con una resa annua di 4 milioni di cruzados. Le esportazioni triplicarono negli anni seguenti sino a raggiungere le 40.000 tonnellate di canna da zucchero prodotte intorno agli anni cinquanta del XVII secolo. La colonia brasiliana iniziò allora ad espandersi dalla sua sede originaria di Salvador in Bahia verso nord lungo la costa sino a Pernabuco dove i due terzi dell'industria dello zucchero avevano sede.

L'apporto economico dato dalle colonie era importante, ma la Spagna e i suoi possedimenti europei comunque rimanevano le vere basi fiscali dell'impero. Nonostante l'economia stagnante e l'inefficiente amministrazione, la corte di Madrid fu in grado tra il 1566 ed il 1654 di raccogliere 218 milioni di ducati per finanziare la guerra nelle Fiandre, mentre nello stesso periodo la produzione di argento dalle Americhe portò alle casse un utile di 121 milioni di ducati[8]. Le tasse dirette ed indirette concordate con le *Cortes* castigliane produssero 6,2 milioni di ducati all'anno a partire dal 1600. La principale di queste tasse era la *millones*, introdotta nel 1590, che fu in grado di raccogliere 90 milioni di ducati tra il 1621 ed il 1639, ben tre volte il ricavato delle miniere d'argento americane. Per contro Catalonia, Valencia e Aragona non versarono alcun tributo, rifiutandosi di imporre tasse straordinarie per la corona. Gli ordini religiosi e la chiesa erano sottoposti a tre prelievi fiscali conosciuti con il nome di "le tre grazie": si trattava di altri 1,6 milioni di ducati che raggiungevano il tesoro. I Paesi Bassi spagnoli fornivano 3,6 milioni, il ducato di Milano circa 2 milioni e Napoli e la Sicilia altri 4 milioni di ducati.

Le importazioni dell'argento garantivano una rendita di 2 milioni di ducati annui, che il re riceveva come interessi dai sui tesori coloniali, ed una percentuale della transazioni economiche derivate

---

[7] Per una panoramica del sistema navale spagnolo, della tattica dei convogli e della loro efficacia FERNANDEZ DURO 1896-1903. Sulle costruzioni navali spagnole e le loro capacità nautiche cfr. KIRSCH 1990; KONSTAM 2004. Sulle flotte spagnole "del tesoro" vedi WALTON2002.

[8] PARKER 1979, p. 188. Sull'importanza delle importazioni di argento per l'economia spagnola cfr. Stein-Stein 2000; DRELICHMAN 2005, pp. 532-535. Si vedano anche CALABRIA 1991; MACKAY 1999.

delle operazioni di commercio private avvenute al porto di Siviglia. Il vero valore dell'argento americano era quello di funzionare come risorsa per il credito, dal momento che i creditori basavano la loro fiducia sull'abilità della corona di pagare in seguito i crescenti debiti con future importazioni. Ai creditori erano consegnate delle *consignaziones*, ossia delle richieste di pagamento su specifiche rendite, oppure dei *juros* che erano dei buoni di stato che garantivano pagamenti di interessi a tasso fisso. Questi ultimi divennero una moneta internazionale di scambio diffusa sui mercati internazionali dai banchieri genovesi.

Alla metà del XVII secolo solo una piccola parte delle spese, specie quelle legate alla guerra, poteva essere assorbita dalle forme ordinarie di tassazione. I debiti continuavano ad essere accumulati di fronte alla fiducia rimessa dai creditori sulle importazioni dell'argento. Ogni volta che questa fiducia veniva meno lo stato spagnolo invariabilmente era in bancarotta, come nel 1559 quando il debito raggiunse i 25 milioni di ducati, o nel 1598 al momento della morte di Filippo II, quando il debito pubblico ormai aveva raggiunto gli 85 milioni, dieci volte le ordinarie entrate.

La difficoltà nel sostenere il credito costrinse la corona a ricorrere a degli espedienti di emergenza per raccogliere denaro. Patenti di nobiltà e cariche di stato furono venduti sia in Spagna che nelle colonie; 169 nuovi titoli nobiliari furono creati tra il 1625 ed il 1668, raddoppiando di fatto il numero delle famiglie aristocratiche. Furono impegnati i diritti regi su oltre 3.600 città e paesi della Castiglia, mentre la maggior parte dei beni civici fu alienata a privati. Il risultato fu la creazione di una nuova vasta elite che basava i propri interessi sui traffici dell'argento, dal momento che i "nuovi nobili" erano per lo più creditori della corona che si erano arricchiti grazie alle importazioni americane.

Pertanto divenne in breve molto difficile operare una radicale riforma del sistema economico senza scontrarsi con gli interessi dei creditori della corona. Da un punto di vista economico questi espedienti ridussero le rendite a lungo termine e fecero aumentare in modo sproporzionato il numero dei nobili sollevati da ogni obbligo finanziario nei confronti dello stato (nella sola Castiglia rappresentavano il 10% della popolazione). La Spagna aveva così creato un mostro che divorava migliaia di vite tra gli indigeni americani e gli schiavi africani, gravava pesantemente sulle schiene dei sudditi europei, ma dal quale non era in grado di fuggire.

La difesa dell'impero spagnolo

Tutte queste attività economiche erano dirette principalmente alla difesa dei domini imperiali. Le spese militari salirono dai 7 milioni di ducati nel 1574 ai 9 milioni del 1590. Tra il 1596 ed il 1600 la Spagna inviò 3 milioni di ducati all'anno per le necessità dell'*Armata di Fiandra*, mentre la stessa guerra con l'Olanda bruciò un totale di 40 milioni dalla morte di Filippo II alla tregua del 1609. Agli inizi del XVI secolo l'esercito spagnolo aveva una forza complessiva di 100.000 uomini disseminati nel nuovo e nel vecchio continente, dei quali 60.000 impegnati a reprimere, senza molto successo, la rivolta nelle Fiandre. All'epoca questo assembramento di forze, conosciuto con il nome di "Armata di Fiandra", rappresentava il più grande esercito europeo del momento. Per trovare livelli numerici e di *combatefficiency* simili occorreva risalire all'impero romano del I-II secolo d.C. Non solo nelle operazioni terrestri, ma anche in quelle navali la Spagna era una delle principali potenze, condizione del resto necessaria se voleva mantenere in piedi un impero coloniale a migliaia di chilometri di distanza. Di fatto aveva giocato un ruolo di primo piano nella battaglia di Lepanto contro l'impero turco nel 1571, allestendo una squadra navale forte di 53 unità che rappresentava circa il 32% delle forze a disposizione di Don Giovanni d'Austria. Passata l'emergenza del Mediterraneo, nuove e maggiori risorse furono indirizzate verso la costruzione di una nuova flotta oceanica detta *Armada del Mar Océano* dopo che il disastro patito nel 1588 dalla

*Grande Armada*contro l'Inghilterra aveva dimostrato tutti i limiti tecnologici della cantieristica spagnola e la mancanza di tattiche di combattimento aggiornate[9]. La nuova tassa *Milliones*permise tra il 1588 ed il 1609 il varo di 56.000 tonnellate di navi da guerra, la gran parte impostate nei cantieri di La Coruña. Nel 1600 era pronta una nuova flotta di 60 grandi vascelli che vennero suddivisi in tre squadre oceaniche di 20 unità ciascuna il cui compito era quello di garantire alla Spagna il dominio dei mari e dell'Atlantico in particolare. La prima squadra aveva come base il porto di Lisbona e doveva incrociare con i due convogli dell'argento americano. La seconda squadra controllava sostanzialmente le rotte di Gibilterra, mentre la terza aveva base a La Coruña e doveva essere impiegata per appoggiare le operazioni sia terrestri che navali contro la Francia e i Paesi Bassi ribelli. Fu altresì lanciato nel 1580 un nuovo programma navale per la costruzione di un quarto raggruppamento di sei vascelli destinati a controllare le rotte tra Arica e Panama, ma la necessità di sostituire le unità dedicate alla scorta dei convogli carichi di argento portò alla soppressione della Squadra dei Caraibi.

I programmi navali spagnoli portarono entro il 1590 all'arruolamento di oltre 27.000 marinai, in un periodo in cui anche l'esercito era alla ricerca di nuove leve e la popolazione castigliana aveva cessato di crescere numericamente. Pertanto il consolidato sistema di arruolare truppe per commissione divenne insufficiente per garantire il reclutamento degli eserciti spagnoli[10].

La Corona fu così costretta a sperimentare nuove vie per poter mantenere in efficienza i numerosi eserciti e presidi necessari a controllare l'impero. Fu mantenuto ovviamente un controllo diretto sull'esercito e la marina, ma il reclutamento, la logistica e la produzione di armi vennero affidati ad agenti esterni tramite contratti *ad personam*. Filippo II pretese che la nobiltà partecipasse in prima persona al reclutamento di volontari per i suoi eserciti e resuscitò la defunta milizia per garantire ai domini terrestri una forza di polizia interna o di sicurezza contro minacce esterne. Le province della Catalonia, del Levante, dell'Andalusia e della Galizia levarono le loro liste per la milizia, vennero selezionati gli ufficiali superiori presso le nobiltà locali di provata fedeltà e furono immagazzinate ingenti quantità di armi. Queste sino dal 1562 erano prodotte unicamente da manifatture statali. Il monopolio della Corona in questo settore strategico fu smantellato progressivamente a partire dal 1598, collocando tutta la produzione presso aziende private entro il 1632, con l'eccezione del polverificio di Cartagena. La privatizzazione delle forniture militari, almeno nell'immediato, permise insperati recuperi di denaro. Per esempio intorno al 1630 i cantieri navali gestiti da privati erano in grado di costruire una nave da guerra al costo di 31 ducati la tonnellata, contro i 35 di quelli statali, con un recupero per ogni unità da guerra varata di 2.000 ducati. Tuttavia ogni pretesa di controllo sugli standard nella costruzione di equipaggiamenti navali e, in particolare, di armi da fuoco, specie per quel che concerneva calibri e polveri da sparo, era del tutto impossibile[11].

Nel 1598 la Spagna riuscì a recuperare dal prelievo fiscale 5,1 milioni di ducati, mentre altri 4,1 erano destinati al pagamento dei creditori e degli interessi degli *juros*. Le spese annuali salirono nel frattempo a oltre 12 milioni di ducati, mentre le entrate scesero dai 12,9 milioni del 1598 a poco meno di 10 milioni del 1621. Filippo III ruppe la lunga tradizione spagnola che proibiva la svalutazione della moneta nel 1599, un anno dopo la sua ascesa al trono. Sebbene alla fine avesse concesso di interrompere l'immissione sul mercato del *vellón* in rame nel 1608, di fronte ad un

---

[9] Sulle tattiche di combattimento navali spagnole cfr. KONSTAM 2003, pp. 26-28.

[10] Sulla figura del soldato spagnolo e sulla sua provenienza geografica per il periodo 1575-1628 cfr. THOMPSON 2003. Per i sistemi di arruolamento utilizzati in Spagna cfr.: CONTRERAS GAY1981; CONTRERAS GAY1993-1994; CONTRERAS GAY1996; QUATREFAGES 1990, pp. 341-379. Il progressivo venir meno dell'arruolamento volontario e l'impiego di mezzi coercitivi per reclutare uomini portò alla formazione di eserciti più eterogenei e con capacità belliche inferiori a quelli del XVI secolo. Inoltre il ricorso a metodi simili per trovare materiale umano adatto portò ad una frattura tra il potere centrale e le amministrazioni locali. MACKAY 1999.

[11] Per una situazione delle strutture belliche spagnole e della loro amministrazione cfr. QUATREFAGES 1990;THOMPSON 1976.

aumento delle rese derivanti dalle imposte, nel 1617 e nel 1621 decise di rimetterle in circolazione a scapito di monete in argento. Il re perse però la partita dal momento che i suoi sudditi pagavano le tasse con le deprezzate e disprezzate monete di rame, mentre i soldati pretendevano la paga in argento. Durante il regno di Filippo III il debito legato allo *juro* salì da 92 a 112 milioni di ducati, portando i pagamenti annuali degli interessi alla cifra di 5,6 milioni di ducati, equivalente a circa la metà delle entrate statali.

Oltre al problema diretto di come finanziare i propri eserciti sempre affamati di argento americano, l'aumento del debito provocò tra i contemporanei il lecito dubbio sulla tenuta di un impero che doveva difendere possedimenti sparsi per tutto il pianeta. Molti pensarono che la nave stesse miseramente naufragando (*se va todo a fondo*) e molti storici hanno sottolineato questo senso di declino. Negli anni novanta del XVI secolo molti scrittori spagnoli, riprendendo il concetto classico di ascesa verso un periodo di floridezza economica e potenza militare seguita da un momento di inesorabile declino, erano di fatto convinti di essere testimoni di questa tappa finale. Comunque, mentre tutti erano convinti che solo Dio potesse rovesciare questo stato delle cose, c'era un profondo disaccordo su cosa l'intervento umano potesse fare per rallentare o fermare il processo di decadimento. I ministri di Filippo II e Filippo III non erano certo a corto di idee, molti sudditi presentarono ai monarchi memoriali e suggerimenti, identificando possibili mancanze e suggerendo rimedi[12].

L'analista spagnolo della seconda metà del XVI secolo era poco interessato, o reputava che avessero un effetto del tutto secondario, a quei dati di spopolamento, deindustrializzazione, depressione agraria e ristagno finanziario sui quali la storiografia attuale tende a concentrarsi. Tutti convenivano che fosse la reputazione della monarchia il bene da difendere con maggiore determinazione e fermezza. La *reputación* di cui godeva Spagna era stata riconosciuta come il vero il pilastro ed il maggiore capitale sui quali si appoggiava l'intero sistema creditizio e, di conseguente, il trono imperiale di Madrid[13].

Il paradigma storiografico del "Declino dell'impero spagnolo" prevede che la perdita di influenza politica automaticamente sia al seguito di crisi finanziarie[14]. Ma lo spagnolo della prima metà del XVII secolo, politico, militare o civile che fosse, non era una persona piegata al pessimismo. Riconosceva come le periodiche bancarotte impedissero agli eserciti della corona di raggiungere la vittoria, come era avvenuto nel 1609 con la tregua con i ribelli olandesi. Non di meno non esisteva affatto un senso di imminente collasso. La Spagna rimaneva un paese nel quale la vita quotidiana era piacevole, almeno per i pochi fortunati giunti al vertice della scala sociale: le principali famiglie nobili del paese, 115 casate patrizie, insieme si spartivano rendite per 5 milioni di ducati, l'equivalente di circa metà delle entrate statali.

La Spagna aveva ancora numerosi soldati veterani, provati marinai, amministratori e diplomatici con contatti ramificati in tutta Europa. Era ancora superiore come potenza rispetto al suo avversario diretto, la Francia, che fu scossa durante la seconda metà del XVI secolo da ben otto guerre di religione (1562-1598). La monarchia spagnola manteneva la sua *reputación* inalterata, in grado di garantirle una tenuta politica e militare sino alla metà del XVII secolo, quando ormai i limiti fin troppo evidenti del sistema costrinsero Filippo IV alla pace dei Pirenei del 1659.

Il concetto di *reputación* prevedeva il monarca, e l'istituzione della monarchia, al centro di ogni discussione relativa al potere spagnolo. Il re era per scelta divina posto sul trono, chiamato a reggere

---

[12] Sul questo aspetto si vedano i due lavori di STRADLING 1979, pp. 157-194; STRADLING 1981.

[13] Sul concetto di *reputación* e dell'influenza che esso aveva nella politica spagnola vedi ELLIOTT 1983, pp. 475-483.

[14] Sulla percezione che la Spagna e gli spagnoli avevano di sé stessi e dell'impero di Filippo II vedi ELLIOTT 1977, pp. 41-61.

il destino del regno e dei propri sudditi. Le varie province, gli organi politici ed amministrativi dello stato o legati a particolari realtà locali, avevano un proprio ruolo ma erano subordinati al re e alle sue decisioni. Naturalmente la pratica smentiva quotidianamente la teoria. Filippo II aveva cercato di obbligare i suoi ministri e consiglieri in un collegio comune per evitare favoritismi personali. Questo, dietro formale apparenza di cordialità, portò alla formazione di spiccate rivalità personali per raggiungere posizioni di prestigio e di potere[15]. La decisione di creare commissioni *ad hoc*, dette *juntas*, per compiti specifici portò ad una maggiore flessibilità anche se, nel concreto, furono di fatto aggiunti nuovi apparati burocratici aumentando la confusione a causa della mancanza di una distinzione netta delle competenze.

Il Consiglio di Stato (*Consejo de Estado*) era il luogo dove si dibatteva sulle questioni che interessavano la Corona e si formulavano gli indirizzi politici. Il Consiglio generò una serie vastissima di commissioni, molte delle quali divennero permanenti, come quelle della Guerra, della Finanza, della Crociata. Altre ancora erano dedicate alla gestione di differenti possedimenti dell'impero spagnolo, quali le Indie, il Portogallo, la Castiglia, l'Aragona e l'Italia. Grandi o piccole che fossero, erano comunque centri di potere che andavano ad interferire con l'operato dei viceré e dei governatori nei Paesi Bassi, nel Ducato di Milano, in Sicilia, in Sardegna e nelle colonie. Il Portogallo manteneva invece un proprio governo decentrato in Lisbona, anche per soddisfare le locali pressioni ad una maggiore autonomia. Tutti i governatori avevano a che fare con commissioni di notabili che emettevano consigli più o meno vincolanti e dovevano prestare attenzione agli interessi locali, così come agli ordini che giungevano da Madrid.

Senza troppe sorprese la difesa dell'impero fu la priorità della grande strategia spagnola[16]. L'estensione dei domini asburgici nella prima metà del XVI secolo aumentò in modo esponenziale i potenziali nemici, mentre le predicazioni dei protestanti andavano espandendosi in tutta Europa, fomentando rivolte e dissensi che si manifestarono apertamente con la rivolta olandese del 1566. La difesa dei monopoli del commercio con le colonie fu aggravata dall'annessione delle colonie portoghesi che andavano difese, rifornite e tutelate da aggressioni esterne.

La cosa che maggiormente conferiva alla monarchia spagnola un senso di missione nel suo essere impero era la difesa del cattolicesimo, fatto questo che divenne una sorta di identità nazionale. La *Reconquista* della penisola Iberica, completata nel 1492 con la distruzione dell'emirato di Granada, valse al monarca spagnolo il titolo di Maestà Cattolica. La scoperta delle Americhe conferì anche il valore aggiunto del ruolo di missione nel civilizzare il nuovo mondo. La difesa del Mediterraneo permetteva di rivendicare l'ideale di Crociata che andava ormai estendendosi anche nella lotta contro le eresie "riformate" europee.

La città di Roma stessa era ormai inglobata in questo disegno imperiale[17]. Dopo il sacco del 1527 il prestigio dello Stato pontificio non si era più ripreso ed ora gravitava stabilmente nell'orbita spagnola. Dopo la fallita spedizione del duca di Guise del 1556-57 contro Napoli, Paolo IV era stato costretto alla pace. Questa, conclusa con grande moderazione dal duca di Alba, fu resa nota il 14 settembre 1557[18]. Questa pace ispano-pontificia segnò una svolta nella storia del mondo occidentale e ridusse Roma all'obbedienza di fronte agli Asburgo o, sotto un'altra prospettiva, decretò l'unione di Roma con la Spagna. Essa durò di fatto sino agli anni novanta del XVI secolo; questa forzosa ma duratura alleanza temporale e spirituale garantì di fatto il trionfo della Controriforma. Madrid

---

[15] FEROS 2000, pp. 12-31. Questo aspetto colpiva anche l'aspetto economico del regno, come descritto in Motomura 1994, pp. 104-127.

[16] Sull'impostazione generale del problema cfr. PARKER 1999.

[17] DANDELET 2001. Il cattolicesimo spagnolo è analizzato da RAWLINGS 2002.

[18] AGS, Patronato Real, n. 1626, *Capitulatiónpublicasobre la pazentre Felipe II y Paulo IV ortogadaentreelduque de Alba y el Cardinal Caraffa*. Si veda anche HERRE 1907.

riconosceva al pontefice la formale giurisdizione feudale su Napoli, pagando annualmente 7.000 ducati ed un cavallo bianco. Roma era altresì fortemente condizionata dai carichi di grano che giungevano dalla Sicilia o da altri possedimenti spagnoli, e la Chiesa spagnola era attivamente impegnata nella città eterna con la costituzione di ospedali, centri di carità, conventi, chiese. Non solo, ma la comunità spagnola alla fine del XVI secolo era aumentata in una misura tale da rappresentare circa un quarto della popolazione residente, assumendo un ruolo centrale nella vita politica e nei cerimoniali del Vaticano. A partire dal 1560 la presentazione del cavallo bianco di Napoli, trattenuto per le redini dall'ambasciatore spagnolo, fu collocata all'interno delle celebrazioni della festa dei Santi Pietro e Paolo del 29 giugno, in modo che la Spagna fosse simbolicamente nel centro della vita religiosa e politica del papato. Ulteriori sovvenzioni *ad personam*, per un totale annuo di 70.000 ducati, elargite al collegio dei cardinali garantivano la fedeltà della maggioranza dei porporati. I benefici erano ovviamente reciproci. L'esercito e la flotta spagnola permisero allo Stato pontificio di ridurre drasticamente il *budget* per la difesa, che passò da metà del bilancio a circa un quinto. La Spagna a sua volta poteva avvalersi della facoltà di riscuotere le "tre grazie" e altre rendite fiscali legate alla Chiesa per un totale di 3,68 milioni di ducati a partire dal 1621.

Con i nodi ben serrati sul trono di San Pietro, la Spagna poteva far suo il senso di Impero. Sebbene Carlo V avesse trasmesso a suo fratello, e non a suo figlio Filippo, il titolo imperiale, la Corte di Madrid non nascose mai il senso di "impero" della corona spagnola, e le navi e i *tercios* continuarono a sventolare le bandiere con l'aquila bicipite e i bastoni di Borgogna. Se gli Asburgo d'Austria mantenevano il titolo di Sacro Romano Imperatori, gli scrittori spagnoli pretesero di dimostrare con orgoglio che la loro monarchia sopravanzava per antichità persino l'antica Roma[19].

Ovviamente visto dall'esterno questo era un tentativo credibile per imporre una monarchia universale, con l'aggravante della religione. I nemici della Spagna non avevano idea dei suoi problemi interni, e lo sfruttamento delle ricchezze americane rendeva credibile anche lo sviluppo degli scenari più foschi, dove l'impero spagnolo aveva ricchezze e forze sufficienti per combattere una guerra su una scala tale da vincere in breve tempo ogni resistenza. Questa idea circolava in particolare in Francia, dove erano in molti, specie i reduci della guerra appena conclusasi nel 1559, che si sentivano di fatto circondati senza scampo dal nemico, data la presenza di domini spagnoli non solo a sud, ma anche a nord e ad ovest: il ducato di Milano, la Franca Contea, il Lussemburgo e le Fiandre rappresentavano una catena che andava rotta al più presto.

La Spagna e il Sacro Romano Impero

Nei fatti la Spagna generalmente non interveniva direttamente in altri paesi a meno che non vedesse minacciati i propri interessi. Solitamente il Consiglio di Stato suggeriva cautela e prudenza prima di compiere ogni passo. Questo può essere immediatamente colto nei rapporti tra la Spagna e l'Impero austriaco. Filippo II trascorse almeno tre anni della sua vita in Germania tra i 1548 ed il 1551 e conobbe personalmente un buon numero di principi e nobili tedeschi. Tra questi figuravano ovviamente il nipote Rodolfo e i suoi fratelli Ernst e Albert. Questi contatti personali garantirono alla Spagna una solida piattaforma diplomatica dopo la spartizione dell'Impero del 1558[20].

Il fervente senso religioso di Filippo non aiutò certo l'instaurarsi di buoni rapporti con i principi luterani, come l'elettore di Sassonia e il duca Heinrich Julius von Braunschweig-Wolfenbüttel. Anche i signori cattolici, come il duca di Baviera, non trovavano nel re di Spagna un interlocutore affidabile. Del resto Filippo sembrava non avere alcun interesse nel creare una presenza stabile

---

[19] STRAUB 1980; TANNER 1993; PAGDEN 1995.
[20] Sulla permanenza di Filippo II nei domini del Sacro Romano Impero vedi ELDEMAYER 2002.

della Spagna nel cuore germanico dell'Impero. Con generose elargizioni, cessioni di rendite e altri favori riuscì ad ottenere la fiducia di alcuni principi tedeschi, in particolare la casa di Wittelsbach e del vescovo elettore di Colonia con i quali sarebbe stato possibile creare piuttosto un cordone sanitario per controllare le azioni dell'Imperatore qualora questi avesse inaugurato una politica estera ostile alla Spagna.

Nondimeno l'ambasciatore spagnolo a Praga, Hurtado de Mendoza, insieme al cardinale Dietrichstein (che era nato in Spagna) e al cancelliere Lobkowitz ebbe un'influenza notevole nel mantenere Rodolfo entro la sfera del cattolicesimo militante. L'influenza spagnola diminuì non poco alla morte di Rodolfo nel 1612[21]. Nonostante le aperture fatte dall'ambasciatore Zúñiga all'arciduca Ferdinando di Stiria, Vienna e il suo circondario mantenevano inalterate le loro propensioni culturali e politiche nei confronti dell'Italia e della Germania meridionale (La guerra degli Uscocchi)[22].

La stessa presenza diplomatica degli Asburgo d'Austria a Madrid venne per il momento a mancare. Al punto che nella prima decade del XVII secolo Vienna manteneva un ambasciatore a Madrid ma, al contrario di quello di Costantinopoli, non era permanente. L'interesse della Spagna per l'Impero decadde quando Filippo II incominciò a ritenere Rodolfo un cattolico affidabile, assai più di quanto lo fosse stato il padre Massimiliano II. Ora il ducato di Baviera e l'arciduca di Stiria erano di fatto alleati certi, mentre il trattato stipulato con i cantoni svizzeri nel 1587 riduceva di molto l'importanza strategica del Tirolo per il controllo delle strade di comunicazione tra le varie province dell'impero spagnolo.

Contrariamente a quanto si possa oggi ritenere l'interesse del successore di Filippo II, il figlio Filippo III, per le vicende della Germania era del tutto secondario. Mantova e Casale attiravano con maggiore urgenza l'attenzione di Madrid, mentre gli ambasciatori da Vienna riportavano l'impressione di un declino morale delle terre a nordest delle Alpi. I principi cattolici scendevano a patti con i luterani e non pagavano le tasse per finanziare la guerra contro il turco, mentre la popolazione era ritenuta di fatto del tutto incivile, dedita al cibo e alla birra, in una tetra terra coperta da scure foreste, solcate da strade fangose intervallate da squallidi villaggi.

Filippo III, che non aveva mai visto la Germania e l'Impero, decise di conferire le redini dello Stato al conte, poi duca, di Lerma. Secondo alcuni storici il suo personale convincimento che *Dio, che mi ha dato tanti regni, non mi ha dato la capacità di governarli* favorì di fatto l'assenza di un forte potere centrale[23]. Il risultato, come di recente è stato efficacemente detto, fu quello di vedere un impero di dimensioni planetarie governato da un pilota automatico[24]. In realtà Filippo III aveva avuto a che fare con il potere sino dall'età di quindici anni, quando era entrato a far parte del

---

[21] Sugli influssi culturali spagnoli presso la corte imperiale di Vienna SANCHEZ 1998, pp. 118-121, 177-178.; GOLOBEVA 2000; SOMMER-MATHIS 2001, pp. 655-694.

[22] La guerra di Gradisca (1615-1617), perché caratterizzata dall'assedio alla fortezza di Gradisca, è anche conosciuta come guerra degli Uscocchi (fonti veneziane) o guerra del Friuli (fonti veneziane e arciducali, quest'ultime la chiamano anche *guerra di Gradisca*). Il conflitto vide schierati nelle opposte fazioni la Repubblica di Venezia ed il ramo austriaco della famiglia Asburgo. Nel "Trattato di pace concluso per la mediazione di Filippo III tra Mattia imperatore de' Romani e Ferdinando Re di Boemia e Arciduca d'Austria e la Repubblica di Venezia" (conosciuto oggi come *Trattato preliminare di Parigi e il trattato di Madrid*) si deliberò che *i pirati Uscoqui saranno scacciati da Segna ed altri luoghi marittimi appartenenti alla Casa d'Austria, e che in vece di essi i Venetiani restituiranno alla loro Maestà Imperiale e Reale tutti i luoghi e passaggi occupati da loro in Istria ed in Friulo*. Quando a Venezia si seppero le condizioni, firmate da due ambasciatori residenti, i Savi del Consiglio di Terraferma fecero approvare dal Senato l'ordine di arresto per i due, i quali si salvarono solo grazie all'intercessione del re di Francia. I veneziani uscirono comunque dal conflitto a testa alta, ottenendo quello che volevano, cioè la cacciata degli Uscocchi da Segna e, allo stesso tempo, il riconoscimento di signoria sul Golfo. CAIMMI 2007.

[23] La citazione è tratta da Davis 1931, p. 230. Sul carattere di Filippo III cfr.: CARTER 1964, p. 67; LYNCH 1992, p. 19.

[24] STRADLING 1988, p. 8.

Consiglio di Stato, mentre a diciannove aveva di fatto sostituito il padre ormai gravemente infermo. Concentrò su di sé l'aspetto più formale del potere, mantenendo la decisione finale su tutti gli affari capitali dello Stato. Il lavoro di amministrazione quotidiana era lasciato totalmente nelle mani del duca di Lerma che doveva gestire sia i differenti ministri che le varie *juntas*[25].

L'ulcera delle Fiandre

Tutte le scelte strategiche e le operazioni militari effettuate dalla Spagna dal 1566 sino al 1648 ebbero come comune denominatore la rivolta delle Fiandre[26]. I conflitti avvenuti sulle Alpi ed in Italia a partire dal 1588 furono una diretta conseguenza della necessità strategica spagnola di continuare a immettere sempre nuove riserve per affrontare l'indomito *Leo Belgicus*. Visto per lo più come una delle cause della Guerra del Trent'Anni, in realtà il conflitto con gli olandesi, o Guerra degli Ottant'anni fu un conflitto parallelo che vide la Spagna lottare per stroncare una rivolta armata che aveva scosso sin dalle fondamenta la *reputación* della corona. Per chi fu coinvolto in prima persona nelle Fiandre, gli altri conflitti, compreso quello tedesco, apparivano eventi quasi di secondaria importanza. «La guerra in Olanda è la più grande, la più sanguinosa e la più implacabile di tutte le guerre che sono state combattute sin dall'inizio del mondo»[27]: così si esprimeva nel 1627 il consigliere di stato Fernando Giron, quando la lotta tra gli spagnoli e gli olandesi era in atto da ormai sessant'anni, e ancora venti dovevano venirne. Nel contempo un'altra serie di conflitti, le "Seconde Guerre d'Italia" (1588-1659), aveva inizio per il controllo delle vie di transito verso i campi di battaglia olandesi[28].

La rivolta, capeggiata principalmente dagli esponenti della casa degli Orange, era scoppiata a causa della richiesta della corona di mantenere alto il livello di tassazione nonostante la pace conclusa nel 1559. L'insistenza di Filippo II per una più attiva persecuzione degli "eretici" mise in essere anche motivazioni religiose. Il primo raffazzonato esercito dei rivoltosi già nel marzo del 1567 a Ostweel era stato facilmente sconfitto dalle guarnigioni del re, prima ancora che il duca d'Alba e i suoi 10.000 veterani italiani inaugurassero la "Strada di Fiandra". Il duca d'Alba occupò Anversa e le altri maggiori città costruendo cittadelle bastionate per il controllo del territorio sul modello di quanto il duca di Savoia aveva fatto a Torino, mentre furono in breve istituiti tribunali speciali per la repressione della ribellione e dell'eresia protestante. Sebbene le persone condannate e giustiziate siano state molto inferiori alle 100.000 dichiarate dalla propaganda protestante, la situazione divenne così difficile che almeno 60.000 persone furono costrette a fuggire verso la Germania o l'Inghilterra entro il 1572[29].

Il duca d'Alba riprese le operazioni militari contro le Fiandre e le province meridionali con maggior vigore nell'aprile del 1572, con l'idea di isolare i ribelli dalla Francia e dai loro santuari protestanti. I sopravvissuti ai colpi di maglio dell'eser-cito spagnolo si ritirarono in Olanda e in Zelanda. Queste erano delle fortezze naturali, circondate dal mare, da fiumi e da terre poste ad una quota prossima

---

[25] Per questo aspetto vedi WILLIAMS 2006.

[26] PARKER 1972, pp. 157-159; PARKER 1970, pp. 72-95.

[27] VILLA 1904, p. 473.

[28] Le Guerre d'Olanda furono costantemente seguite da scrittori e cronisti dell'epoca, al punto che tale conflitto divenne uno dei titoli più diffusi nelle biblioteche del periodo. L'attenzione costante di scrittori e lettori non fu dunque rivolta solo ed esclusivamente alla Guerra dei Trent'Anni in Germania, come suggerito in PARKER 1994, pp. 3-8, ma a *tutte* le guerre del periodo in generale. Per l'Olanda le pubblicazioni si susseguirono a ritmo serrato, e nel corso della presente ricerca sono state consultate le seguenti opere: CORNEJO 1580; DON BERNARDINO DE MENDOZA 1592; CAMPANA 1595;CARNERO 1625; COLOMA 1635;BENTIVOGLIO 1645;STRADA 1681.

[29] La cifra di 100.000 esecuzioni è ancora oggi presente in numerosi testi di storia, ma il numero reale fu tra le 1.000 e le 8.950 come riportato in ISRAEL 1998, pp. 111-121. Si veda anche Kamen 2006. Sulla rivolta delle Fiandre ISRAEL 1995; DARBY 2001; DUKE 2003. Sul ruolo della famiglia Orange, ROWEN 1988; SWART 2003; SCHULTEN 2009.

allo zero che potevano essere allagate artificialmente[30]. La struttura politica decentralizzata delle città olandesi favorì la ribellione, dal momento che ciascun centro urbano di una certa importanza disponeva di un proprio consiglio e di propri reggenti, o magistrati, eletti dall'assemblea cittadina[31]. Le città olandesi, alleatesi tra loro per resistere al ritorno offensivo degli spagnoli, scelsero Guglielmo di Orange il "Silente" come *Stadholder*, ossia come capitano generale della milizia. Controllando le istituzioni chiave della provincia i ribelli furono così in grado di mantenere sotto loro controllo il territorio e i pochi simpatizzanti della corona di Spagna.

La rivolta aveva incrinato non poco la *reputación* della Spagna e distrutto le finanze dello Stato. L'esercito delle Fiandre costava circa 700.000 ducati al mese, e nell'autunno del 1575 di soldi non ce ne furono più e non si era nella condizione di concedere nuovi prestiti. A settembre Filippo II si piegò al disconoscimento dei propri debiti dichiarando bancarotta. Nel luglio e nell'agosto del 1576 i soldati non spagnoli che facevano parte dell'esercito delle Fiandre si ammutinarono e ben presto gli altri presero a disertare. In novembre gli ammutinati, alcuni dei quali vantavano arretrati per sei anni di soldo, posero brutalmente a sacco la città di Anversa, capitale commerciale dell'Europa del nord, con circa mille abitazioni distrutte e 8.000 civili uccisi[32]. Tali fatti compromisero totalmente l'autorità di Filippo nei Paesi Bassi. Nel giro di poche settimane il suo esercito si disintegrò e i suoi ordini trovarono ascolto solo in Anversa e in poche altre città. In settembre gli Stati Generali di varie province cominciarono a riunirsi e a deliberare senza più tenere conto del re. E in novembre stipularono una pace formale con l'Orange e i ribelli (la Pacificazione di Gand) e poi entrarono in trattative con Filippo II per avere da lui concessioni. Vista la necessità di "salvare il salvabile", nel 1577 venne firmata una tregua che costrinse la Spagna e ritirarsi nel Lussemburgo e nelle Fiandre per ricostruire un esercito, mentre anche Utrecht e il Gelderland occidentale venivano occupati. Ormai la base olandese della rivolta si era garantita un territorio e risorse tali da poter pianificare con maggiore fiducia la guerra con la Spagna. La natura dei luoghi favoriva la difesa del ridotto olandese, protetto a est dal fiume Ijssel, a sud dal Reno e dal Maas, a ovest dal labirinto delle isole della Zelanda. A sud ovest la neutralità del vescovo di Liegi era vista come una garanzia di impunità, mentre solo la frontiera orientale, quella che confinava con l'Impero, era considerata aperta ad una invasione. Le sette province dei Paesi Bassi ritenevano di aver raggiunto un potenziale tale da poter sfidare ufficialmente la Spagna. Nel 1579 venne formata l'Unione di Utrecht, alla quale seguì nel 1581 l'atto di abiura che ripudiava definitivamente l'autorità di Filippo su quelle province.

Di fatto i vecchi possedimenti spagnoli delle Fiandre venivano così separati in due, cristallizzando uno stallo militare: gli spagnoli non erano stati in grado di riconquistare il nordovest in mano ai ribelli, e questi non erano riusciti a "liberare" le cinque province meridionali. Il conflitto tuttavia continuò dal momento che la Spagna rifiutava di rinunciare alle province perdute, mentre gli Olandesi avevano bisogno di una vittoria militare netta e riconosciuta – in particolare da Madrid – per mettere in sicurezza la loro posizione a livello internazionale. Lepanto e le rivolte persiane del 1576 ridussero di molto la minaccia ottomana nel Mediterraneo, permettendo alla Spagna la riduzione dello sforzo bellico in quel teatro e di ritrovare forze e risorse da inviare verso nord. Alessandro Farnese, duca di Parma, fu nominato governatore delle Fiandre spagnole e comandante dell'esercito in campagna contro i ribelli olandesi. Il duca d'Alba, veterano delle Guerre d'Italia della prima metà del XVI secolo, aveva compreso che la guerra nelle Fiandre sarebbe stata un'impresa difficile. Era reputato uno dei comandanti più capaci del suo tempo ma già nel 1573,

---

[30] BENTIVOGLIO 1645, Vol. I, p. 104: «L'uno [l'Olanda, n.d.a.], e l'altro paese hà dell'inacces-sibile, per introdurvisi con la forza; poiché non solamente i luoghi più principali, ma i più comuni sono cinti, ò dal mare, ò da fiumi, ò da laghi, ò da terreno, che non può esser più basso, nè più fangoso. Onde non è maraviglia se quei popoli, co'l vedersi tanto favoriti dalla natura, e presero l'armi sì ferocemente al principio, e con la medesima ferocia dopo hanno continuato sempre ad usarle».

[31] Sulle comunità olandesi del XVI secolo KOENIGSBERGER 2001. Sulla nobiltà si veda VAN NIEROP 1883.

[32] PARKER 1973, pp. 38-52; JONES 1988, pp. 18-32.

dopo appena un anno di campagna militare, in Olanda era disgustato dalla condotta delle operazioni. Ad aprile scrisse al duca di Savoia una lettera per lamentarsi della situazione dovendo combattere "in una terra di dighe, paludi e difficili passaggi"[33]. La decisione di annientare le difese olandesi portò alla creazione del più grande esercito del periodo. Nell'ottobre del 1582 l'esercito delle Fiandre contava 61.000 uomini, mentre nel resto dei possedimenti spagnoli rimanevano 15.000 uomini di presidio in Italia e circa 20.000 in Spagna.

Dopo il 1579 gli olandesi evitarono accuratamente di ingaggiare uno scontro campale contro un nemico che, almeno numericamente, gli era superiore. Per gli eserciti di Filippo II fu un continuo stillicidio di piccole azioni isolate e, soprattutto, di assedi su assedi. Le vie di comunicazione, poche e circondate da vaste aree di territorio allagato, erano controllate da numerose fortezze, la maggior parte delle quali dotate di mura bastionate. L'assedio contro simili strutture richiedeva un grande numero di uomini e di artiglierie. Tale situazione portò i comandanti spagnoli a combattere una guerra basata sull'attrito piuttosto che su poche decisive battaglie.In un simile teatro operativo il costo in termini umani per la Spagna era alto. Una media annuale di 1.500 caduti in combattimento all'anno, ai quali si dovevano aggiungere feriti e disertori, significava la dissoluzione dell'esercito spagnolo delle Fiandre in poche campagne di guerra, a meno di costituire una vasta rete logistica per far giungere le reclute e i nuovi materiali necessari a ripianare le perdite.

Durante le guerre contro la Francia nella prima metà del secolo uomini, mezzi e denari erano stati trasportati via mare senza problema dalle flotte spagnole. Ora la Spagna non aveva più il controllo dell'Atlantico settentrionale. Nel 1558 il principale porto a sua disposizione sulla Manica, Calais, era stato conquistato dai francesi agli alleati inglesi. La perdita di Calais compromise anche la rotta su Dunquerque, il migliore porto nelle vicinanze, dal momento che per arrivare a destinazione occorreva superare sia Calais che i famigerati *bancos de Flandres*, fondali sabbiosi che si spingevano al largo, vera trappola per equipaggi poco esperti di quella rotta. A questo si aggiungeva la crescente ostilità dell'Inghilterra e l'aumentata capacità offensiva degli olandesi, i quali dopo il 1638 furono in grado di bloccare qualsiasi transito spagnolo nella Manica[34].

La riconquista di Anversa nel 1585 non risolse il problema in quanto le isole della Zelanda erano un'efficace barriera a chiusura dell'estuario della Schelda. Il tentativo di Filippo II di stroncare con una sola grande flotta da guerra inglesi, olandesi e ugonotti francesi portò alla creazione dell'*InvencibleArmada* che nel 1588 non riuscì a trovare un porto sufficientemente grande per difendersi dagli inglesi e, nel frattempo, imbarcare le truppe del duca di Parma. Il solo altro modo per raggiungere le Fiandre era quello terrestre, attraverso un corridoio strategico definito la "Strada di Fiandra". Difendere e mantenere in efficienza questa comunicazione divenne, per la Spagna un compito secondo solo alla distruzione degli Olandesi.

Il nodo fondamentale di questa via era nell'Italia settentrionale, tra i porti della Liguria e i passi alpini. Tra il 1588 ed il 1659 la Spagna avrebbe combattuto principalmente per mantenere il controllo più o meno diretto delle vie di comunicazione italiane e delle fortezze costruite per il loro controllo.

La penisola italiana nella Grande Strategia spagnola

Milano e la Lombardia sin dal XVI secolo divennero l'obiettivo di buona parte delle manovre politiche e militari delle potenze dell'epoca. L'espansionismo svizzero e quello francese vedevano nella provincia lombarda e nel suo capoluogo una conquista irrinunciabile. Per i primi era una ricca

---

[33] Citato in DUFFY 1996, p. 58.
[34] Sulle flotte ugonotte nella Manica vedi PABLO 1957, pp. 64-76; DE MEIJ 1972.

terra a sud di una regione montuosa povera, per i secondi Milano controllava le vie di comunicazione che portavano al meridione della penisola italiana, e dunque verso l'altro agognato sogno della monarchia francese, la corona di Napoli[35].

Dal 1521, nel pieno delle guerre italiane, i capitani di Carlo V si resero ben conto della funzione di cerniera che il ducato di Milano rappresentava un ponte tra la Spagna e Italia da un lato, Germania, Impero e Paesi Bassi dall'altro. Lo stesso cancelliere imperiale, Mercurino da Gattinara, aveva compreso e spiegato al suo signore che il controllo della pianura lombarda assicurava una difesa avanzata al regno di Napoli, oggetto del contendere della politica mediterranea di Francesco I e di Carlo V.

Dopo il 1525 e l'epocale vittoria di Pavia, il controllo su Milano e il suo ducato non fu più messo in discussione, e la zona dei combattimenti si spostò a ridosso delle Alpi occidentali. I francesi lottarono a questo punto per mantenere almeno una testa di ponte a ovest della catena alpina in Piemonte, cosa che riuscirono a fare definitivamente solo dopo la battaglia di Ceresole d'Alba e la distruzione della piazzaforte di Volpiano nel 1555, principale base spagnola contro Torino[36]. Nel frattempo il duca Francesco II Sforza restava il legittimo signore della Lombardia, ma l'effettivo controllo sul territorio era di fatto esercitato dai presidi spagnoli stanziati nelle fortificazioni principali e, nel 1535, morto il duca senza legittimi eredi, senza alcuna sorpresa il ducato venne incamerato nei domini imperiali. La guerra con la Francia, tuttavia, non era conclusa e il fulcro dei combattimenti si era nel frattempo spostato a nord, tra la Borgogna e le Fiandre. Alcuni esponenti della corte di Carlo V giunsero a ipotizzare uno scambio di terre con la Francia per garantirsi la pace con la Francia: il ducato di Milano contro la Borgogna. L'idea, che nel corso del 1544 era stata presentata a Carlo V con una certa insistenza, decadde definitivamente solo con l'infeudazione di Filippo II quale duca di Milano[37].

Le sorti del ducato restarono così indissolubilmente legate a quelle degli Asburgo di Spagna. Non solo ma, come abbiamo visto, la crisi politico-militare dei Paesi Bassi e la mancata superiorità navale spagnola nella Manica rese la Lombardia pedina fondamentale della strategia spagnola, rappresentando il punto di partenza della "Strada di Fiandra" attraverso cui era alimentata la guerra contro i ribelli olandesi e punto di giuntura con gli Asburgo di Vienna. Non solo, ma la presenza di una forte guarnigione spagnola, sistemata tra Alessandria, Valenza, Novara, Milano e Cremona garantiva a Filippo II una sufficiente forma di controllo su quelli che sono stati ritenuti "stati cuscinetto", primi fra tutti il ducato di Savoia e la repubblica di Genova, ma che in realtà erano di fatto "stati clienti" della monarchia spagnola. Il solo ducato di Milano non aveva il controllo dei passi alpini necessari per spostare truppe, artiglierie e denari verso nord. Pertanto era necessario esercitare più o meno indirettamente una sorta di presidio avanzato, di volta in volta rappresentato dalle bandiere sabaude, genovesi, o della Lega dei Grigioni.

Filippo II intendeva impiegare i suoi domini milanesi come bastione per mantenere lo *status quo* di fronte ad uno scenario internazionale che stava mutando piuttosto in fretta[38]. Anche per quello che

---

[35] SPAGNOLETTI 1972, pp. 19-22.

[36] Sulla campagna per la presa del castello e della piazzaforte di Volpiano si veda il lavoro di Anselmo 2005.

[37] Sulle trattative legate allo scambio, specie nel 1544, CHABOD 1986, pp. 185-217.

[38] Sul ruolo della Lombardia all'interno dei domini spagnoli RIZZO 1992, pp. 315-348; RIZZO 1998, pp. 292-302; RIZZO 1997, pp. 371-387; RIZZO 1998,Vol. I, pp. 731-766; RIZZO 2002, pp. 265-276. Gli studi di Rizzo, come quelli di Davide Maffi (MAFFI 2007), sono fortemente segnati dal lavoro di Parker, in particolare dall'impostazione strategica della penisola italiana presentata in PARKER 2004, e dallo spoglio delle relazioni delle varie *juntas*che, a ben vedere, decidevano tutto il contrario di tutto, al punto che viene da domandarsi si effettivamente esisteva una strategia chiara e univoca della monarchia spagnola. Più limpido a mio avviso rimane la visione della macchina politica spagnola presentata da PARKER 1985, dove alla fine le decisioni, previa consultazione delle *juntas*, spettava comunque al

riguarda la situazione in Piemonte, a partire dal 1588 divenne giocoforza per la Spagna necessario intervenire sempre più massicciamente per parare le pericolose iniziative dell'avventato alleato, e in questo caso parente, di casa Savoia. La guerra nelle Fiandre e il crescente desiderio francese di intervenire in Italia, cosa che effettivamente iniziò a fare già nel 1593 pretesero al governo spagnolo una seria verifica della capacità di muovere truppe dalla Spagna e dall'Italia verso il nord Europa, capacità che era venuta meno dopo il trattato di Lione del 1601, e che l'occupazione della Valtellina, con le crisi del 1620 e del 1624, sembravano aver risolto[39].

A questo punto appare chiaro che l'obiettivo pagante per la monarchia spagnola nella prima metà del XVII secolo era la riconquista dell'Olanda. Ma i suoi avversari avevano ormai compreso come gli eserciti spagnoli basassero la loro sopravvivenza sulle vie di terra e sul controllo del perno lombardo. Interrompere le comunicazioni tra la Lombardia e la Spagna, o la Lombardia e la Germania, divenne di fatto il fine ultimo di tutte le manovre del nemico mortale di Madrid, la Francia. Persa la libertà di percorrere liberamente le strade che portavano ai passi alpini, era di fatto impossibile per gli spagnoli intervenire attivamente nel conflitto germanico o in quello olandese. Ma la capacità di tenuta e di controllo del territorio e messa in sicurezza delle vie di comunicazione rimase sempre entro le capacità militari della Spagna almeno sino al 1630. Neppure il colpo di mano di Carlo Emanuele I contro il Monferrato nel 1613 e la presenza di truppe francesi in Piemonte furono in grado di scalfire il sistema di sicurezza del ducato di Milano e le sue vie di comunicazione. Ma la conquista da parte della Francia di Pinerolo e la guarnigione franco-monferrina di Casale divennero, dal 1630, una costante minaccia alla "Strada di Fiandra"[40].

La difesa del ducato e delle sue vitali strade aveva una tale importanza per lo stato spagnolo che nel 1632 il duca conte di Olivares dichiarò che, messo di fronte ad una scelta estrema, avrebbe sacrificato le Fiandre al posto della Lombardia. Scelta questa che si rivelò pagante nel 1634, quando i rinforzi giunti in Germania attraverso la Valtellina avevano portato gli eserciti spagnoli e imperiali alla vittoria sugli svedesi a Nördlingen. Da allora eliminare questi collegamenti stradali divenne la priorità della strategia militare italiana di Richelieu prima e Mazzarino poi. Nel 1635 il consiglio di Stato ribadiva l'importanza dei domini nel nord Italia e della Lombardia, roccaforte di tutti i possedimenti italiani e ponte della Spagna verso l'Europa settentrionale e la Germania.

Tuttavia a partire dal 1639 è innegabile la progressiva perdita di importanza dello scenario italiano nei confronti degli altri fronti sui quali la corona era direttamente impegnata. L'*indirectapproach* francese portò nel 1639 una grave rivolta in Catalonia, costringendo Olivares a riconsiderare le sue idee sull'Italia e ad inaugurare la politica del "prima aggiustare le cose in Spagna, quindi conservare le altre province"[41]. Naturalmente la dimensione delle operazioni belliche era direttamente proporzionale alla situazione finanziaria interna – periodi con pochi denari erano momenti di stallo militare – e alla politica interna come ad esempio la Fronda francese del 1648. In Lombardia la Spagna fu così in grado di approfittare della debolezza dell'avversario per mettere in sicurezza i propri confini nei confronti del duca di Modena, che si vide costretto nel 1649 a scendere a trattative di pace.

Dopo il 1648, con la fine della guerra in Germania, e sino al 1656 il conflitto in Italia cambiò la propria natura. Non si trattava più di una grande lotta per recidere le vie di comunicazione strategiche della Spagna, ma era la stessa Spagna che muoveva per chiudere definitivamente la Via d'Italia ai francesi. Tra il 1649 ed il 1651 iniziarono le puntate offensive direttamente nei territori

sovrano. Sul ruolo delle piccole e medie potenze italiane ANGIOLINI 1980, pp. 432-469; FASANO GUARINI 2003, pp. 5-23.
[39] Sulla questione valtellinese PITHON 1960, pp. 298-322; PITHON 1963, pp. 33-53; BORROMEO 1998.
[40] STRADLING 1986, pp. 68-94.
[41] Su questo punto ELLIOTT 1991, pp. 99-100.

del ducato di Savoia. Ma il successo più importante fu infine la presa di Casale il 22 ottobre 1652. Tuttavia il piano strategico relativo alla neutralizzazione del Piemonte non ebbe luogo, e gli effetti furono di lì a poco nefasti. Con le proprie vie di comunicazione ancora aperte, Mazzarino fu in grado di riorganizzare le forze francesi nell'Italia nord occidentale, rinforzarle e lanciare un'offensiva di una portata tale che, tra il 1656 ed il 1658, portò alla caduta di importanti piazzeforti quali Valenza, la perdita di un alleato fondamentale per la difesa dei confini occidentali e il controllo del fiume Po, il marchesato del Monferrato, mentre Modena nuovamente interveniva a fianco della Francia.Solo la Pace dei Pirenei fermò questa crisi apparentemente senza rimedio.

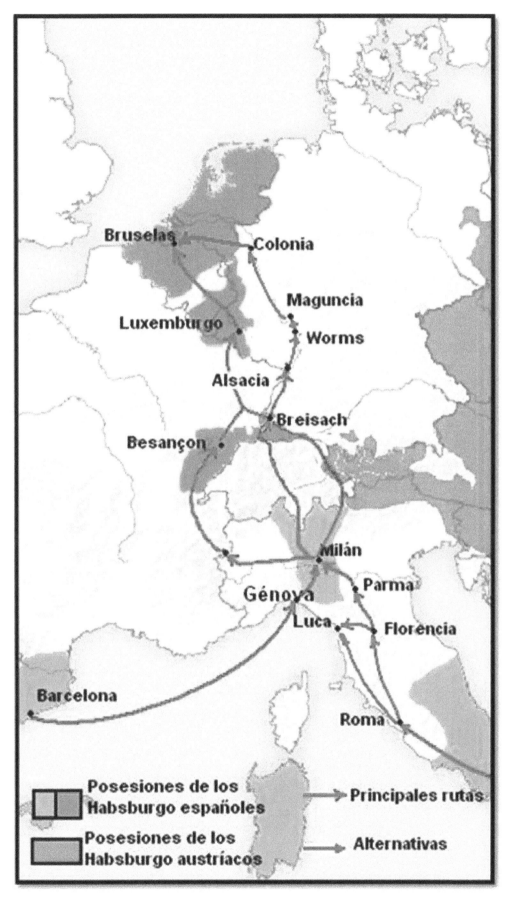

Fig. 1. Le "Strade di Fiandra". I corridoi strategici del regno di Spagna nella seconda metà del XVII secolo. Si identificano subito l'importanza fondamentale del ducato di Savoia e di quello di Milano nell'architettura dell'intero sistema. Fonti:PARKER 2004, p. 43 (https://es.wikipedia.org/wiki/Camino_Espa%C3%B1ol9)

CAPITOLO 2

Chi guadagnò qualcosa a Cateau-Cambrésis

Enrico II e della sua banda di capitani

La Francia era entrata in un periodo di dinamica espansione in seguito alla vittoria sull'Inghilterra durante la Guerra dei Cent'Anni. I re della dinastia Valois consolidarono il controllo reale sulle province centrali del paese, proseguendo l'azione di conquista nei confronti di quelle terre, formalmente sottoposte alla corona, ma di fatto semi-indipendenti come la Normandia (1450), la Provenza (1481), la Bretagna (1491), il Bourbonnais e l'Auverge (1523) e Saluzzo (1548). La volontà di occupare la Borgogna dopo la morte di Carlo il Temerario nel 1477 diede il via ad una serie di guerre contro gli Asburgo che, in ultima battuta, portò Carlo VIII a decidere la discesa in Italia nel 1494. Iniziarono quelle che furono definite le Guerre d'Italia. Nel 1547, ormai 55 anni dopo, erano cambiati due imperatori (a Massimiliano d'Asburgo era succeduto Carlo V, il quale nel 1555 divise l'impero e consegnò Spagna, Italia e Paesi Bassi a Filippo II) e tre re di Francia. Sul trono di Francesco I, il re che aveva combattuto a Marignano e Pavia, sedeva ora Enrico II.

Al contrario del suo predecessore, Enrico aveva un approccio più "scientifico" alla pianificazione della guerra. Piuttosto che lanciarsi in pericolose e sconclusionate spedizioni militari, principalmente nel nord Italia, preferì concentrarsi su obiettivi limitati e alla portata delle disponibilità di mezzi del regno. Al suo fianco non vi era più una nobiltà romantica ed avventuriera, come quella di suo padre, ma una squadra di comandanti che ormai si poteva ritenere nata con le Guerre d'Italia e da essa educata.

Il miglior comandante francese della fase finale del conflitto fu senza dubbio François de Lorraine, duca di Guise (1519-1563). Le sue capacità di comando gli valsero la stima di ufficiali che non erano certo larghi di encomi. Per prima cosa amava discorrere con generali e soldati semplici nel loro dialetto d'origine, in modo che i suoi ordini fossero chiari e guadagnasse la stima dei subordinati. Quindi sperimentò nuove tattiche d'assedio che furono poi imitate sia durante il regno di Enrico III e poi dagli eserciti di Enrico IV. Non solo si dedicava ad un più razionale impiego di batterie d'assedio, ma applicava misure severe per controllare le truppe a sua disposizione, note per la poca disciplina. Iniziò a proibire i saccheggi delle città conquistate e a organizzare i magazzini delle proprie fortezze minacciate di assedio. Le prolungate resistenze di Metz nel 1552, quella lunghissima di Siena nel 1554-1555 e quella di San Quintino nel 1557 difficilmente sarebbero state possibili se i comandanti francesi non avessero imparato a controllare gli appetiti e il desiderio di saccheggio delle proprie guarnigioni. Pierre de Bourdeille, detto Brantôme (1535-1614) ascoltò gli ufficiali del Guisa il Grande ricordare come prima di lui "c'era la cattiva e stupida abitudine in base alla quale non appena il nemico apriva il fuoco di batteria, questo diveniva il segnale per ciascuno all'interno della città assediata che si poteva vivere come si voleva, saccheggiando, rubando e ammassando viveri e provviste ovunque si potesse trovarne. I magazzini venivano svuotati in poco tempo, e le città in quei tempi potevano essere conquistate con poca fatica"[1].

Strategicamente il duca di Guisa eccelleva nella pratica di manovrare le sue armate a grande velocità da un settore all'altro della frontiera, in modo da occupare una città dopo l'altra prima che

---

[1] QUATREFAGES 1990, Vol. V, p. 160.

l'avversario potesse reagire. Il duca stesso aveva uno staff di tecnici di prim'ordine i quali gli garantivano una superiorità indiscussa nelle tecniche d'assedio. La più nota di queste figure era sicuramente il maresciallo Piero Strozzi. Ateo sino alla blasfemia, l'oriundo fiorentino era riconosciuto per la sua feconda industriosità e per essere un grande ingegnere[2].

Le capacità militari del duca di Guisa e le capacità ingegneristiche di Strozzi potevano contare su una nuova generazione di artiglierie e di artiglieri creata dal Gran Mastro d'Artiglieria e dal Capitano Generale dell'Artiglieria Jean d'Estrées. Dotato di un'alta statura e di un carattere definito dai suoi contemporanei come "selvaggio", egli aveva organizzato una scuola di artiglieria per giovani ufficiali, per lo più protestanti come lui stesso. Insieme a loro aveva iniziato a progettare e fondere nuovi cannoni capaci di una maggiore cadenza di tiro e di maggiore penetrazione nei confronti delle mura di strutture fortificate. Il solito Brantôme ammirava stupito le fusioni di D'Estrées, notando che prima di queste nuovi fusioni, i cannoni erano di qualità molto più povera. Erano molto più fragili e dovevano essere raffreddati con vino o altri liquidi, il che era un'attività piuttosto laboriosa[3].

L'esercito francese cercò esperti anche per la guerra sotterranea e trovò la manodopera necessaria tramite l'arruolamento di squadre di minatori inglesi. Venne organizzata una compagnia al comando di un certo Lauxfort che si distinse a San Quintino nel 1557 e a Thionville l'anno seguente[4].

In breve la macchina da guerra messa in piedi dal duca di Guisa risultò essere uno degli eserciti più capaci e bilanciati che la Francia abbia mai avuto in epoca moderna, al punto che solo i generali di Luigi XIV riuscirono, un secolo più tardi, ad eguagliare una simile efficienza di combattimento.

San Quintino e Gravelines

La guerra nata in Italia e a causa dell'Italia, non si concluse nella penisola e non ebbe nelle sue vicinanze il suo teatro operativo decisivo. Le ragioni sono varie anche se le cause principali sono tre:

- come già ha notato Fernand Braudel[5], le grandi flotte turche, che appoggiavano le azioni francesi contro l'impero, non erano entrate in azione così come era stato programmato (o soltanto pensato). Senza la potenza navale del grande alleato turco, la Francia poco o nulla poteva tentare nel teatro Mediterraneo. Soltanto poche galere turche parteciparono nel 1556, insieme con vari corsari e Hassan Corso, all'assedio di Orano[6]. Nel 1557, l'anno decisivo della guerra, i Turchi non organizzarono neppure l'equivalente di questa mediocre diversione;
- le strade militari poi denominate nella seconda metà del secolo con il termine cumulativo di "Strada di Fiandra", erano già esistenti ed in piena efficienza. In parte seguivano strade terrestri che dai confini dell'impero (Svevia e Austria propriamente detta) scendevano in Italia o si spostavano a nord-ovest sino appunto alle Fiandre. In parte sfruttavano le rotte navali che solcavano la manica sino ai Pesi Bassi[7]. Questo fatto permise di spostare con relativa velocità soldati ed artiglierie dal teatro italiano, dove ormai la supremazia imperiale e spagnola era un dato acquisito, all'altro punto di crisi nel nord-ovest della Francia;

[2] QUATREFAGES 1990, Vol. V, pp. 449-500.
[3] QUATREFAGES 1990, Vol. III, pp., pp. 228-229.
[4] DUFFY 1996, p. 50.
[5] BRAUDEL 2010, Vol. II, p. 1006.
[6] DE HAEDO 1612, pp. 69-70.
[7] PARKER 2004, pp. 70-71.

- i confini del regno di Francia erano molto meno sicuri a nord-ovest che non a sud-est sulle Alpi. La Champagne e Parigi stessa erano minacciate dalla presenza di una serie di territori neutrali o dichiaratamente ostili. Questi erano nello specifico il ducato di Lorena, i tre arcivescovati di Metz, Toul e Verdun, ai quali si aggiungevano la regione delle Ardenne, il Lussemburgo e i Paesi Bassi. Carlo V vantava diritti sia di libero transito di truppe che diretti vincoli di alleanza, in quanto egli stesso imperatore di Germania reggente dei Paesi Bassi[8].

Si aprivano così tre vie di invasione verso i domini storici della Corona di Francia: lungo la Marna dalla Lorena, lungo la valle dell'Aisne da Sedan e infine, scendendo dai Paesi Bassi e da Cambrai, si raggiungeva il corso dell'Oise che portava dritti a Parigi. Prima però occorreva superare il corso della Somme, i cui guadi erano controllati da una città fortificata: San Quintino.

Nel 1556 François de Guise aveva valicato le Alpi con un esercito di grandi dimensioni. Aveva con sé 12.000 fanti, 400 uomini d'arme e altri 800 cavalleggeri[9]. Dicerie sulle dimensioni di questo esercito sopravanzavano i rapporti ufficiali e avevano quadruplicato la sua forza effettiva. Si parlava di 30.000 fanti e 10.000 cavalieri, anche se gli agenti di Filippo II infine erano riusciti a ricostruire nel dettaglio quanti francesi stavano effettivamente arrivando in Italia[10]. I francesi avevano al momento un solo alleato nella penisola, il duca di Ferrara Alfonso II, che stava a sua volta arruolando uomini per affrontare l'imminente invasione. Il duca di Guise sapeva però che il papa Paolo IV aveva da poco denunciato le tregue firmate con gli spagnoli a novembre, rinnovate poi nel dicembre 1556 e quindi ora nuovamente violate. Il pontefice non risparmiava promesse di aiuti. L'ambasciato-re di Filippo II, Simon Renard, ricordava al suo signore che la Santa Sede era quanto mai decisa a impiegare le rendite della Chiesa per proseguire la guerra. Così il duca di Guisa decise che non Milano, ma Napoli fosse l'obiettivo pagante della sua discesa in Italia. Si mise in marcia e raggiunse Roma dove rimase accampato oltre un mese. Il 5 aprile decise di attaccare finalmente Napoli, senza grande successo. A maggio le sue forze non erano più sufficienti a mantenere l'offensiva quando ad agosto ricevette infine la notizia del disastro di San Quintino e l'ordine di rientrare in Francia.

Il governatore dei Paesi Bassi, Emanuele Filiberto di Savoia, durante l'estate aveva messo in moto l'enorme armata di 60.000 fanti, 17.000 cavalieri e 80 pezzi d'artiglieria raccolti da Filippo II con l'intento di aprirsi la strada dell'Oise. Il 2 agosto assediava la guarnigione francese di San Quintino - 1.500 uomini - ai quali si aggiunsero presto vari rinforzi, il più importante dei quali fu quello che entrò in città il 3 agosto: 550 uomini tra i quali si trovava l'ammiraglio di Francia Gaspard de Coligny. Ma la situazione precipitò meno di una settimana più tardi quando l'armata di soccorso, composta da 22.000 fanti, 18.000 cavalieri e 18 cannoni, al comando del conestabile Anne de Montmorency, zio di Coligny, fu intercettata dal nemico il 10 agosto mentre tentava di attraversare la Somme, e improvvisamente assalita e dispersa senza possibilità di recupero. Emanuele Filiberto aveva perso 1.000 uomini tra morti e feriti, ma aveva inflitto oltre 6.000 perdite all'avversario e catturato altrettanti prigionieri, tra i quali il conestabile stesso[11]. L'importanza della battaglia non risiedeva tanto nella cattura di San Quintino, ormai scontata, quanto nel fatto che l'unico esercito

---

[8] DUFFY 1996, p. 43-45.

[9] LAVISSE 1911, p. 167.

[10] AN, K 1490. Lettera di Simon Renard a Filippo II, 12 gennaio 1557, dove è riportato un totale di 12.000 uomini.

[11] Le perdite raggiunsero in quella occasione il 30% degli effettivi. Sulla battaglia LA GUERRE DE 1557 1896; STEIN 1888, p. 162-189: VON KOSS 1914. Tutte le bandiere catturate in combattimento vennero dipinte e descritte per conto del duca di Savoia: AST, Corte, Biblioteca Antica, Jb.I.8-9, *Stendardi, Guidoni, Cornete, et Bandiere, o Insegne, guadagnate dal Ser.mo Sig.r Emanuel Filiberto, Duca di Savoia, Prencipe di Piemonte Invittiss.o etc., nella giornata di S. Lorenzo, presa di S. Quintino, et battaglia di Gravellines contra Francesi*. Si tratta in tutto della rappresentazione di 113 bandiere di compagnie di fanteria e 43 tra guidoni e cornette di cavalleria, collezionate in un secondo tempo in due volumi rilegati. L'elevato numero di bandiere perse in combattimento è indice di quanto netta sia stata la vittoria spagnola.

che la Francia aveva a nord delle Alpi aveva subito un quarto delle perdite ed era stato messo del tutto fuori combattimento per il resto della campagna, proprio mentre il duca di Guisa era a migliaia di chilometri di distanza.

Filippo II poteva ordinare al governatore dei Paesi Bassi di marciare su Parigi: il re di Francia era oramai disarmato. A condizione però che il denaro non manchi [si no falta el dinero] ricordava con prudenza Filippo II[12]. Egli, dopo l'euforia del momento, calava la maschera e denunciava la situazione drammatica delle finanze spagnole.

Il decreto del 1 gennaio 1557 aveva inaugurato l'era delle bancarotte dello stato. Pertanto ogni grande impresa militare, con i conseguenti arruolamenti di un cospicuo numero di soldati professionisti, era difficilmente realizzabile, a meno di giocare il tutto per tutto e raggiungere Parigi, come Emanuele Filiberto e Carlo V, dal suo ritiro madrileno, si auguravano. Ma Parigi avrebbe significato la pace? Difficilmente, in quanto il regno aveva altre città simbolo, come Reims, nel quale trasferire la Corte, senza contare il fatto che un secolo prima l'armata inglese di Enrico V si era trovata nella stessa condizione: l'inglese aveva distrutto l'esercito francese ad Azincourt il 25 ottobre 1415, era entrato a Parigi, ma non aveva vinto la pace.

Filippo II scelse saggiamente di proseguire con una campagna limitata allo scopo di scardinare il dispositivo fortificato francese tra i fiumi Somme ed Oise. Proseguì così l'assedio di San Quintino, furono investite le piazzeforti di confine di Ham, Le Câtelet e Noyon. I capitani di Enrico II ripresero l'iniziativa non appena il duca di Guise raggiunse il nord della Francia con la sua armata. I mercati finanziari fiutarono che qualcosa stava cambiando e il debito francese continuava a valere più di quello spagnolo. Il 6 gennaio 1558 gli alleati inglesi di Filippo perdevano il loro grande porto continentale di Calais. A giugno il duca di Guise occupava anche Thionville, fatto questo che consentiva ai francesi di tagliare le comunicazioni fluviali tra Metz e Lussemburgo lungo il fiume Mosella. Tuttavia il 13 luglio a Gravelins il maresciallo De Termes subiva un'altra disastrosa sconfitta e il suo esercito di 14.000 uomini lamentò oltre 12.000 perdite[13]. La Francia aveva perso un altro esercito in poco meno di un anno, ma nel Mediterraneo, dopo una lunga assenza, ricompariva la temibile flotta turca, su diretta richiesta francese[14]. Dopo aver incrociato al largo di Napoli, i Turchi saccheggiarono Sorrento e si spinsero sino alle Baleari, dove conquistarono Ciudadela, gettando in allarme l'intera costa spagnola[15]. Giunsero infine i denari genovesi e la notizia della disfatta di Gravelines per convincere l'ammiraglio turco a fare rotta verso i propri porti[16].

La pace di Cateau-Cambrésis

All'inizio del 1559 la Spagna aveva superato la soglia dell'esaurimento finanziario. La Francia l'aveva anch'essa superata, ma due eserciti in meno persi sul campo. Era ormai necessario per i contendenti scendere ad una pace di compromesso. I negoziati, dopo numerose difficoltà, portarono alla pace di Cateau-Cambrésis, siglata il 2 e 3 aprile 1559[17]. Le armi non erano riuscite a proclamare sul campo di battaglia un unico ed indiscusso vincitore. La battaglia di Gravelines e l'assedio di Thionville alla fine si erano equilibrati a vicenda. Ma entrambe le parti dovevano dedicarsi al più presto alle vicende della loro politica interna.

[12] AN, K 1490. Lettera di Filippo II a Carlo V.
[13] I francesi perdettero complessivamente il 50% della loro forza iniziale. WEISENER 1889, pp. 40-41.
[14] Sulle vicende navali nel Mediterraneo FERNANDEZ DURO 1896-1903, Vol. II, pp. 9-15.
[15] FERNANDEZ DURO 1896-1903, Vol. II, pp. 11-12.
[16] BRAUDEL 2010, p. 1010.
[17] Sulle vicende diplomatiche che portarono alla pace di Cateau-Cambrésis e per i dettagli del trattato cfr. il vecchio, ma sempre valido DE RUBLE 1889.

Filippo II aveva la necessità di rientrare al più presto in Spagna. Per prima cosa il regno aveva di fatto tre governi e tre capitali: Bruxelles dove il re guidava la guerra e teneva i fili principali della diplomazia; il monastero di San Juste, dove Carlo V, nonostante le prime decisioni a proposito della su abdicazione, si era rimesso di fatto a governare; Valladolid, dove la principessa Giovanna ascoltava il parere dei Consigli e dirigeva l'essenziale amministrazione della Spagna. Ma i tre centri di potere poco e male dialogavano tra loro; le comunicazioni, nonostante il numero di corrieri, era imperfette. I documenti di Valladolid dovevano essere riconosciuti e controfirmati da Filippo II a Bruxelles. I ritardi erano tali che la Spagna poteva dirsi non governata. La morte di Carlo V, nel settembre del 1558, aggravò ulteriormente la situazione, in quanto la principessa Giovanna non era certo all'altezza delle circostanze. Il paese, pur essendo sfuggito ai colpi diretti della guerra, era allo stremo. Incessanti erano state le forniture di uomini, vascelli, e denaro, un flusso continuo di soldi. Socialmente, economicamente e politicamente il regno spagnolo era rimasto sconvolto, in preda ad un profondo malessere, accentuato da una doppia crisi religiosa. Nel 1558 erano state scoperte a Siviglia, a Valladolid e in altri piccoli centri comunità "protestanti"[18]. Probabilmente si trattava di fenomeni secondari legati al fiume carsico dei movimenti eretici spagnoli, ai quali però si accompagnava un'altra emergenza, tutta politica, legata al prestigio dello stato. La nobiltà locale, il clero, la disobbedienza dei funzionari locali e l'indisciplina talvolta aperta dei *Moriscos* urtavano direttamente contro l'autorità regia. Nel triennio 1556-1559 si notò una seria diminuzione del prestigio dello stato, una sorta di crisi d'insubordinazione[19], e il 1 gennaio 1557 la Spagna aveva reso ufficiale la bancarotta. In realtà fu un consolidamento del debito fluttuante. Le casse spagnole vivevano di prestiti e di anticipazioni, concessi a tassi elevati e a condizioni onerose soprattutto a marcanti, tra i soli (data la dimensione del dominio spagnolo) che potevano mobilitare redditi lontani nel tempo e nello spazio. Il Tesoro pagava loro grossi interessi e li rimborsava alla scadenza delle fiere. I debiti dello Stato erano perciò rappresentati da una massa di carte assai diverse. Il decreto non annullò di fatto i debiti, ma previde il loro rimborso in *juros*: rendite perpetue o vitalizie con un interesse iniziale del 5%. Il 1 gennaio 1557 fu fissato come data iniziale delle operazioni. I banchieri protestarono, primi e più di tutti i Fugger che avevano sostenuto con ingenti capitali l'elezione di Carlo V nel 1519. Alla fine capitolarono. Il decreto del 1 gennaio recava un grave danno ai mercanti in quanto riduceva gli interessi dei loro crediti e ne immobilizzava i capitali. Rimaneva loro la possibilità di vendere le rendite perpetue. Non mancarono certo di usarla e ne seguì una rapida caduta delle quotazioni di cui fecero le spese i venditori. Quando i Fugger capitolarono, i *juros* erano decaduti al 50-40% del loro valore nominale. Un cambio forzato di obbligazioni a breve termine, con grossi interessi (12-13%) contro rendite al 5%, per quanto grande fosse il danno, non significava però la bancarotta totale. L'espediente permise a Filippo II di sopravvivere stando sul filo del rasoio sino alla pace di Cateau-Cambrésis[20].

Da parte francese la situazione interna aveva un peso notevolissimo. Le lettere degli ambasciatori raccontavano di una Francia povera, di una nobiltà stremata, di un intero popolo sofferente[21]. Il quadro era peggiorato dal fatto che il paese era stato lavorato internamente dal protestantesimo. Dal 1555 missionari calvinisti avevano iniziato la loro opera prima di infiltrazione quindi di predicazione nel regno. Le loro parole iniziarono a trovare una certa presa nel clero francese, dapprima tra i ranghi più bassi, quindi via via la loro dottrina si era fatta strada sino alle sfere più alte. Dodici vescovi tra il 1556 e il 1577 abbandonarono la veste. Uno di loro, Jean de Saint-Chamond, già vescovo di Aix, divenne in seguito alla sua abiura uno dei migliori comandanti delle

---

[18] GACHARD 1854, Vol. II, pp. 401-410; SCHÄFER 1902; BATAILLON 1937.
[19] Quando un vecchio e malato Carlo V sbarcò a Laredo nel 1556, c'erano ad attenderlo solo alcuni gentiluomini, e l'imperatore ne rimase stupito ed afflitto. Poco dopo, durante un viaggio delle sorelle dello stesso Carlo, Elisabetta e Maria, regime di Francia ed Ungheria, attraverso la penisola iberica, alcuni signori furono invitati ad accompagnarle nel tratto da Jarandilla a Badajoz. Ma nessuno rispose all'appello e, nonostante il rango delle signore, giudicarono superfluo scusarsi. LLORENTE 1868, pp. 317-361.
[20] Sulla situazione degli anni 1556-1559 EHREBERG 1896-1922; BRAUDEL 2010, pp. 537-538; ASCH 1999, pp. 635-671.
[21] BRAUDEL 2010, p. 1011.

armate protestanti. Nel 1559 il Calvinismo aveva iniziato a diffondersi verticalmente attraverso tutti gli strati della società e aveva raggiunto una certa unità di confessione. Una costituzione o "disciplina" stipulata a Poitiers nel 1557 regolava la selezione dei pastori, dei decani e degli anziani, così come i membri delle chiese e il controllo della loro morale. Due anni dopo gruppi di rappresentanti di varie chiese protestanti si riunirono a Parigi. Fu questo il primo sinodo francese. A quel tempo la maggior parte delle chiese calviniste erano collocate a sud della Loira, a metà strada tra il centro di irradiamento di La Rochelle ad ovest e le Alpi ad est, nel mezzo di quella che era conosciuta come "La mezzaluna Ugonotta", anche se Bretagna, Piccardia, Champagne e Borgogna rimanevano zone fedeli al cattolicesimo. Il senso di distanza dal centro del potere e una forte identità locale potrebbe essere stata la causa di questa distribuzione della dottrina riformata. Ciò nonostante i protestanti francesi, gli "ugonotti", furono sempre una minoranza della popolazione. Pur ammettendo un numero di 1.500 riformati per ogni diocesi del regno, la popolazione ugonotta non superava i due milioni di fedeli. In altre parole, il 10% su una popolazione totale di 16 milioni di francesi. Le persecuzioni contro i sudditi riformati erano già iniziate a partire dal 1534 durante il regno di Francesco I, ma l'azione dei predicatori e dei pastori provenienti da Ginevra non era affatto cessata. Nel 1557 un editto reale equiparava l'eresia alla sedizione, reato punito con la morte. La tensione era destinata ad aumentare sino agli arresti di via Saint-Jacques a Parigi, quando 132 ugonotti furono prelevati con la forza e trascinati in carcere in seguito ad un tumulto avvenuto per le vie della città. Sempre nella capitale, nel maggio del 1558 una folla di circa 5.000 riformati si riunì in Pré-aux-Clercs per cantare salmi e preghiere, praticamente sotto le finestre del palazzo reale.

Per Enrico II era a questo punto necessario stroncare l'eresia nel suo regno e tra i due firmatari di Cateau-Cambrésis fu sicuramente il più "cattolico". Per agire concretamente contro gli ugonotti aveva bisogno della pace, ed al più presto. Tutto mentre i contrasti politici tra i Guise e i Montmorency stavano ormai affiorando sempre più in superficie, attrito destinato ad alimentare in breve tempo la fiamma delle guerre di religione[22].

Secondo Parker le firme di Filippo II ed Enrico II siglarono una vittoria spagnola di importanza somma, pietra angolare della preponderanza spagnola nell'Europa Occidentale[23]. Eppure nel 1559 solo alcuni francesi contemporanei ai fatti considerarono l'evento come totalmente negativo. Tra questi vi era sicuramente il maresciallo Carlo de Cossé, conte de Brissac. Ma la sua era una posizione particolare, dal momento che il maresciallo aveva forti interessi a mantenere le conquiste in Italia, e in Piemonte in particolare, in quanto governatore di quelle terre. Per la Francia vi furono dei vantaggi sostanziali. Per prima cosa riuscì a combinare due matrimoni, uno tra Emanuele Filiberto di Savoia e Margherita di Valois. Come si vedrà nel prossimo capitolo, si trattava di un punto fondamentale dell'intera architettura diplomatica di quel trattato. Quindi venne stabilita l'unione matrimoniale tra Filippo II ed Elisabetta di Francia. In questo modo non era più possibile anua fusione tra l'Inghilterra ed il trono spagnolo, rompendo un'alleanza che spesso aveva messo in crisi Parigi. Da un punto di vista territoriale il trattato permise alla Francia il possesso di tutte le recenti conquiste, ad eccezione di Thionville: Calais, Metz, Toul e Verdun divennero francesi, permettendo la costruzione di una nuova più solida frontiera settentrionale.

Il passivo di questa pace consisterebbe per i francesi nell'aver abbandonato l'Italia alla Spagna. In particolare a posteriori fu vista come una sconfitta diplomatica la restituzione dei territori del ducato di Savoia al duca Emanuele Filiberto. In realtà a titolo di garanzia furono mantenute in Piemonte cinque piazzeforti, Torino, Pinerolo, Chieri, Chivasso e Villanova d'Asti. Il termine di restituzione sarebbe dovuto essere l'anno 1562, ma i francesi speculavano sul fatto che il matrimonio tra il duca di Savoia e Margherita di Valois, già trentaseienne, fosse sterile. In questo caso alla morte di Emanuele Filiberto il ducato sarebbe pervenuto all'irrequieto cugino, Giacomo di Savoia-Nemours,

[22] DE RUBLE 1889, p. 55. Per una visione generale del problema ROMIER 1913-1914.
[23] PARKER 1985, p. 83.

che pur essendo membro della dinastia sabauda era ormai in tutto e per tutto un principe francese. Non solo, ma grazie al possesso del marchesato di Saluzzo la Francia manteneva in Piemonte una solida testa di ponte, in grado di controllare il valico della Maddalena in Valle Stura di Demonte e quello dell'Agnello in Val Varaita, come i diplomatici inglesi avevano osservato sin dall'inizio del 1559[24]. Anche dopo la restituzione delle piazze al duca di Savoia la testa di ponte di Saluzzo rimase una solida realtà per il regno di Francia. I veri passivi furono alla fine la cessione dei porti della Corsica, abbandonando una delle sue grandi posizioni strategiche del Mediterraneo, e il mancato sostegno nei confronti di Siena, che venne lasciata in balia di Cosimo I. I fuorusciti senesi cercarono invano di comprare la loro libertà a peso d'oro da Filippo II. Ma con Milano in mano spagnola, anche la Toscana rientrava nella sfera di influenza di Madrid, e le richieste di indipendenza furono disattese.

Nonostante le lagnanze del duca di Nevers[25], quasi un secolo dopo il miraggio della conquista dell'Italia manteneva inalterato il proprio valore: "voi sapete che da sempre la Francia è un torrente che si getta in Italia. Vi prego di ritornare con la memoria alla maggior parte dei re che sono venuti dopo Carlo Magno, e saprete riconosce quanto ci sia di vero in questo; e che il nostro passaggio al di là dei monti non tanto un progetto che il nostro interesse ci costringe a fare, ma una necessità alla quale il nostro destino di lega"[26].

---

[24] CALENDAR OF STATE PAPERS, Vol. I, documento n. 221, pp. 83-84.

[25] Il duca criticava la scelta di restituire le piazzeforti al duca di Savoia, "temendo che ciò dia molto da dire a tutti di vedere che, non appena Vostra Maestà è entrata nel suo regno, voglia smembrarlo e inoltre quasi chiudere la porta di andare mai più in Italia dopo aver visto con l'occhio la sua bellezza". AGS, Estado, Legajo 1241, lettera del duca di Nevers a Enrico III.

[26] VIDEL 1631, p. 40.

CAPITOLO 3

Gli Stati clienti della Spagna, Savoia e Monferrato, 1559-1580

Il poco noto Trattato di Grünendal

Un'anonima relazione, attribuita a Cassiano dal Pozzo e redatta entro il 1559, venne consegnata nel 1560 a Nizza al duca Emanuele Filiberto. In quelle pagine si leggeva testualmente che "il paese restituito dai Franciosi si può perdere in ventiquattro hore; per il che V. A. gli saprà provveder, con fortificar dove le parerà comodo et utile, ché ben sa V. A. quanto poco vagliano gli stati senza le fortezze". Pubblicata da Ercole Ricotti nella sua *Storia della monarchia piemontese*[1], quella frase divenne *de facto* il simbolo di un disegno politico sabaudo teso sin dai primi momenti ad affrancarsi dai suoi potenti vicini, fortificando con munite fortezze i confini e levando un piccolo ma efficiente esercito. Questa chiave di lettura, già del Ricotti e rimasta in auge per tutto il XIX secolo, non subì sostanziali cambiamenti nel corso del 1928, occasione del quarto centenario della nascita del duca. Così, sebbene fossero pubblicati numerosi documenti fino allora inediti[2], gli studi del periodo rimasero di fatto fermi nel mantenere l'idea di uno stato diplomaticamente distaccato dalla Francia e dalla Spagna e, grazie alla sua forza militare, già teso ad una politica di espansione, in particolare verso l'Italia. Solo il lavoro di Pierpaolo Merlin[3] ha cambiato la prospettiva di equidistanza tanto cara alla storiografia ottocentesca, anche se non vi si colgono i segni di Geoffrey Parker che molta attenzione ha dedicato al ducato di Savoia[4]. Le fascinazioni di Ricotti non si sono limitate ad influenzare gli storici modernisti, ma sono serviti come base alla letteratura divulgativa dedicata alla storia piemontese[5] e alla storia dell'architettu-ra militare, e sorprendentemente si ritrovano anche nel recente volume Micaela Viglino-Davico dove molta attenzione è data all'organizzazione e alla formazione dello Stato sabaudo nel XVI secolo[6].

Il trattato di Cateau-Cambrésis è solitamente salutato come l'atto di restaurazione di quel ducato di Savoia distrutto dai tempestosi venti delle Guerre d'Italia. Tuttavia la lettura e la ricostruzione di come si giunse dalla firma della pace alla (ri)fondazione dello stato sabaudo è sempre stata nebulosa

---

[1] Il documento originale, titolato *Ricordi dati al duca Emanuele Philiberto da un anonimo in occasione che il prelodato duca prendeva possesso de' suoi stati*, e conservato in AST, Corte, Storie della Real Casa, Storie Particolari, Mazzo 10, è di difficile attribuzione. Inizialmente l'autore fu identificato con Niccolò Balbo d'Avigliana, signore di Vernone e consigliere di Cervere, professore di diritto civile nello studio di Torino, ambasciatore nel 1535 presso l'imperatore, quindi consigliere in senato, gran cancelliere e presidente patrimoniale. Ercole Ricotti fu qi quest'avviso quando trascrisse il documento in appendice al suo lavoro sulla monarchia sabauda: RICOTTI 1861-1869, Vol. I, Firenze 1861, pp. 291-340. Confutò questa attribuzione Federico Patetta (PATETTA 1972, pp. 7-49), riconoscendo come autore Cassiano dal Pozzo, figlio del capitano Antonio, signore di Ponderano e di Reano, eletto presidente del senato di Piemonte il 21 marzo 1560. In realtà quest'ultima attribuzione non ha convito né Pietro Egidi (EGIDI 1928, Vol. II, p. 88) né Walter Barberis (BARBERIS 1988, p. 6, nota 2).
[2] BIBLIOTECA DELLA SOCIETÀ STORICA SUBALPINA 1928; STUDI PUBBLICATI DALLA REGIA UNIVERSITÀ DI TORINO 1928; SEGRE-EGIDI 1928; MOR 1929.
[3] MERLIN 1995.
[4] PARKER 2004. Nonostante l'importanza dell'opera, che di fatto costruisce uno schema globale per la strategia spagnola nel XVI e XVII secolo, si deve riscontrare una mancanza documentaria sui particolari e sulla gestione della strada di Fiandra in Piemonte, Savoia e Lombardia, le cui caratteristiche generali rimangono non corrette.
[5] Il testo più noto e diffuso rimane sicuramente AMORETTI 1984-1988, lavoro di sintesi dedicato al ducato sabaudo connotato da una fortissima spinta nazionalistica, regionalistica e monarchica, più tipica della fine del XIX che non del XX secolo, quando i quattro volumi furono dati alle stampe.
[6] VIGLINO DAVICO 2005, all'interno del quale si vedano in particolare BONARDI TOMESANI 2005a, pp. 239-251; BONARDI TOMESANI 2005b, pp. 259-266.

37

soprattutto da parte della storiografia ottocentesca, tesa a mitizzare e celebrare i fasti della casa regnante. La pace fu frutto di un compromesso tra i due contendenti e il ducato di Savoia, collocato proprio sulla faglia dove le potenze spagnola e francese andavano a collidere.

Militarmente parlando, alla metà del XVI secolo il Piemonte per la Spagna era perso. L'ultima grande battaglia campale avvenuta in Italia, Ceresole d'Alba (11 aprile 1544), era stata francese e aveva permesso il consolidamento della conquista del Piemonte. Nel febbraio del 1555 il conte di Brissac riusciva a conquistare Santhià, che venne fortificata ed usata come base avanzata per attaccare Casale, capitale del Monferrato gonzaghesco. Attaccata di sorpresa, la città cadde nella notte tra il 2 ed il 3 marzo[7]. Brissac decideva quindi di eliminare Volpiano, l'ultima piazzaforte imperiale nel Piemonte settentrionale a ovest della Dora Baltea[8]. Dopo cinque mesi di assedio, il 20 settembre la fortezza veniva espugnata. Neppure la controffensiva del duca d'Alba, pur contando su un'indiscussa superiorità numerica nei confronti del Brissac (a 40.000 imperiali erano contrapposti 24.000 francesi) ed applicando ferocissime rappresaglie nei confronti delle guarnigioni che non cedevano immediatamente le armi[9], riuscì a ristabilire la situazione. Il fallimento della campagna piemontese aggravò situazione strategica nel Piemonte orientale al punto che il 26 settembre 1555 l'armata imperiale abbandonava Pontestura, e ripiegava su Valenza dove le fortificazioni vennero immediatamente restaurate in previsione di un assedio[10]. Brissac era così libero di puntare su Trino e su Moncalvo, che cadde il 3 ottobre. Al duca d'Alba non restava altro che ritornare al più presto a Milano a recuperare soldi e munizioni in previsione di nuove incursioni francesi ad est della Sesia[11]. Ora i francesi dominavano le vie di comunicazione costringendo le guarnigioni imperiali a rimanere rinchiuse nelle piazzeforti di Pontestura, Alessandria, Asti e Valenza. Il 2 febbraio 1556 cadeva il castello di Vignale, la cui distruzione spostava l'area sotto il controllo francese a ridosso della Sesia e del Tanaro e del ducato di Milano. Il 18 gennaio 1557 la città Valenza, dopo un breve assedio, veniva conquistata dal duca di Guise. Era un segnale allarmante in quanto la città, posta a controllo del Po e della sua navigazione, apriva ai francesi la strada per Pavia e Milano. Si era ritornati alla situazione strategica del 1525, ma con la differenza che adesso le truppe di Enrico II erano assai meglio comandate che non quelle di Francesco I. Tra i generali di Filippo II, pochi oltre al duca d'Alba sapevano valutare correttamente l'importanza di controllare in modo efficace il Piemonte, "un territorio che per noi è vitale controllare; è ben fortificato, di difficile accesso e pieno dei migliori soldati che essi [i francesi ed i loro alleati, n.d.a.] vi abbiano di guarnigione"[12]. Al tavolo delle trattative si doveva ricercare una nuova base di partenza di future azioni contro la Francia che, per risultare efficace, doveva essere spostata se possibile ad ovest, oltre le Alpi.

Il 15 ottobre del 1558 iniziarono le trattative di pace presso l'abbazia di Cercamp nei pressi di Arras[13]. Già agli inizi di settembre i francesi avevano reso note le loro condizioni: acquisizione delle conquiste nel nord, restituzione della Bresse e della Savoia al duca Emanuele Filiberto, in cambio del Piemonte con alcuni feudi francesi[14]. Le richieste riguardavano anche i porti del Mediterraneo, "Nizza, con tutto il suo trattato, allegando ch'ella sia anticamente et sempre stata membro et parte del contado di Provenza, presupponendo loro che li signori conti e duchi di Savoia,

[7] Michaud 1838, p. 343; Conti 1838-1841, Vol. V, pp. 283-286.

[8] Si noti che Volpiano era di fatto un territorio monferrino. SSTCP, *Volpiano*, 1998.

[9] Kamen 2006, p. 57. Sulla campagna del duca d'Alba in Piemonte Segre 1905.

[10] Sui lavori di fortificazione a Valenza cfr. ASMI: Autografi, cartella 229, fasc. 42, *Affari militari, Piazzeforti, Valenza*; Comuni, cartella 85, *Valenza*.

[11] Cambiano di Ruffia 1840, p. 1119.

[12] Kamen 2006, p. 57

[13] Il luogo non era nuovo ad incontri diplomatici. De Cardevacque 1876.

[14] Tra l'altro i rapporti tra i governatori francesi e le comunità della Bresse e della Savoia non erano tra i migliori, come descritto nel Remonstrance faicte aux trois Estatz 1557.

indebitamente habbiano occupato quella città"[15]. Inoltre si pretendevano garanzie sulla Corsica. La corrispondenza diplomatica del tempo ci restituisce un duca di Savoia "assai ostinato riguardo la restituzione del Piemonte"[16]. Questa ostinazione sembra sospetta, o quanto meno fortemente suggerita dagli spagnoli. Il duca d'Alba non desiderava vedere guarnigioni francesi troppo a ridosso dei confini di Milano, e per ottenere questo era necessaria la restaurazione sia del ducato di Savoia sia di quello del Monferrato, legato quest'ultimo a Mantova. Il fatto che del titolo di duca di Savoia fosse incidentalmente investito l'attuale Governatore delle Fiandre era per la Spagna non solo una vera fortuna, ma una garanzia di sicurezza. Possiamo facilmente immaginare quali incoraggiamenti per il recupero dei suoi stati fossero fatti a Emanuele Filiberto, allora un giovane uomo di trentun anni cresciuto di fatto presso gli ambienti di Filippo II. Allo stesso modo il re di Spagna spingeva gli inglesi a tentare la carta diplomatica per il recupero di Calais e Guines.

Alla fine la Francia cedette su vari punti. I francesi si dichiararono disposti a restituire anche il Piemonte, trattenendo come riscatto dieci piazzeforti. Inoltre si voleva un matrimonio tra il duca e Margherita, sorella di Enrico II. Il duca alla fine accettò, o gli venne consigliato di accettare, a patto che il riscatto fosse di sole cinque piazzeforti[17].

Filippo II a questo punto aveva interesse a chiudere la partita. A novembre Maria Tudor, regina di Inghilterra, morì. Venne a mancare uno dei pilastri della politica spagnola nel nord Europa e la decisione di Elisabetta, sorellastra di Maria, di non concludere con il re di Spagna alcun matrimonio indusse Filippo a cedere sulla difesa ad oltranza di Calais e Guines. Inoltre accettò di sposare la figlia di Enrico II. Ma non cedette sul ducato di Savoia. Nel gennaio del 1559 i colloqui di pace erano stati trasferiti a Cateau-Cambrésis e sembrarono procedere finalmente in modo più spedito. Del resto la voglia di pace era molto diffusa, sia tra i francesi, preoccupati del crescere delle tensioni religiose nel regno, che tra i ministri spagnoli desiderosi di tornare in patria. Lo stesso Montmorency aveva dichiarato che era necessario finalmente accordarsi, in quanto la religione cristiana sembrava essere *in pericolo*[18]. L'interesse per la religione celava, per la verità, la sotterranea lotta per il potere tra i Guise e i Montmorency stessi. I diplomatici veneziani sottolineavano che "con la pace, il connestabile è il primo uomo di Francia e che con la guerra, egli è prigionieri, privato di ogni grandezza"[19]. Occorreva vincere le ultime resistenze e giungere ad un accordo.

Alcuni storici, come Christopher Storrs e lo stesso Pierpaolo Merlin, ritengono che Emanuele Filiberto fosse libero di decidere il suo destino o comunque di trattare alla pari con i plenipotenziari francesi. Questa convinzione tuttavia rimane del tutto irrealistica ed è una chiara sottostima della diplomazia spagnola del periodo[20].
La Spagna, dopo la rinuncia di Calais, il riassetto della frontiera settentrionale della Francia e l'accordo sui matrimoni, a questo punto aveva due obiettivi imprescindibili per l'Italia;
- restaurare il Monferrato gonzaghesco;
- restaurare il ducato di Savoia in funzione antifrancese e a supporto dei corridoi strategici che già allora si andavano definendo come cordoni ombelicali della monarchia spagnola.

---

[15] AST, Corte, Materie politiche per rapporto all'Estero, *Negoziazioni Francia*, m. 3, fasc. 4, 1562, *Sommario di quanto s'è operato fra li delegati del re Christianissimo intorno le sue pretensioni con li signori delegati per il duca di Savoia, in Lione, cominciando al 1° di novembre 1561*.

[16] Lettera di Lorenzo Lenzi al cardinale Carafa del 10 ottobre 1558, riportata in LESTOCQUOY 1977, p. 141.

[17] BRUNELLI 1928, p. 100. Il testo originale edito da Elvira Brunelli ha come titolo *Cartas y Memorias del Ser.mo Dueque de Savoia Emanuel Filiberto conteniendo lo que passò en Flandas desde el año 1555 asta el 1559. El original escrito de su mano propria*, AST, Corte, Storia della Real Casa, Storie Particolari, Mazzo 10.

[18] CALENDAR OF STATE PAPERS, documento n. 324, pp. 124.

[19] Lettera di Marin Cavalli al Doge, 16 dicembre 1558. ASVE, Senato secreta, Costantinopoli, Filza 2/B.

[20] STORRS 2007, pp. 6-7; MERLIN 1995, pp. 73-75.

Su quest'ultimo punto Filippo II giocò d'anticipo le sue carte, e le giocò veramente in maniera molto abile. Sapeva che con il trattato di Cateau-Cambrésis Torino, Pinerolo, Chieri, Chivasso e Villanova d'Asti sarebbero rimaste in mano francese. Sostanzialmente l'ex nemico si era ritagliato il controllo delle valli di Susa e Chisone, alle quali si aggiungeva il possesso del marchesato di Saluzzo, di fatto parte integrante del regno. Il 26 marzo 1559, otto giorni prima della firma definitiva di Cateau-Cambrésis, il re di Spagna si incontrò presso il convento degli agostiniani di Groenendael (Grünendal) posto all'interno della foresta di Soignes. Nel palazzo di caccia di Filippo di Clèves, spesso usato da Carlo V per le sue battute[21], venne siglato un trattato segreto. Anche se ufficialmente il duca di Savoia si impegnava a mantenersi "con le sue terre, paesi e sudditi, buon Principe, neutrale e amico comune dei re Cristianissimo e Cattolico", gli spagnoli avrebbero mantenuto il possesso di Asti e Santhià, ma non solo: l'alleanza con la Spagna doveva essere perpetua, i castellani di Villafranca e Nizza dovevano giurare fedeltà anche a Filippo II. In caso di morte del duca senza eredi maschi riconosciuti, le fortezze dovevano essere consegnate alla Spagna. Tale alleanza, di fatto sia offensiva che difensiva, concedeva il transito alle truppe spagnole[22]. Questo trattato, messo in ombra da quello ufficiale, solo recentemente è stato posto in primo piano tra le vicende che portarono alla restaurazione del ducato di Savoia, in particolare negli studi di Pierpaolo Merlin[23]. Eppure anche in questo caso si parla di "sacrificio". Ma lo fu veramente?

Ad una settimana dalla ratifica di Cateau-Cambrésis (3 aprile 1559) gli spagnoli avevano uno dei loro uomini di fiducia (ricordiamo ancora una volta che Emanuele Filiberto era già governatore delle Fiandre e comandante dell'esercito imperiale a San Quintino) a controllare uno dei punti nevralgici delle comunicazioni strategiche, "La Strada di Fiandra", tra la penisola iberica, l'Italia e il nord Europa, che già venivano a delinearsi come basilari per la politica di Filippo II. Nel marzo del 1559 non si poteva supporre l'implosione della Francia a causa delle guerre di religione, pertanto un ducato di Savoia privato della tutela, per quanto pesante, della Spagna poteva essere inghiottito dal più grande vicino in breve tempo. Questo fatto non era sfuggito a nessuno. Gli stessi ministri di Filippo ribadirono al loro signore che sull'integrità territoriale del ducato di Savoia "si fa più conto su sua Maestà che sul duca stesso"[24].

Il ducato di Savoia e della sua natura: stato cuscinetto o stato cliente ?

Il Trattato di Grünendal basta da solo a chiarire la politica estera dello stato sabaudo della seconda metà del XVI secolo sino praticamente al Trattato di Lione del 1601. L'idea che possa trattarsi di uno "stato cuscinetto" o zona neutra tra due potenze decade rapidamente non appena si contano le truppe spagnole che sono transitate all'interno del ducato tra il 1560 ed il 1580 e dirette in Fiandra; ben 29.894 uomini che attraversarono le Alpi tra il 1577 ed il 1578, quando ormai il potere del duca era già ben consolidato[25]. Lo stato cuscinetto esplica una funzione unicamente militare: serve come zona neutra vera e propria fra due potenze maggiori, permettendo loro di evitare il conflitto finché lo desiderano. Uno stato cuscinetto non può rappresentare un ostacolo attivo nei confronti dei pericoli "ad alta intensità" come un'invasione su larga scala, né si assume normalmente la responsabilità di contenere quelli "a bassa intensità", come invece facevano gli stati clienti, poiché non può allinearsi liberamente da una parte o dall'altra, senza provocare l'intervento di una potenza rivale più forte. Gli *officia* che uno stato come quello sabaudo (e così il Monferrato e Mantova) doveva a quello spagnolo erano ben diversi rispetto alla tipica passività di un vero stato cuscinetto.

---

[21] PERSOONS 1964, pp. 1067-1088; GALESLOOT 1854, pp. 141-145.
[22] Il testo completo del trattato è trascritto in TRAITÉS PUBLICS DE LA ROYALE MAISON DE SAVOIE 1836-1852, pp. 1-11.
[23] MERLIN 1995, pp. 75-76.
[24] AGS, Estado, Legajo 1269, Lettera del duca di Terranova a Filippo II, 10 gennaio 1591.
[25] BERNARDINO DE MENDOÇA 1592, pp. 28-29; AGS, Estado, Legajo 564/139; Legajo 573/111; Legajo 1236/98; Legajo 1249/153.

Si trattava di effettuare vere e proprie azioni militari (compresa la fornitura di truppe locali da impiegare talvolta in azioni congiunte, come la campagna di Lepanto), ma la funzione più importante di uno stato "cliente" nel sistema di sicurezza spagnolo prevedeva che, in virtù della sua esistenza, questo stato si assumesse l'onere di garantire ai propri confini la sicurezza contro infiltrazioni, azioni di disturbo e altri pericoli "a bassa intensità" come ad esempio incursioni armate di ugonotti francesi o dei ginevrini.

L'importanza di uno stato cliente come il ducato di Savoia nell'ambito della strategia spagnola, in particolare dopo la rivolta dei Paesi Bassi e durante le Guerre di Religione in Francia, superava di gran lunga il proprio effettivo impegno militare, in quanto il contributo sabaudo non era semplicemente aggiuntivo, ma complementare al potere militare spagnolo. Emanuele Filiberto fu in grado in poco più di un decennio di governo di dare prova di efficienza, come del resto aveva già dimostrato durante il governatorato fiammingo, segno dell'oculata scelta operata da Filippo II nel 1559[26]. Egli fu in grado di garantire la sicurezza interna e la difesa dei propri confini contro i pericoli "a bassa intensità", sollevando la Spagna da quella responsabilità. Per questo, nonostante i numerosi transiti, nessun *tercio* spagnolo fu di stanza nel ducato di Savoia tra il 1560 ed il 1580. In

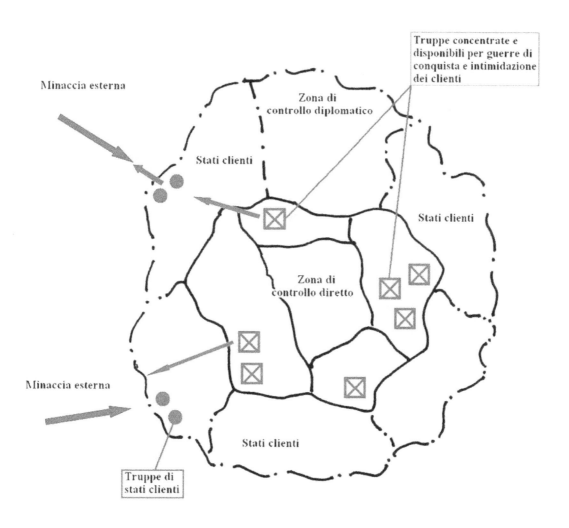

Fig. 1. Schema di uno Stato egemone e funzionamento di un dispositivo di difesa formato da "Stati clienti". Nella seconda metà del XVI secolo i ducati di Savoia e Monferrato, insieme alla repubblica ligure, funzionavano da "Stati clienti" nei confronti del ducato di Milano, possesso della corona spagnola (grafica Cerino Badone)

---

[26] Iniziò anche un lavoro di celebrazione del restaurato ducato di Savoia, i cui fasti furono celebrati per mezzo di opere storico-letterarie quali PARADIN 1561.

seguito, a causa della spregiudicata e pericolosa politica estera di Carlo Emanuele I, la presenza di truppe spagnole si rese sempre più necessaria.

La funzione più ovvia, e quella più comunemente riconosciuta, degli stati "clienti" è quella di garantire la sicurezza interna. Oltre a questo, però, a realtà come il ducato di Savoia era richiesta la protezione dei territori spagnoli (ducato di Milano) nei confronti di pericoli "a bassa intensità" provenienti dal loro stesso territorio (Valdesi) o da oltre i confini stessi del ducato (Francia, bande ugonotte, Ginevra). Un grado di efficienza simile non venne mai pienamente raggiunto. Le spedizioni contro i sudditi riformati del 1560 e del 1561 si risolsero per le forze sabaude con un solenne fiasco, e neppure la diplomazia fu in grado di risolvere definitivamente il problema.

Contro i pericoli "ad alta intensità", che significavano sostanzialmente un attacco da parte della Francia, il ducato avrebbe potuto dare il proprio contributo, sia frapponendo le proprie forze, sia riuscendo ad assorbire il pericolo grazie ad una catena di nuove fortezze "alla moderna", ossia bastionate, che vennero realizzate lungo le principali vie di comunicazione. In altre parole, poteva garantire una certa "profondità geografica". Qualsiasi sistema di spiegamento di truppe poteva raggiungere un alto grado di economia di forze, se evitava di distribuire le truppe a disposizione in tutti i luoghi fortificati lungo i confini da controllare. Altrimenti, nel caso in cui si fosse concretizzato qualche pericolo "ad alta intensità", le truppe potevano intervenire solo a fatto compiuto. Se si trattava, ad esempio, di un'inva-sione francese lungo la Valle di Susa, le infiltrazioni nemiche potevano essere valutate e respinte solo dopo che un contingente spagnolo di media-grande forza (10/15.000 uomini) fosse stato dislocato sul posto. Considerata la mobilità dell'e-sercito spagnolo, era probabile che ciò avvenisse solo molto tempo dopo l'irruzio-ne. Data la stretta interdipendenza fra la notevole economia di forze del sistema spagnolo e la sua incapacità di difendere contemporaneamente con efficacia tutti i settori sotto il suo controllo, i danni che gli invasori potevano provocare prima di essere respinti erano di varia entità. Potevano andare dal saccheggio di piccoli centri abitati sino alla conquista di città, se la sorpresa o il tradimento permettevano all'assalitore di evitare l'assedio. Se i danni erano notevoli o il territorio perduto di vaste proporzioni, il costo di tali infiltrazioni poteva superare i benefici ottenuti con uno spiegamento centralizzato delle forze. Gli stati "clienti" come i ducati sabaudo e monferrino, ed in parte anche la repubblica di Genova, erano molto importanti per poter ridurre tali svantaggi[27].

Anche se le loro truppe non erano in grado di sostenere la difesa sino all'arrivo delle forze spagnole, i danni, le devastazioni e le razzie sarebbero stati inflitti non nei confronti dei beni del ducato di Milano, ma nei confronti di un territorio che era *solo* entro la sfera d'influenza spagnola. Questo fatto riduceva notevolmente, per i governatori della corona, sia la perdita di prestigio, sia il costo politico interno delle invasioni nemiche. Naturalmente si correva il rischio, a lungo andare, di perdere il controllo sul proprio cliente, come avvenne prima con il ducato di Savoia e dopo con il Monferrato.

Il sistema costruito da Carlo V e Filippo II nell'Italia nord occidentale non si basava in ogni caso su un rapporto bilaterale tra i singoli ducati e la monarchia spagnola. Il "potere" non è un fenomeno puramente percettivo, e la politica non è un particolare fenomeno psicologico. Fino a qui abbiamo considerato il rapporto di potere come bilaterale; da una parte una singola entità (la Spagna) che controlla i costi e i vantaggi, dall'altra il singolo oggetto-soggetto (ducato di Savoia o ducato di Monferrato) che percepisce il potere dell'altro. Tuttavia, anche se potessimo considerare tutta la politica come un insieme di rapporti di potere, tali rapporti sarebbero per la maggior parte non bilaterali, bensì multilaterali.

---

[27] MAFFI 2007, pp. 119-150; MAFFI 2007b, pp. 135-173.

Per tornare al nostro esempio dei ducati "clienti" che percepivano singolarmente il potere spagnolo e ubbidivano altrettanto individualmente agli ordini imperiali, dobbiamo ammettere implicitamente che questi non potevano percepire allo stesso modo anche il potere dei loro colleghi come potenzialmente sommabile al proprio, né tanto meno confrontare il potere che ne sarebbe risultato direttamente con quello dell'impero spagnolo. Non appena questo avvenne, con il ritorno sulla scena della monarchia francese ripresasi dalle guerre di religione, il potere della Spagna non fu più considerato come definitivamente superiore.

Di conseguenza il rapporto di potere tra la Spagna ed il singolo stato "cliente" era bilaterale solo nella procedura. In realtà esso dipendeva da una serie di fenomeni per lo più multilaterali: la percezione del cliente e la sua valutazione del proprio potere, del potere degli altri "clienti", delle possibilità di una azione coalizzata o singola, dei rischi, costi e vantaggi di una provocazione (rispetto ai costi e ai vantaggi dell'obbedienza) e così via.

La rinascita dello Stato sabaudo sotto Emanuele Filiberto per oltre vent'anni rappresentò per la Spagna un elemento di stabilità in quel settore strategico: pur dando a vedere di "far il neutrale, per rimuover dal mondo l'opinione d'essere in tutto creatura di Spagna, occorrendo cose di momento, non ardisce tentarne alcuna senza saputa e volontà del re"[28].

Le strade, gli ingegneri e le fortezze

Il ducato di Savoia diede il via alla costruzione di nuove fortezze destinate a proteggere i suoi stati. Ben cinque nuove fortezze bastionate furono costruite tra il 1561 ed il 1573, un fervore edilizio che aveva in quel mentre pochi riscontri europei. La storiografia militare italiana ha delegato lo studio delle fortificazioni (forti, piazzeforti ed edifici fortificati in genere) agli storici dell'architettura. Il risultato è quello di studiare a senso unico tali edifici, senza porsi particolari interrogativi non solo di ordine militare o tecnologico, ma anche semplicemente di contestualizzazione[29]. La lettura che se ne ricava è particolarmente deformata e, per quel che riguarda il ducato di Savoia, non solo si ripresenta l'idea di uno stato cuscinetto, ma addirittura di una volontà politico-militare ostile in primo luogo alla Spagna. La scelta di riattivare per prima cosa le fortezze del Piemonte (Vercelli) e di edificare nuove piazzeforti in corrispondenza dei porti di Villafranca e di Nizza è stata interpretata come una scelta anti-spagnola, mentre essa dipendeva unicamente dal fatto che si trattava delle sole città di una certa dimensione sulle quali effettivamente sventolava la bandiera sabauda ed entro le quali c'erano guarnigioni ducali.

La nota relazione di Cassiano del Pozzo, che spazia su vari temi, dalla fedeltà di sudditi e vassalli, alla produzione agricola e i modi di incrementarla, al sistema viario, alla demografia, al commercio e alla difesa del territorio, sostanzialmente suggerisce di fortificare tutte le località del Piemonte. Il progetto era del tutto irrealizzabile. Le tecniche d'assedio basate sui cannoni e la polvere da sparo non permettevano più l'utilizzo di tante piazzeforti sparse, quanto la realizzazione di nuovi, e pochi, forti bastionati in luoghi ben precisi. Fu deciso di costruire le fortezze di nuova fondazione lungo le strade che formavano i corridoi strategici spagnoli, mentre altrove si potevano reimpiegare strutture preesistenti. La tabella seguente riassume le attività di cantiere sabaude tra il 1559 ed il 1580:

---

[28] RAV, Vol. VIII, p. 513.
[29] In particolare, sul XVI secolo e le fortezze del ducato di Savoia, VIGLINO DAVICO 2005.; COPPA 2002.

Nome della piazzaforte	Occupazione straniera	☼ Fortezza "alla moderna" costruita *ex nihilo*	☼ Adattamento di fortificazioni medievali	Funzione strategica
Torino	Francia 1559-1563	☼ Cittadella pentagonale 1564		Difesa della capitale del ducato – difesa della strada di Fiandra, lungo la via del Moncenisio
Vercelli			☼ Cittadella e mura cittadine 1561	Presidio del territorio
Santhià	Spagna 1559-1575			Difesa della strada di Fiandra, lungo la via del Piccolo San Bernardo
Pinerolo	Francia 1559-1573			Controllo della Val Chisone
Savigliano	Francia 1563-1573		☼ Mura cittadine 1560-62	Controllo dei confini con il marchesato di Saluzzo
Chivasso	Francia 1559-1563			Controllo del Po
Cuneo			☼	Controllo delle strade del Tenda e del colle della Maddalena
Villafranca Marittima		☼ Cittadella, Forte di Montalbano 1561		Porto marittimo
Nizza			☼ Castello e mura cittadine 1559	Porto marittimo
Asti	Spagna 1559-1575			Difesa della strada di Fiandra, lungo la via del Moncenisio
Chieri	Francia 1559-1563			Difesa della strada di Fiandra, lungo la via del Moncenisio
Mondovì		☼ Cittadella 1573		Controllo del territorio
Ivrea				Difesa della strada di Fiandra, lungo la via del Piccolo San Bernardo
Ceva		☼ Forte 1553		Difesa della strada Savona-Mondovì
Montmélian		☼ Forte 1561-70		Difesa della strada di Fiandra
Bourg-en-Bresse		☼ Cittadella di San Maurizio 1568		Difesa della strada di Fiandra
Rumilly		☼ Forte dell'Annunziata 1568		Difesa della strada di Fiandra (giunzione tra i segmenti del Moncenisio e del Piccolo San Bernardo)

Fonti. AST; Corte, Biblioteca Antica, *Architettura Militare*, Vol. I, Vol. II, Vol. III, Vol. IV, Vol. V; Sezioni Riunite, Camera dei Fondi, Articolo 178 – Fortificazioni, Mazzi 1-10.

Si noti che delle sei nuove fortezze sabaude – Ceva era di fatto un forte francese[30] - ben cinque servivano non tanto per la difesa di confini troppo frastagliati e discontinui, quanto per il controllo

---

[30] PINGONE 1573, p. 81; OLIVERO 1858, p. 254. Piante del forte costruito dai francesi sono presenti in AST, Corte, Biblioteca Antica, J-a.l.13, *Architettura Militare*, Vol. I, f. 59-60.

della Strada di Fiandra. Quando vennero progettate e messe in opera, la rivolta dei Paesi Bassi stava ancora covando sotto le ceneri, ma è indubbio che le comunicazioni con i domini spagnoli dovevano essere mantenute e protette, sia verso ovest (con la piazzaforte di Vercelli), sia verso nord attraverso la Franca Contea e Besançon. Dopo le prime vicende belliche nel nord la rotta Alessandria-Chambéry-Franca Contea divenne così frequentata e così importante che fu necessario

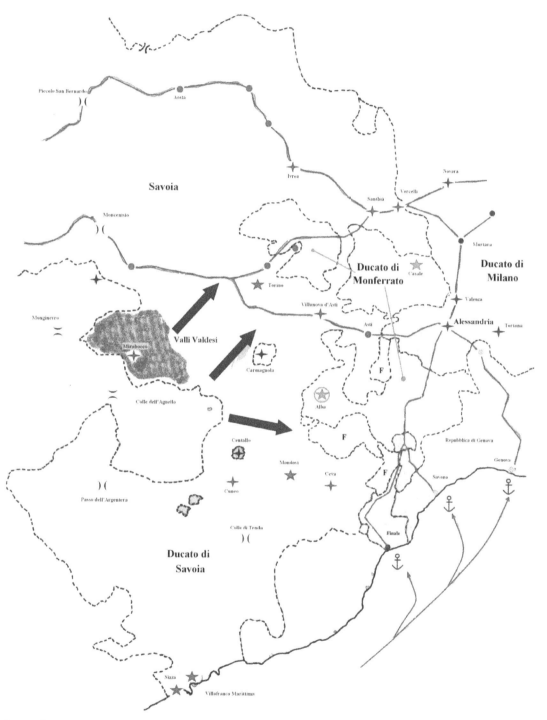

Fig. 2. Le fortificazioni bastionate alla moderna, segnate dalla stella a cinque punte, costruite nel ducato di Savoia nel XVI secolo e la "Strada di Fiandra". La scelta di elevare la Cittadella di Torino fu dettata dalla minacciosa presenza delle enclavi francesi di Carmagnola e Centallo e dalla testa di ponte di Saluzzo. La vicinanza al ducato di Milano dava alla ì maggiori garanzie di difesa rispetto a Chambéry, ragione per la quale la città divenne la nuova capitale sabauda. Le fortificazioni di Nizza e Villafranca Marittima mantenevano aperto il collegamento con il Mar Mediterraneo, dominato dalla flotta spagnola, mentre le strade per la riviera erano protette dalle fortificazioni di Ceva, Mondovì e Cuneo. Per le stesse ragioni venne progettata dai monferrini una cittadella presso la città di Alba, mai realizzata (grafica Cerino Badone)

45

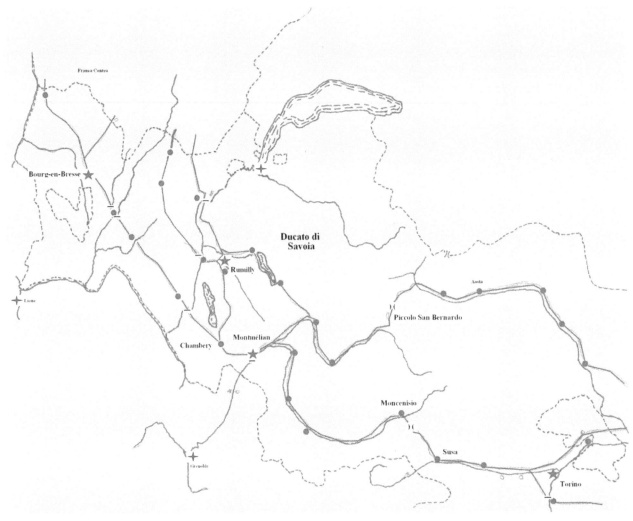

Fig. 3. La "Strada di Fiandra" e le fortificazioni della Savoia. Delle sei nuove fortezze volute da Emanuele Filiberto, ben tre sorgevano a ovest delle Alpi. La loro funzione, mai compresa dalla storiografia sabauda, era quella di proteggere le comunicazioni spagnole con la Franca Contea e con le Alpi. Mentre Montmélian già disponeva di fortificazioni bastionate, Rumilly e Bourg-en-Bresse furono costruire dopo il passaggio delle truppe del duca d'Alba nel 1567 (grafica Cerino Badone)

progettare e costruire due nuove fortezze, Rumilly e Bourg-en-Bresse, per le operazioni di presidio e controllo dell'ormai fondamentale arteria militare. La scelta di spostare la corte da Chambéry a Torino, difesa dalla nuova grande cittadella pentagonale disegnata da Francesco Paciotto, ben riflette questo progetto difensivo, e lungi da inaugurare una politica "italiana" del ducato, presentava bene la dipendenza di Emanuele Filiberto nei confronti della Spagna, ormai stabilmente padrona di Milano, per la sua incolumità. Lo spostamento del centro di potere in Piemonte era di fatto una assicurazione sulla vita.

Costruire fortezze nella seconda metà del XVI secolo non era un'impresa da poco. Per prima cosa i costi di realizzazione erano assai più elevati di qualsiasi fortificazione costruita anche solo un secolo prima. Le ragioni di ciò sono abbastanza semplici e sono riferibili prima di tutto alle dimensioni delle nuove macchine da guerra. Basti pensare alla sproporzione di volumi e superfici che esisteva nella stessa capitale del ducato tra i suoi due principali edifici fortificati, il castello degli Acaja (attuale Palazzo Madama) e la Cittadella[31]. Quindi occorreva conoscere con esattezza

---

[31] Il 6 giugno del 1564 erano iniziati i lavori di costruzione della Cittadella. Alla fine di marzo del 1566 il costo dei lavori di fortificazione, compreso l'approvvigionamento di mattoni e materiali da costruzione, era lievitato a 17.608 lire e 19 soldi per la costruzione di 3.231 trabucchi di muraglia, 30.579 lire e 19 soldi per 7.841 trabucchi di muraglia in pietra di fiume e mattone, 762 lire e 6 denari per 160 trabucchi di *vacui* nelle mura, 62.570 lire e 4 soldi per i 22.346

dove collocare i baluardi, a quale distanza l'uno dall'altro, con quale altezza. Gli ingegneri che potevano vantare simili conoscenze erano piuttosto pochi e molto ricercati da signori e principi.

Emanuele Filiberto, durante il suo incarico di governatore delle Fiandre e comandante degli eserciti di Filippo II, aveva conosciuto alcuni di loro, tra i quali Francesco Paciotto da Urbino. Considerato uno dei principali esperti del suo campo, la sua presenza nel ducato di Piemonte fu richiesta a Filippo II: "Sua Maestà Catolica in Zelanda m'aveva prestato a Sua Altezza per cinque mesi da passarmene poi finito questo tempo in Spagna. [...] Sua Altezza non vuol ch'io mi parta ancora che siano passati anco li cinque et li sei mesi volendo ch'io finisca prima di visitare con Sua altezza tutte le fortezze, che per quant'io vedo la cosa girà ancora in lungo per un pezzo"[32]. Giunsero anche Ferrante Vitelli, appartenente ad una famiglia di militari che servivano lo stato della Chiesa, Gabrio Busca e Giacomo Soldati, ingegneri del ducato di Milano. Straniero era anche il primo sovrintendente del figlio, l'orvietano Ascanio Vitozzi.

Anche i quadri intermedi dell'edilizia militare appaiono prevalentemente composti da stranieri[33]. Neppure gli accurati studi del Promis riuscirono ad individuare nomi di prestigio fra i sudditi del duca. La celebrata scuola di architettura militare sabauda si innestò sull'esperienza di specialisti stranieri attirati da più parti d'Italia dalla fama e dal prestigio che Emanuele Filiberto aveva guadagnato sui campi di battaglia. Se il duca voleva costruire fortezze tecnologicamente avanzate, e dunque bastionate, non poteva far altro che rivolgersi ad ingegneri italiani. La fortificazione bastionata era nata in Italia, ed insieme ad altri prodotti artistici come pittura e scultura, fu una delle caratteristiche peculiari del periodo. Grandi cantieri quali il Duomo di Milano o San Pietro a Roma permisero la formazione di personale qualificato con capacità senza precedenti nel saper organizzare il lavoro per la costruzione di fortezze bastionate, per le quali furono inizialmente utilizzati anche i consigli di uomini d'arme e capitani di eserciti. Il risultato fu duplice sia per quel che riguarda l'efficacia militare delle nuove costruzioni, sia il loro aspetto simbolico, proiezione del potere del principe che decideva e finanziava la loro costruzione. Anche un militare esperto come il duca d'Alba rimase stupefatto dalla perfezione della cittadella di Torino e ne richiese una copia ad Anversa[34].

Fin da quando aveva assunto il titolo ducale, Emanuele Filiberto aveva delegato alla gestione delle difese delle rimanenti porzioni del suo ducato Andrea Provana di Leinì. Secondo il Promis questi avrebbe a sua volta delegato un ingegnere, Benedetto Ala, alla ricostruzione delle fortificazioni di Ceva e di Nizza[35]. Benedetto Ala è anche indicato come progettista di lavori che ancora il Provana stava eseguendo, nel 1559, presso il forte di Sant'Elmo a Nizza[36].

---

trabucchi e tre piedi di scavo dei fossati e delle fondamenta, 160 lire e 16 soldi per 61 trabucchi di terreno portato sulla strada coperta al Bastione della Duchessa. Il totale delle spese raggiungeva le 104.097 lire, 14 soldi e 2 denari, mentre la spesa complessiva di tutto l'armata sabauda era, per l'anno 1564, di 183.362 lire. AST, Sezioni Riunite, Camerale, art. 203, Mazzo 2, Registro spese anno 1565. Non stupisce quindi che le prime case all'interno della fortificazione fossero costruite in legno. SI trattava di quaranta abitazioni lunghe 20 piedi di lunghezza, dodici di larghezza e nove di altezza. AST, Sezioni Riunite, Camerale, art. 178, Mazzo 2, Registro spese anno 1566.

[32] Citato in COPPA 2002, p. 49.

[33] MERLIN-ROSSO-SYMCOX-RICUPERATI 1994, pp. 80-81.

[34] DUFFY 1996, pp. 36, 67. Si noti che, praticamente in contemporanea, sia il duca d'Alba che il duca di Savoia costruirono una rete di fortezze bastionate per il controllo del territorio a loro affidato. Emanuele Filiberto fortificò Montmélian, Rumilly e Bourg-en-Bresse, il duca d'Alba le cittadelle di Valenciennes, Ypres, Gröningen e Flushing, oltre a quella di Anversa.

[35] Circa la prima fortezza Carlo Promis riferisce solo il mandato di Carlo II per edificare *a fundamentis* un forte a Ceva, effettivamente realizzato dal Brissac nel 1553, senza accennare al progettista. PINGONE 1573, 81; PROMIS 1871, pp. 455-456, 464. Per Nizza esistono attestazioni relativamente alla direzione del Provana: cfr. AST, Corte, Lettere Particolari, Lettera P, Mazzo 64, lettera di Andrea Provana del 22 febbraio 1559.

[36] PROMIS 1863, p. 380.

Possiamo giungere alla conclusione che gli interventi di manutenzione delle principali opere difensive di ciò che rimaneva dello stato sabaudo di qua dai monti non si erano mai arrestati. Appena terminata la guerra erano stati affrontati due nodi sostanziali sulla grande viabilità in accesso al Piemonte meridionale: il nuovo forte di Ceva, che proteggeva i transiti verso Savona, e quello di Nizza. Ad essi si aggiungevano i nuovi imponenti lavori di Villafranca Marittima, per proteggere il porto e garantirsi l'arrivo di eventuali soccorsi alleati spagnoli. Nel 1560 un'incursione turca era quasi riuscita ad uccidere il duca[37]. Proprio a Nizza nel corso del 1559 vediamo riuniti tutti gli esperti militari del duca: Benedetto Ala, suddito cremonese del re di Spagna, Giovanni Maria Olgiati, vicentino e suddito veneziano[38]. Era presente inoltre il "maestro di campo Cesare"[39], probabilmente Cesare Doria. Attendevano un quarto ingegnere, l'urbinate Paciotto, che in breve li avrebbe surclassati tutti, proponendo finalmente fortezze disegnate tenendo presenti le caratteristiche delle armi del periodo. Ad esempio la cittadella di Torino manteneva un fronte costante di 330 metri, cortine di 150 e bastioni di una faccia di 95 metri. Questo significava che l'artiglieria e le armi individuali a disposizione della guarnigione erano in grado di proteggere efficacemente con il proprio fuoco i cinque settori – detti fronti – nei quali la fortezza era suddivisa. Una netta differenza rispetto a quanto era stato realizzato solo pochi anni prima, quando la distanza tra un baluardo e l'altro superava i 500 metri, caratteristica questa che rendeva piuttosto difficile la difesa di una breccia nel mezzo della cortina attaccata. Gabrio Busca, uno dei più significativi ingegneri della seconda metà del XVI secolo, e progettista del celeberrimo Forte di Fuentes per conto della Spagna, così descriveva l'operato del Paciotto: "il Cavaglier Paciotto di Urbino, è stato de' primi à determinare, e le cortine, e i belouardi di ragionevole grandezza, e fatto i ripartimenti, e le distribuzioni delle parti tanto ordinatamente, che si può dire, che egli cominciasse à mettere, e stabilire, i buoni fondamenti di questa professione. Tengo per fermi, che nessuno abbia fatto tante fortezze reali come lui, e in Fiandra, e in Savoia, e in Piemonte, e in Italia. Si metterà una delle piante, di tante che n'hà fatte della Cittadella di Torino, da lui fabricata, la quale ci servirà per essempio di molte cose del codesto discorso"[40].

Altri specialisti giunsero da Venezia. Si trattava dei fratelli Guido e Giuliano Piovene, seguiti due anni più tardi da Francesco Horologi[41]. Quest'ultimo conosceva molto bene l'apparato difensivo sabaudo, in quanto era stato autore egli stesso di svariati interventi sulle fortezze della regione nelle ultime campagne della guerra precedente, negli anni cinquanta. Nonostante avesse ottenuto fin dal 1559 il permesso di portare in Piemonte Francesco Paciotto, prima che questi giungesse dalla Spagna nel febbraio del 1560, Emanuele Filiberto aveva scritto al doge di Venezia perché consentisse all'Horologi di effettuare un sopralluogo nel ducato. Nella primavera del 1560 l'Horologi era in Piemonte, e discuteva in modo proficuo con il duca sul modo migliore di come rimettere in funzione il sistema difensivo sabaudo.

---

[37] AST, Corte, Storie della Real Casa, Storie Generali, Mazzo 7, *Livre cinquième et sixième de la tierce decade de la Maison de Savoye par L. De Butet Sr. De Malestret chevalier de l'ordre de Saint Maurice et Lazare.* Un gruppo di pirati turchi, capeggiati dal *calabrese Occhiali*, alias Luga Galeni Ulugh-Alì "Uccialì", aveva compiuto un'incursione lungo la costa di Villafranca Marittima. Il duca, raccolti al momento dell'avvistamento delle barche turche 25 archibugieri della sua guardia del corpo e 300 uomini della milizia locale, decise di fronteggiare l'incursione. Tuttavia la milizia di Villafranca fuggì non appena i pirati sbarcarono, catturando il duca e la sua scorta. I prigionieri furono in tutto 40, per i quali venne richiesto e pagato un riscatto di 800 scudi per ogni cavaliere e 100 per ogni soldato. Oltre a questo Ulugh-Alì chiese di poter baciare la mano alla duchessa Margherita, anche se questa all'ultimo minuto fu sostituita, per timore di rapimenti, dalla contessa di Pancalieri Maria de Gondi. L'episodio curiosamente non è trattato da MERLIN 1995.
[38] Sulla figura di Olgiati vedi LEYDI 1989.
[39] È da escludersi che si trattasse di Cesare da Napoli, morto qualche anno prima. PROMIS 1863, 380.
[40] BUSCA 1619, pp. 108-109.
[41] PROMIS 1871, p. 498.

La guerra ai valdesi nel 1560

All'indomani di Cateau-Cambrésis l'Europa pareva decisa a regolare i conti con la Riforma. Per il duca di Savoia la questione religiosa era un problema di sicurezza e di ordine pubblico. Le zone soggette all'occupazione e all'amministrazione francese avevano goduto di una relativa tolleranza, grazie alla politica dei governatori francesi, tra le cui truppe numerosi erano i protestanti, nonché dall'opera di proselitismo messa in atto da molti predicatori eterodossi, sia italiani che d'oltralpe. La Riforma aveva trovato in Piemonte un terreno fertile per prosperare, diffondendosi in modo in tutto il territorio, coinvolgendo tutti gli strati sociali[42]. Dal momento che la pace era stata conclusa anche per far fronte alla minaccia protestante, era logico che Emanuele Filiberto si ripresentasse in Piemonte come difensore della causa cattolica, e fin dall'agosto del 1559 espresse la volontà di fare tutto il possibile per estirpare l'eresia, in modo che fosse ripristinato "il vero culto divino della santa romana chiesa in tutta integrità et perfezione"[43].

Diversi personaggi, sia ecclesiastici che laici, avevano mandato al duca i propri pareri nell'autunno di quell'anno, ed erano concordi nel sottolineare la gravità della situazione all'interno dei domini sabaudi, in particolare sotto l'aspetto religioso. Era dunque necessario che il duca intervenisse con tutto il suo potere a sostegno degli inquisitori papali. Tale manifestazione di zelo, del resto, era conveniente e necessaria anche da un punto di vista politico. La strategia sul breve periodo di Emanuele Filiberto prevedeva il recupero dei suoi domini e del prestigio della sua dinastia e del suo titolo di Duca, sino ad allora di fatto legato ad una Savoia disarmata e alla sola contea di Nizza. L'appoggio alla lotta contro la Riforma gli garantì il sostegno del pontefice, al punto che nel 1560 giunse presso la corte ducale un nunzio residente, onore che era concesso soltanto ai principali sovrani[44]. Il sottile gioco del duca era quello di sfruttare la posizione geografica del ducato, a cavallo tra i calvinisti di Ginevra e gli ugonotti francesi, per indurre il papato a sostenerlo perché, perduto il controllo sul Piemonte, c'era il rischio di veder dilagare la Riforma nel resto d'Italia. Persino il prudente Filippo II non poteva non sostenere una simile azione di forza, anche perché gravava direttamente sulle spalle del duca la responsabilità di mettere in sicurezza le comunicazioni spagnole tra il ducato di Milano e la Franca Contea.

In realtà la politica sabauda in materia religiosa era a due velocità: da una parte Emanuele Filiberto prometteva di sterminare i dissidenti "facendo diligentissima inquisizione et esemplari esecuzioni cum il ferro et fuoco"[45]. Dall'altra le possibilità concrete di agire furono piuttosto poche, per il fatto che la parte dove si diffondeva maggiormente la riforma era ancora sotto la tutela francese. Tra la fine del 1559 ed il 1560 l'azione repressiva si limitò ad alcuni editti, che colpivano i bestemmiatori e gli eretici e proibivano ai sudditi, sotto gravi pene, di assistere alle prediche dei ministri riformati[46]. Tuttavia la situazione era presto destinata a cambiare. La tensione era nell'aria e i primi

---

[42] Sulla diffusione della Riforma in Piemonte vedi l'ancora fondamentale JALLA 1914. Relativa alla sola area saluzzese, ma interessante per comprende i meccanismi di espansione della Riforma PASCAL 1960.

[43] AST, Corte, Lettere Ministri, Roma, Mazzo 2, lettera del duca Emanuele Filiberto del 22 agosto 1559.

[44] Il vescovo di Vercelli nel maggio del 1559 sosteneva presso l'ambasciatore sabaudo a Roma, il signor di Collegno, che il papa inviasse presso il duca un proprio nunzio, in quanto nel ducato di Savoia "s'è vissuto nel passato come Dio ha voluto", ma lo stato era "in certo modo stato novo, per cui c'erano molte cose assai da riformar, a onor di Dio e conservazione della purità dela religione cristiana, che tanto se avria da sperar poterlo fare con l'aiuto e braccio di S. Altezza" (AST, Corte, Lettere Ministri, Roma, Mazzo 3, lettera del 16 maggio 1559. Sull'istituzione della Nunziatura di Piemonte AST, Corte, Materie Ecclesiastiche, Mazzo 1, *Notizie circa l'origine della Nunziatura apostolica in Torino, col nome, cognome e dignità dei Nunzi e Legati Apostolici stati in questa città dal 1560 al 1695 e colli Brevi delal loro autorità*).

[45] Citato in PASCAL 1929, p. 37.

[46] Gli editti sono riportati in DUBOIN 1818-1868, Vol. VI, pp. 1, 4. Si noti che gli editti promulgati da Emanuele Filiberto erano già stati raccolti in un volume a stampa nel 1579; BALLY 1579.

scontro si ebbero in aprile, quando il feudatario Carlo Trucchietti[47] scacciò da Riclaretto un pastore calvinista straniero. Le comunità videro in questo un atto di violenza gratuito e diedero l'assalto al castello di Riclaretto, costringendo il Trucchietti a fuggire. Questi decise di vendicarsi: ottenne dal duca il permesso di armare una compagnia di cento uomini con questa attuò il 2 aprile una rappresaglia contro gli abitanti di Riclaretto "con la vendetta nel cuore e il ferro nella mano"[48]. Il 6 aprile i Valdesi, rinforzati da 400 ugonotti dell'alta Val Chisone, assalirono la compagnia di Trucchietti che venne distrutta. Solo il comandante, con sua grande fortuna, riuscì a salvarsi[49]. Questo fatto mise sull'avviso il duca che un'azione più energica era necessaria[50].

Dalla Francia, proprio in quei giorni, giunsero notizie allarmanti. Dopo la morte di Enrico II di Francia, avvenuta nel 1559, gli ugonotti confidavano sempre di più nel loro futuro e speravano di ottenere presto l'emancipazione, attendendosi dal nuovo re, Francesco II, un rientro in loro favore. Tuttavia il re affidò di fatto il governo alla famiglia dei Guisa, garanti in Francia della religione cattolica e sostenitori di una assoluta intolleranza verso la religione riformata. Il duca Francesco I di Guisa ed il cardinale di Lorena, zio della giovane regina Maria Stuart, esercitavano un forte ascendente sul re anche tramite quest'ultima. Essi indirizzavano la politica reale ed erano convinti di aver il diritto di reprimere il protestantesimo in nome del re e del rispetto dell'ordine. Molti protestanti suggerivano di sottrarre il re alla loro influenza ed organizzarono un complotto per rapire il re e la sua famiglia, inclusa la regina-madre Caterina de' Medici. Il capo della congiura fu Godefroy de Barry, signore di La Renaudie, gentiluomo del Périgord. Egli radunò altri gentiluomini provenienti da tutta la Francia a Mérindol il 12 febbraio 1560. Tra i congiurati vi erano il barone Carlo di Castelnau di Chalosse, Bouchard d'Aubeterre, Edme di Ferrière-Maligny, il capitano Mazères, il capitano Sainte-Marie, il capitano Lignières, Jean d'Aubigné (padre di Agrippa d'Aubigné) e Arduino di Porcelet. Il complotto fu segretamente ispirato da Luigi I di Borbone-Condé che attese ad Orléans la raccolta dei frutti del medesimo. Egli veniva definito, nella corrispondenza fra i congiurati, con il nome di "capitano muto". Con Luigi pare fosse coinvolto anche il fratello Antonio di Borbone-Navarra, che avrebbe dovuto prendere il posto di Francesco II sul trono di Francia, ma su questo aspetto non tutti gli storici concordano. L'ammiraglio Coligny, nuovo capo degli ugonotti, rifiutò questa volta la violenza ed impedì che una parte della nobiltà normanna si associasse al complotto. Il 1 febbraio 1560 i congiurati si riunirono a Nantes per formulare un piano, probabilmente anche finanziati da Elisabetta I d'Inghilterra, ma qualche giorno più tardi i Guisa ne vennero a conoscenza grazie ad un avvocato parigino, Pierre des Avenelle. Il 22 febbraio essi decisero di trasferire Francesco II e la corte dal castello di Blois a quello di Amboise, meglio protetto. Le guardie furono sostituite e le difese rafforzate, ma i Guisa si attendevano tutto. I congiurati, che avevano previsto l'azione per il primo di marzo, la differirono al giorno 16 dello stesso mese. Grazie a complici che avevano sul posto, alcuni congiurati giunsero in anticipo per preparare l'arrivo del grosso delle truppe protestanti. Ma i Guisa mandarono i loro cavalieri a perlustrare i dintorni di Amboise ed i primi congiurati furono arrestati il 10 marzo. Per sei giorni gli arresti si moltiplicarono. Il 17 marzo iniziarono le esecuzioni: la maggior parte dei congiurati fu impiccata alle balaustre del castello, altri gettati nella Loira ed altri ancora linciati dalla folla. Il 19

---

[47] La famiglia Truchietti, originaria della Savoia, si stabilì nel Pinerolese nel XIII secolo e nel XV secolo acquistò dai principi di Acaja una parte dei loro beni feudali in Val Germanasca (Riclaretto, Faetto) aumentando via via d'importanza fino ad avere alla metà del XV secolo la signoria effettiva dalla valle sostituendosi ai San Martino. Il peso politico acquisito dalla famiglia fece sì che nel 1485 uno dei loro membri, Giorgio Truchetti, divenisse presidente del Consiglio Cismontano. PITTAVINO 1964, Vol. I, p. 51.

[48] SALUZZO 1818, Vol. II, p. 294.

[49] GILLES 1644, pp. 89-91. Una risposta in chiave cattolica al testo di Gilles fu RORENGO 1649.

[50] Il duca rimase profondamente irritato per il fatto che i valdesi avessero ottenuto aiuti dagli ugonotti francesi. Seguirono una serie di minacce, tra le quali la ricostruzione dei castelli feudali distrutti dai francesi e l'allargamento delle strade per favorire l'ingresso della cavalleria. I valdesi inviarono un'ambasceria a Nizza per placare il duca, sembra con qualche successo. GILLES 1644, p. 90.

marzo fu catturato La Renaudie, che fu squartato e le parti del suo cadavere furono esposte alle porte della città. In tutto la repressione fece circa 1.500 morti[51].

L'evento fece una profonda impressione a tutta Europa, e dimostrava che ormai il partito ugonotto francese era impaziente di *evangelizzare con la forza della spada*[52], e furono in molti a pensare ad un giro di vite nei confronti dei sudditi riformati. Sembrava che la tanto agognata lega antiginevrina e anticalvinista prendesse finalmente corpo. Ma il ducato di Savoia non aveva i mezzi per attaccare la città, se non come forza ausiliaria. Tutto quello che poteva fare al momento era eliminare il nucleo di dissidenza religiosa maggiormente legato a Ginevra, vale a dire le comunità dei valdesi. Questi, che abitavano da secoli le vallate alpine del Pellice e del Chisone, costituivano il gruppo più compatto del movimento riformato piemontese e la punta più occidentale di quella "mezzaluna ugonotta" che da La Rochelle si spingeva sino alle Alpi occidentali. Abituati sin dal XII secolo alla dissidenza religiosa, avevano aderito alla Riforma il 12 settembre 1532 (Sinodo di Chanforan) riconoscendosi nella dottrina calvinista e si erano organizzati creando una solida struttura comunitaria ed ecclesiale, allacciando subito stretti rapporti con i correligionari d'oltralpe[53].

Colpire loro significava attaccare l'ala più radicale del protestantesimo europeo, ma c'era un fatto che spinse il duca ad agire nonostante le limitate risorse militari a sua disposizione. Già il 19 aprile 1556 Calvino aveva scritto una lettera nella quale espressamente respingeva l'ipotesi di un ricorso alle armi anche per la semplice difesa personale[54]. La dottrina della Chiesa di Ginevra non era cambiata negli anni successivi, e la funesta conclusione del tumulto di Amboise sembrava anzi aver arrecato una conferma che ogni tentativo di allontanarsi da questa linea prudente comportava per la "causa dell'Evangelo" pericoli mortali. Pertanto da Ginevra si guardava al nascente conflitto tra il duca di Savoia e i valdesi con estrema circospezione, e non solo per paura di compromissioni politiche in un momento di isolamento diplomatico pressoché totale. Ancora nel febbraio del 1561, quando le ostilità duravano già da qualche mese, i ginevrini presero per due volte posizione contro l'uso delle armi da parte dei valdesi. Una prima volta negando l'invio di aiuti ed offrendosi in cambio di accogliere eventuali esuli, o di indirizzarli verso qualche paese amico[55]. La seconda volta, alla domanda "se essi potevano prendere le armi" nell'estrema necessità in cui si erano venuti a trovare, i ginevrini risposero seccamente di no, "non è permesso come d'accordo con i ministri francesi"[56]. Calvino non cambierà opinione neppure alla conclusione delle operazioni militari e della firma del trattato di Cavour, che pure rappresentava una vittoria della Riforma. Intervenendo con una sua lettera in favore dei pastori di Zurigo che mandarono una missione in Svizzera ed in Germania alla ricerca di aiuti finanziari a favore dei valdesi, egli non seppe astenersi dal ripetere il suo dissenso. I confratelli dovevano esse aiutati, in quanto versavano in grandi e gravi difficoltà, ma senza dimenticare che avevano fatto male a prendere le armi: "non li opprimemmo nel momento della loro afflizione per il fatto che poco avvedutamente, e certo malgrado le nostre dissuasioni, avevano preso le armi"[57]. Opinioni che non devono stupire: quando nel 1557 Théodore de Béze si era fatto promotore di una iniziativa diplomatica a favore dei Valdesi minacciati da azioni repressive di Enrico II, aveva dovuto faticare non poco per dissipare i sospetti intorno a questa comunità a causa delle velleità che le venivano attribuite di resistenza al proprio sovrano temporale e non indietreggiare di fronte ad azioni violente. Le guerre dei contadini (*Die Deutsche*

---

[51] MIQUEL 1980, pp. 211-213.
[52] LEONARD 1962, Vol. II, p. 111.
[53] Sulle vicende valdesi la bibliografia è vasta. Per la presente ricerca si è utilizzato MOLNAR-HUGON 1974; CAMERON 1984; PEYROT 1959, pp. 215-285; CAPONETTO 1992, pp. 145-160.
[54] CALVIN 1877, p. 2433, col. 110-114.
[55] JALLA 1914, p. 159.
[56] JALLA 1914, p. 156, nota 1.
[57] CALVIN 1878, p. 3442, col. 355.

Bauernkriege) scoppiate in Germania meridionale tra il 1524 ed il 1526 avevano fatto prendere posizione sul problema al mondo protestante, specialmente a quello di lingua tedesca[58].

Isolati diplomaticamente, i Valdesi erano per il duca un bersaglio pagante: Emanuele Filiberto avrebbe distrutto un elemento di instabilità all'interno dei suoi domini e aumentato il suo prestigio tra le potenze cattoliche. Dobbiamo a questo punto pensare che la sua lunga permanenza a fianco di Filippo II durante la sua carica di Governatore dei Paesi Bassi lo abbia permeato di quella *reputación* che tanto ossessionava il cognato. Era questa un'occasione d'oro per aumentare la propria fama di principe agli occhi dell'Europa cattolica.

Tuttavia occorreva agire con prudenza. Nella primavera del 1560 l'apposita Commissione, destinata a far applicare in Piemonte gli editti ducali e di inquisire i recidivi, creò un cordone sanitario alle imboccature delle valli, comminando alcune condanne capitali. Tra i membri di questa commissione vi era il conte di Racconigi, Filippo di Savoia, noto per le sue simpatie filofrancesi e sospettato di essere vicino alle dottrine riformate. Calcolo strategico, necessità politica o gesto di tolleranza, fatto sta che a questa azione di contenimento seguì l'invio di un numero di un certo numero di predicatori, guidati dal gesuita Antonio Possevino[59].

Data la resistenza messa in atto dai valdesi, nell'ottobre del 1560 Emanuele Filiberto decise l'azione di forza, affidando il comando delle operazioni al conte Giorgio Costa della Trinità, governatore della piazzaforte di Fossano. Ormai i Valdesi potevano ai suoi occhi considerarsi colpevoli di ribellione verso il loro sovrano e comunque responsabili di un comportamento per cui essi avevano "commesso et incorso nel crimine di lesa maestà, tanto divina come umana"[60].

Alcuni mesi prima i Valdesi avevano cercato di separare l'aspetto politico della questione da quello religioso, protestando la loro fedeltà di sudditi, ma ormai in Europa si era affermato il principio del *cuius regio eius religio*, sancito per la Germania dalla Dieta di Augusta del 1555, per cui tale distinzione non poteva essere accettata dal duca. Questa convinzione era tale in Emanuele Filiberto che nel 1566 la ribadì per iscritto al conte elettore palatino Federico di Baviera e ai duchi Augusto e Giovanni Guglielmo di Sassonia[61].

Il 2 novembre 1560 il conte della Trinità entrò nelle valli con circa 1.500 uomini[62], sbaragliò rapidamente i pochi difensori – circa trenta – che tentarono una resistenza armata ed ottenne immediatamente la sottomissione dei sindaci della comunità, e le truppe dettero una minacciosa dimostrazione di forza "per far cognoscere a costoro che avemo il modo di cacciarli fuori di questo paese, se non voleno andar diritto"[63]. Alla fine del mese la faccenda sembrava risolta, tanto che persino il papa lodò pubblicamente l'operato del duca di Savoia[64]. Padrone del fondovalle ed insediate delle guarnigioni a Torre e Villar Pellice, il conte della Trinità volle anche affermare simbolicamente il successo del duca. Venne celebrata la messa a San Lorenzo, "dove al levare del Corpus Domini l'archibuseria fece le sue salve e questo forte dove avevo lasciato il resto della gente rispose con un'altra salve, che fu tutto il segno di onoranza al Creatore, e per far conoscere a

[58] PASCAL 1913, p. 141, BLICKLE 1983, BISCHOFF-URACK 1983, EILERT 1988, POLITI 1995.

[59] DE SIMONE 1958; SCADUTO 1959, pp. 51-191.

[60] AST, Corte, Casa Reale, Protocolli Ducali, Vol. 234, f. 62.

[61] AST, Corte, Casa Reale, Lettere di duchi e Sovrani, Mazzo 9, lettere del 25 e 28 febbraio 1566.

[62] Sulla forza numerica del corpo di spedizione sabaudo, "1500 tutti armati di archibugio", vedi BALMAS-DIENA 1972, p. 89.

[63] AST, Corte, Lettere Particolari, C, mazzo 104, lettera del Trinità al duca dell'11 novembre 1560. Sulla campagna contro i valdesi vedi COMBA 1904, pp. 3-32; COMBA 1905, pp. 7-27. Si veda anche PASCAL 1961, pp. 51-126. Altra documentazione d'archivio è raccolta in AST, Corte, Storia della Real Casa, Storie Particolari, Mazzo 10, *Relazione della vittoria riportata dal duca Emanuele Filiberto sui valdesi compilata dal capitano Guido Piovena.*

[64] NUNZIATURE DI SAVOIA, Vol. I, p. 52, pp. 59-60.

costoro che avemo modo di cacciarli fuori di questo paese"[65]. Quello che si voleva dai sudditi riformati era chiaro: o abiura o esilio. Nel frattempo erano effettuate perquisizioni per recuperare tutte le armi in mano alla milizia valdese: "fate che per tutte le valli si levino l'arme, e non gli resti un coltello e che si pongano dei forti"[66]. Vennero inviati 34 delegati a Vercelli, sede della corte ducale, a trattare la pace. Per tutta risposta furono fatti abiurare e promettere che avrebbero convinto i loro correligionari a fare lo stesso. Una volta tornati i delegati nelle valli, le comunità si rifiutarono di ratificarne l'operato e, stretto un patto difensivo con i confratelli dell'alta Val Chisone, già sudditi del re di Francia, i valdesi decisero di opporre resistenza. Mentre donne e bambini fuggivano verso le terre delfinali, gli uomini si riarmarono di tutto punto. Nel dicembre del 1560 la monarchia francese si era riavvicinata ai protestanti, segnando un rafforzamento del partito ugonotto, che fu ora in grado di offrire il proprio sostegno materiale e diplomatico ai riformati sabaudi[67].

Nel gennaio 1561 i Valdesi diedero il via alla rivolta: la chiesa di Bobbio Pellice venne saccheggiata e tutte le immagini sacre distrutte. Era un segnale che si voleva dare al duca, dal momento che in quel luogo il 22 gennaio i capifamiglia si sarebbero dovuti ritrovare per abiurare[68]. Il Forte di Villar fu occupato e distrutto, mentre il della Trinità fu costretto a richiamare in fretta e furia le truppe dai quartieri d'inverno. Individuato il centro di resistenza dei valdesi a Pradeltorno, località ben difendibile situata in una valle laterale posta in corrispondenza di Angrogna, il 14 febbraio fu deciso l'assalto al campo dei riformati conducendo circa 600 uomini lungo tre direttrici differenti: dal fondovalle, dalla cresta della montagna verso la Val Chisone e dalle alture che separano Pradeltorno dalla Valle Germanasca. L'intera operazione, sebbene ben congegnata, era destinata al fallimento a causa della perfetta conoscenza dei luoghi da parte dei difensori, circa un centinaio. Tra i caduti ducali vi fu Giacomo Trucchietti, al quale si aggiunsero 25 morti e 100 feriti[69]. Il Costa della Trinità ritentò l'assalto il 3 marzo, ripetendo l'attacco secondo le direttrici seguite il mese precedente, ma con ben 1.900 uomini al suo seguito. Si trattava pressoché dell'intero esercito ducale, allora appena ricostituito. Anche questa volta i ducali furono respinti con oltre 400 perdite, contro solo 14 valdesi[70]. La truppa, convinta di dover soffocare quella che sino al allora era sembrata una rivolta contadina male organizzata, fu particolarmente scossa. A questo punto furono i valdesi scendendo dai loro ricoveri di Pradeltorno per assediare il castello di Perrero. Il duca a questo punto capì che, comunque si fossero evolute le cose, la partita era persa. I valdesi conoscevano il territorio, godevano dell'appoggio degli ugonotti delfinali e l'esercito ducale subiva perdite che difficilmente sarebbero state rimpiazzate a breve. Non era possibile "distrugger affatto quel paese infetto e disabitarlo", nonostante il fatto che il Possevino insistesse "per assalirli da tutte le parti e ruinar li foresti che son pieni di vittuvaglie et di persone"[71]. A meno di una guerra con la Francia, la distruzione dei valdesi non era possibile.

Giunsero durante il mese di aprile rinforzi per l'armata del duca. Due compagnie di fanteria spagnola di guarnigione della piazzaforte di Alessandria arrivarono nel teatro operativo della Val Pellice[72]. Con queste nuove forze, circa 400 uomini in tutto, il Costa della Trinità ritentò per la terza volta di conquistare il santuario di Pradeltorno. Le sue colonne, duramente colpite durante la marcia di avvicinamento, il 28 aprile venivano messe in rotta.

---

[65] COMBA 1904, p. 9. Si noti come in entrambe le lettere del conte della Trinità compaia l'espressione *cacciarli fuori di questo paese*.

[66] COMBA 1905, p. 9.

[67] GILLES 1644, pp. 159-177.

[68] BALMAS-DIENA 1972, pp. 97-99.

[69] BALMAS-DIENA 1972, p. 109. Per Leger, si trattava 4.000 fanti e 200 cavalieri; LEGER 1669, pp. 37-38.

[70] BALMAS-DIENA 1972, p. 109.

[71] I "foresti" indicati dal Possevino erano miliziani ugonotti provenienti dal Delfinato. DE SIMONE 1958, p. 173.

[72] La presenza di truppa spagnola è confermata da LENTOLO 1906, pp. 215-216; BALMAS-DIENA 1972, p.111. Da GHILINI 1903, Vol. II, p. 261, abbiamo la notizia che il duca in persona premiò uno dei capitani spagnoli presenti, Archelao Inviziati. Sulla forza numerica di una compagnia di fanteria spagnola nel 1561 vedi PARKER 2004, p. 235.

Il duca a questo punto non poteva far altro che procedere il più velocemente possibile le trattative. Il conte della Trinità rimaneva sempre agguerrito, suggerendo ad Emanuele Filiberto di "tagliarli li viti et abbruciargli li alberi de castagne che sono il suo sustento et ruinargli il paese"[73]. L'idea era del tutto impraticabile, sia per ragioni pratiche che economiche[74]. Iniziò a richiedere l'uso di artiglieria per colpire le fortificazioni che i valdesi avevano a Pradeltorno, ma "se menavano su artiglieria, quella non se ne tornerebbe giù così presto: et però, si stima, l'artiglieria ne fu incontinente rimandata"[75]. Nel frattempo ci si muoveva per giungere ad una soluzione negoziata della crisi, anche perché si sapeva che "di Alemagna si preparava un numero de gente per venir a socorer detti rebelli"[76]. Le condizioni di pace furono firmate a Cavour il 5 giugno 1561 nel palazzo dei principi di Acaja da parte del principe Filippo di Savoia[77]. Nel trattato veniva stabilito il perdono per tutti i valdesi, il condono dell'indennità di guerra, il riconoscimento dei loro diritti e franchigie e, soprattutto, venivano fissati i limiti territoriali della minoranza valdese. Era l'idea del ghetto territoriale a cui Emanuele Filiberto aveva dovuto accedere in quanto rappresentava il male minore nella situazione contingente. Entro i limiti stabiliti, i valdesi avevano piena libertà di culto, fuori di essi era loro interdetta qualsiasi manifestazione religiosa pubblica.

A Roma la notizia del trattato fu accolta con forti riserve. Pio IV informava il duca di Savoia, tramite lettera del cardinal Borromeo al Nunzio Apostolico di Torino, che "l'accordo che V.S. scrive esser seguito con quelle Valli, è in tutto contrario a l'opinione che Nostro Signore teneva di S. A"[78]. Il Possevino, molto poco soddisfatto sia della campagna, sia del proselitismo che del trattato, l'8 luglio informava laconicamente il generale dei Gesuiti Laynez che "le cose delle Valli si accordarono vergognosamente"[79].

Questa azione di forza segna per noi una linea di partenza, e le prime serie ripercussioni si verificarono di lì a poco nel vicino Delfinato. Bene o male il Trattato di Cavour riconosceva l'esistenza fisica ed una certa libertà ai valdesi, costituiva la base giuridica della loro esistenza a cui essi sempre si appellarono nei secoli successivi e sanciva il carattere giuridico della loro organizzazione ecclesiastica. Si trattava del primo atto di tolleranza religiosa in Europa, anche se non voleva esserlo nella mente del duca e non poteva esserlo nella concezione del XVI secolo. Emanuele Filiberto non volle mai ratificarlo ufficialmente, evitando di dare ulteriore pubblicità ad un accordo che aveva i connotati di una sconfitta. La pace di Cavour, sia che fosse interpretata come una temporanea tregua in attesa della conclusione del Concilio di Trento[80], sia che fosse un vero trattato riconosciuto giuridicamente tra contraenti di pari dignità, con diritti e doveri reciproci, ebbe una vasta risonanza all'estero, specie in Francia, e fu interpretata come la prima vera concessione di tolleranza nei confronti dei protestanti[81].

---

[73] AST, Corte, Lettere Particolari, C, mazzo 104, lettera del Trinità al duca del 6 e dell'8 marzo 1560.

[74] Si vedano a tal proposito anche le riflessioni contenute in HANSON 1983, pp. 23-29.

[75] LENTOLO 1906, p. 217.

[76] AST, Corte, Storia della Real Casa, Storie Particolari, Mazzo 10, *Relazione della vittoria riportata dal duca Emanuele Filiberto sui valdesi compilata dal capitano Guido Piovena*.

[77] Filippo di Savoia, scrivendo ad Emanuele Filiberto nel maggio del 1561, lo esortava a scegliere la via della moderazione, nonostante vi fossero consiglieri che lo esortavano al contrario per "non lasciar correre un minimo iotta di sua reputazione". Si noti quindi quanto di concetto di spagnola *reputación* ci fosse a Torino in quel periodo. AST, Corte, Lettere Principi Savoia-Carignano, Mazzo 75, lettera del 3 maggio 1561.

[78] NUNZIATURE DI SAVOIA, p. 66.

[79] Citato in MOLNAR, HUGON 1974, Vol. II, p. 31.

[80] CAMBIANO 1840, p. 1148. L'agente inglese a Milano riferiva che *il duca di Savoia e i suoi sudditi della valle d'Angrogna si sono accordati; ad essi è stato permesso di continuare nella loro religione fino alla conclusione del Concilio Generale.* CALENDAR OF STATE PAPERS, Vol. IV, documento n. 327, p. 195.

[81] A Parigi la notizia che Emanuele Filiberto aveva concesso *l'interim a quelli di Angrogna* si diffuse rapidamente, mentre il testo dell'accordo veniva diffuso e letto persino nel Consiglio Reale. Non è improbabile che il compromesso tra il duca e i suoi sudditi riformati fosse visto come un modello per risolvere l'analoga situazione in Francia. AST, Corte, Lettere Ministri, Francia, Mazzo 1, lettere del Della Rovere del 5 giugno e del 10 luglio 1561.

Ma c'era un altro, enorme, evento tra quelli già eclatanti del 1561, che doveva scatenare traumi di magnitudo ancora maggiore: la ribellione al proprio signore naturale. I valdesi si erano ribellati al loro duca, una scelta presa con piena coscienza, che costituì un evento fondamentale nella storia europea, poiché fornì un precedente al quale si ispirarono le successive sollevazioni avvenute in Francia e nelle Fiandre per motivi religiosi. La miccia era già stata accesa e la deflagrazione dell'Europa di Cateau-Cambrésis rimaneva solo una questione di tempo.

Il Monferrato

Se per il ducato di Savoia si è parlato sostanzialmente di uno "stato cuscinetto" militarizzato e richiuso a riccio contro tutto e tutti, al contrario per il ducato di Monferrato non solo l'idea di "cuscinetto" è rifiutata, ma addirittura gli è negato il termine *Stato*, proponendo un concetto di *micro-stato* che ben poco ha a che fare con la realtà italiana del XVI, risultando del tutto decontestualizzata dalla situazione geopolitica che permise la sopravvivenza del Monferrato durante le Guerre d'Italia[82]. Queste avevano messo i Gonzaga davanti ad un bivio: Francia o Impero. Tradizionalmente abituati a giostrarsi tra Milano e Venezia, i signori di Mantova si trovarono a partire dal 1525 davanti ad un vicolo cieco. Il trionfo di Carlo V a Pavia e l'assoggettamento alla corona imperiale di Milano e di tutto il ducato li costrinsero ad abbracciare la causa imperiale. Scelta questa che si rivelò fortunata. La fedeltà dimostrata all'imperatore portò il titolo ducale e soprattutto il marchesato del Monferrato, occupato dalle truppe imperiali nel 1553 alla morte dell'ultimo Paleologo.

Come nel caso sabaudo, tra l'annessione e la creazione di uno "stato cliente" fu preferita la seconda ipotesi. Diviso in due tronconi separati tra loro dal ducato di Milano e dipendente dalla benevolenza dei sovrani asburgici per mantenere i vitali collegamenti lungo il Po e per la sua sopravvivenza, sarebbe stato un antemurale perfetto per i domini lombardi della corona. In quel mentre lo stato sabaudo era stato spazzato via dall'occupazione francese, e i francesi del Brissac si accingevano ad attaccare anche il Monferrato, operazione che venne da loro portata a termine entro il 1556. Non solo il duca d'Alba non era riuscito a difendere la provincia, ma addirittura nel gennaio del 1557 Valenza cadde in mano nemica. Con i francesi a ridosso della Lomellina, padroni della Corsica, del Senese e dell'alto corso del Po, poteva sembrare plausibile la defezione dei Gonzaga dall'allenza spagnola per passare dalla parte dei francesi.

Le vittorie conseguite nei Paesi Bassi riuscirono a restaurare le traballanti posizioni italiane del giovane Filippo II. I Gonzaga, grazie all'ottimo lavorio diplomatico di Ercole Strozzi, rappresentante del duca presso il sovrano spagnolo, riuscirono ad ottenere al tavolo delle trattative di Cateau-Cambrésis il ritorno dei territori monferrini. La diplomazia mantovana ottenne un successo innegabile, anche per il fatto che non solo furono restituiti i domini del Monferrato, ma lo Strozzi riuscì altresì ad ottenere da Filippo II la garanzia che tutte le fortezze presidiate dai suoi soldati sarebbero state restituite intatte ai rappresentanti di Guglielmo I. Non si trattava di una concessione di poco conto; in Piemonte i Francesi demolirono quasi tutte le fortificazioni che erano state da loro costruite, ad eccezione di Bene Vagienna e Ceva, mentre il duca di Sessa, governatore di Milano, aveva caldeggiato una simile politica anche nel Monferrato. Da Bruxelles Filippo II diede disposizioni tassative ai suoi rappresentanti in Italia di difendere il duca di Mantova e i suoi interessi da ogni minaccia, interna ed esterna. Questa politica di protezione nei confronti dei Gonzaga sarebbe durata ininterrottamente sino agli anni Venti del secolo successivo.

Un nuovo "stato cliente" si era venuto così a creare, in modo da formare una sorta di doppia corazzatura nei confronti di un attacco francese. La struttura difensiva del Piemonte orientale, con il

---

[82] Su questo concetto vedi RAVIOLA 2003.

ducato di Savoia e quello di Monferrato quasi fusi tra di loro a causa degli intricati confini, si spiega solo con il fatto che l'equilibrio raggiunto con i trattati del 1559 era visto dai contemporanei più come una tregua, simile alla pace di Vaucelles del 1556, che una sistemazione definitiva.

Si trattava di un cambio radicale della strategia spagnola: dall'intervento massiccio in armi e dal controllo diretto del territorio, ad una difesa delegata basata sulla presenza di "Stati clienti" come appunto il ducato di Monferrato. A questi punti seguivano il rifiuto quasi assoluto di impegnarsi direttamente sia militarmente che politicamente per conseguire nuovi ingrandimenti territoriali e facendo del mantenimento dello *status quo* la nuova dottrina da seguire. In questo contesto Milano continuò a rappresentare uno dei punti nevralgici del sistema creato per la difesa imperiale e divenne pedina sempre più fondamentale del complesso quadro geopolitico creato da Filippo II. Era il punto di partenza della "Strada di Fiandra" e mezzo di collegamento obbligato col centro Europa, ma anche il bastione grazie al quale la difesa di Napoli era garantita ed uno strumento di controllo nei confronti degli stati clienti.

L'intervento deciso nel corso del 1565 per frenare la ribellione di Casale contro il suo legittimo signore si deve pertanto attribuire alla volontà di evitare qualsiasi cambiamento nell'assetto strategico delineato a Cateau-Cambrésis e prevenire un movimento verso oriente da parte dei Savoia. Si doveva mantenere lo *status quo* ed evitare pericolosi precedenti. C'era inoltre il timore delle autorità militari spagnole di vedere nuovamente i francesi calare in Italia approfittando della situazione particolarmente delicata, in quanto almeno un terzo delle forze normalmente incaricate della difesa del ducato di Milano si trovava impegnato in Corsica in appoggio alla repubblica di Genova. Si tratterà di una paura che resterà ben viva ancora negli anni successivi: quando i francesi nel 1574 restituirono Savigliano e Pinerolo, la corte di Madrid temette fortemente un colpo di mano dei gigliati nei confronti di Alba e di San Damiano, allo scopo di occuparle e mantenere così un presidio il più possibile vicino a Milano[83]. Si pensò anche di agire in concerto con il duca di Savoia per una spartizione del Monferrato, ma Filippo II autorizzò l'uso della forza solo per riportare i casalesi a più miti consigli nei confronti dei Gonzaga.

Alternando una minaccia militare credibile e visibile per tutti i sudditi del ducato monferrino, ossia i veterani del *Tercio de Lombardia*, a tentativi di conciliazione, si cercò in primo luogo di garantire un accordo pacifico tra i sudditi e il loro signore, inviando ambasciatori e rappresentanti. Alla fine solo la presenza della colonna del duca di Albuquerque costrinse Casale alla resa. La presenza di una guarnigione spagnola doveva servire a stemperare la repressione dei Gonzaga, in quanto vi era il fondato timore che una città esasperata da eccessivi castighi potesse richiedere l'aiuto di potenze eretiche (ugonotti o cantoni riformati svizzeri). Le richieste di rispettare i diritti degli abitanti e l'osservanza degli accordi stipulati con i ministri del re cattolico furono però disattese dal duca di Mantova. Una volta che la città ebbe capitolato parecchi notabili furono costretti all'esilio, nonostante il ricorso alla corona spagnola per ottenere giustizia e protezione, mentre i privilegi della comunità furono eliminati, lasciando piuttosto sconcertati gli ambasciatori di Filippo II[84].

Nonostante la decisione di ergersi a tutori dell'equilibrio italiano, dopo i fatti di Casale in certi ambienti della corte spagnola si fece largo il progetto di incamerare il Monferrato. Questa era anche l'idea dei Gonzaga stessi, che però volevano una contropartita. Guglielmo I, per mezzo del suo inviato, Gosellini, propose a Filippo II uno scambio di territori, il Monferrato in cambio del Cremonese. Tale opzione fu vagliata attentamente dalla corona spagnola. I motivi di questa permuta suggerita dal duca di Mantova risiedevano nella discontinuità territoriale tra i domini storici della dinastia e il lontano Monferrato, dove mancavano le forze militari per poter difendere la regione. Nel memoriale presentato al re, Gosellini ricordava abilmente le ricchezze del Monferrato, la

---

[83] COSTANTINI 1986, pp. 55-58.
[84] RAVIOLA 2003, p. 71.

numerosa nobiltà e il fatto che i territori permettevano una maggiore difesa del ducato di Milano e un accesso più diretto al mare e al cuore stesso del Piemonte. Ma la questione rimase irrisolta, in quanto Cremona fu ritenuta incedibile. Si trattava della seconda città del ducato di Milano, territorio assai più ricco e fertile che non il Monferrato. Oltretutto era questo lembo di terra che controllava una serie di fiumi importanti e navigabili, come l'Adda ed il Po, in grado di fornire un'ottima base di partenza per una campagna contro Venezia. I colloqui terminarono per il momento con un rifiuto, anche se varie ripartenze per uno scambio ci furono anche nei decenni successivi[85].

All'arrivo di don Luis de Requesens y Zúñiga al governo di Milano nel 1572 si assistette ad una nuova ripresa dei colloqui finalizzati alla permuta. Da parte dei Gonzaga la presenza dei Savoia era vista come una minaccia crescente, e venne effettuata la richiesta di poter fortificare Alba e altre terre del Monferrato con l'aiuto e l'assistenza degli ingegneri militari spagnoli[86]. Questo fervore fortificatorio venne visto positivamente dalle autorità spagnole. Non altrettanto bene fu giudicata la decisione di Vincenzo I di costruire una nuova cittadella a Casale[87]. Ma la possibilità di effettuare scambi incontrò un fermo rifiuto da parte del governatore, confermando l'opinione espressa nel 1567 dal duca di Alba, quando di fronte ad una richiesta avanzata dagli stessi abitanti di Casale di protezione e sottomissione al re di Spagna, si era rifiutato categoricamente di cedere Cremona.

I ducati di Monferrato e Savoia, stati "clienti" fondamentali per la Spagna nel nord Italia, avevano dei pessimi rapporti diplomatici, e il duca di Savoia avanzava pretese su parte del Monferrato. Gli spagnoli non avevano intenzione di farsi carico di questa spinosa situazione, ma tra i due contendenti preferirono di fatto appoggiare il più debole: Don Luis nel luglio del 1572 ricevette precise istruzioni direttamente da Madrid di dare tutto il sostegno diplomatico e militare a Guglielmo I in caso di minacce di integrità territoriale dei suoi domini del Monferrato. Torino a sua volta preferiva avere a che fare con i Gonzaga che non con Filippo II direttamente, pertanto l'opzione della permuta era palesemente osteggiata.

Era la politica del *divide et impera*, e sino a quando Emanuele Filiberto fu duca di Savoia, la stabilità della regione non venne mai messa in discussione.

---

[85] Per la vicenda del mancato scambio tra Cremona e Casale vedi Maffi 2007, pp. 141-147.

[86] AGS, Estado, Legajo 1235, lettera di Cesare Gonzaga a don Louis de Requesens. I piani per una nuova piazzaforte ad Alba, destinata a proteggere le vie di comunicazione tra gli approdi di Savona e Genova da occidente, andarono ben oltre i semplici approcci diplomatici e i progetti per le fortificazioni di Alba vennero effettivamente realizzati. Proprio nel 1572 Guglielmo Gonzaga richiedeva a Francesco Paciotto il progetto di una cittadella sul modello di quella di Torino e di Anversa e, ottenutone il disegno, furono attivati gli ingegneri Gabri Serbelloni e Vincenzo Locatelli per individuarne la collocazione più consona, e Bernardino Faciotto per la conduzione del cantiere. Però, per quanto gli studi si protraessero sino al 1576 e oltre, alla fine per l'incapacità di decidere se scavare la collina o fondare la nuova opera su terreni alluvionali o demolire una consistente aliquota di tessuto edilizio, non se ne fece nulla, in quanto i fondi furono dirottati sul cantiere della Cittadella di Casale. I disegni originali delle fortificazioni progettate per Alba sono conservati in AST, Corte Carte Topografiche, Serie V, Monferrato, Alba, nn. 1-10.

[87] AGS, Estado, Legajo 1264, lettera del duca di Terranova al re dell'8 aprile 1588, nella quale si raccontano i tentativi fatti presso il duca di Mantova per non fortificare Casale.

CAPITOLO 4

Sulle Alpi

Le Guerre di Religione in Francia

A fare della pace di Cateau-Cambrésis un trionfo spagnolo non furono i termini della pace, ma l'auto-annientamento della Francia a causa delle guerre di religione. La morte improvvisa dell'energico Enrico II, ucciso in un torneo tenutosi a Parigi per celebrare la pace raggiunta, fece sì che divenissero eredi del trono francese quattro dei suoi figli, nessuno dei quali ebbe la capacità di tenere insieme le forze religiose e politiche contrapposte che già da tempo minacciavano di scalzare l'autorità del sovrano. Già nel 1559 la grande casata dei Guise riuscì ad avere il controllo del governo centrale, mentre i loro rivali diretti, la casa dei Borbone, si allearono, a Parigi e nelle province, con la minoranza calvinista. Nel gennaio del 1562, dopo aspra lotta, i calvinisti (Ugonotti) indussero il governo a concedere loro una certa tolleranza, ma la cosa ebbe come conseguenza l'ostilità dei Guise che, offesi, abbandonarono la corte. Dopo poche settimane iniziavano di fatto le guerre di religione francesi. Gli anni della guerra civile furono alla fine ben 36, duranti i quali l'impressione di combattere una guerra vera e propria intervallata da fragili tregue portò a suddividere quel lungo confronto armato tra protestanti e cattolici in otto momenti precisi:
- la prima guerra di religione (1562-1563);
- la seconda guerra di religione (1563-1567);
- la terza guerra di religione (1568-1570);
- la quarta guerra di religione (1572-1573);
- la quinta guerra di religione (1574-1576);
- la sesta guerra di religione (1576-1577);
- la settima guerra di religione (1579-1580);
- l'ottava guerra di religione (1585-1598).

Si possono ad ogni modo distinguere tre fasi nello sviluppo delle guerre di religione francesi:
- l'offensiva protestante dal 1560 al 1572, periodo durante il quale il protestantesimo aumentò i propri consensi nelle città e nella classe nobiliare, arrivando a sperare nella conversione di tutto il regno. Ma il massacro del 24 agosto 1572 (Notte di San Bartolomeo), che aveva visto l'assassinio di importanti esponenti della fazione ugonotta, e si era poi esteso in tutte le città della Francia, portò un colpo decisivo alle speranze protestanti. Inoltre le campagne rimasero in maggioranza cattoliche (eccetto che alcune aree della Provenza e della Savoia), e questo provocò una sorta di guerra tra le città e la campagna;
- l'offensiva dei "Malcontenti", dal 1572 agli anni Ottanta, periodo nel quale le guerre di religione presero maggiormente l'aspetto di un conflitto politico, condotto da un partito politico cattolico e moderato, contrario al rafforzamento delle prerogative reali. Alla testa del movimento si posero uno dei figli di Caterina e fratello dei re Carlo IX ed Enrico III, Francesco d'Alençon, e gli esponenti cattolici della grande nobiltà;
- l'offensiva cattolica dagli anni 1580 a 1598, periodo nel quale la politica della Controriforma cattolica prese l'iniziativa. I cattolici cercarono di annientare i protestanti, portando la guerra alle estreme conseguenze[1].

---

[1] L'ultimo periodo delle guerre di religione fu in assoluto il più violento e quello che vide il maggior intervento di potenze straniere. Sulla situazione degli anni 1580-1598 vedi WOOD 1984, pp. 131-168; DAVIES 1991, pp. 539-566. Le Guerre di Religione furono un fenomeno editoriale già nel XVI e nel XVII secolo. Si veda, ad esempio, il successo

Il periodo dei torbidi terminò soltanto nel 1598, lo stesso anno in cui Filippo II di Spagna moriva. Per tutta la durata del suo regno, la paralisi in cui si trovava la Francia gli consentì una libertà d'azione veramente unica, specialmente nei Paesi Bassi. Eppure la guerra come un magnete attirava pericolosamente a sé situazioni di pericolo e di instabilità, come la gli spagnoli stessi furono costretti a riconoscere. E da questo periodo di caos emerse un personaggio destinato a creare uno stato nello stato, François de Bonne, signore di Lesdiguières (1543-1626)[2].

Il capitano de La Cazette

Il 4 aprile 1560 una banda formata da 400 uomini provenienti da Pragelato al comando di un certo Tachard, tutti ugonotti, scesero in Val Germanasca per combattere a fianco dei correligionari valdesi attaccati da una compagnia di 100 soldati comandati da Giulio Trucchietti. A Riclaretto i cattolici erano stati avvisati dell'imminente attacco, ma il comandante decise di muovere comunque all'assalto del nemico, con uno svantaggio numerico di almeno di 1:4. La scelta del Truchietti fu suicida: i riformati, desiderosi di vendetta e per giunta in superiorità numerica, circondarono i cattolici e iniziarono a massacrarli. Solo il comandante e pochi altri riuscirono a rompere l'accerchiamento e fuggire. Prima di veder precipitare la situazione e perdere il controllo della zona, il duca Emanuele Filiberto si lamentò presso la corte di Francia dell'accaduto[3].

Le operazioni militari, nate per ragioni di prestigio e per mettere in sicurezza il corridoio strategico spagnolo diretto alle Fiandre, continuarono l'anno seguente ma non riuscirono nel loro intento, ossia distruggere le comunità valdesi della Val Germanasca, della bassa Val di Susa e Chisone. Si riuscì, solo tramite la diplomazia, a confinare i valdesi entro un preciso perimetro, ma il confine del ducato rimaneva in quel settore quanto mai traballante. Non solo, ma la resistenza dei valdesi aveva dimostrato che, per ragioni religiose, ci si poteva ribellare al proprio signore. Oltretutto da questa esperienza il senso di solidarietà tra correligionari si era fortemente accresciuto, favorito anche dall'esistenza di un confine frastagliato ed incerto come quello del ducato di Savoia.

François de Guise decise allora di mettere un freno alle violenze dei sudditi delfinali[4]. Un esercito di 10.000 uomini fu levato nel Delfinato e messo agli ordini del luogotenente generale La Motte-Gondrin. Guise ordinò nel contempo la costruzione di un forte a Fenestrelle[5] e nominò il 17

---

ottenuto da DAVILA 1642, e i vari lavori di Pierre Mathieu; MATHIEU 1604 [rieditato nel 1614]. La prima parte fu tradotta in italiano da Alessandro Sanefio con il titolo di *Historia delle Rivolutioni di Francia, e delle cose memorabili occorse negl'Anni Turbolenti del Regno del Christianissimo Henrico III di Vallois, Re di Francia, e di Polonia, divisa in Quattro Libri, et ornata di varii discorsi politici, di Pietro Mattei historiografo regio*, Venezia 1624.
[2] Le Guerre di Religione francesi sono ben raccontate nei seguenti recenti lavori: HOLT 1995; ROBERTS 1999; KNECHT 2000. Per le guerre di religione nel Delfinato vedi LONG 1856.
[3] CHABRAND 1886, p. 84; JALLA 1914, pp. 134, 161.
[4] La provincia del Delfinato era delimitata a nord dal Rodano che la separava dalla Bresse e dal Bugey. A est, c'erano la Savoia e il Piemonte, e a sud il Contado Venassino e la Provenza. Il limite occidentale era delimitato dal Rodano a sud di Lione. Da notare che il Delfinato si estendeva fino ai sobborghi di Lione. Era diviso in *Alto Delfinato*, comprendente la parte montuosa (le cosiddette Alpi del Delfinato), e in *Basso Delfinato*, esteso sulla pianura della valle del Rodano. Per una visione generale della storia del territorio vedi TAULIER 1855.
[5] *Si tratta dell'attuale struttura conosciuta in loco come* Chateau Arnaud. Non è da escludere che il primo nome del forte fosse proprio Chateau Arlaud, uno dei nomi del capitano La Cazette. La fortificazione era collocata a cavallo della strada che dall'alta valle recava a Pinerolo. Inglobata nelle nuove fortificazioni francesi costruite dopo la cessione di Pinerolo al duca di Savoia del 1696, le strutture di Chateau Arnaud vennero reimpiegate all'interno del nuovo Forte di Fenestrelle, costruito dal Regno di Sardegna a partire dal 1728. Nel XIX secolo era conosciuto come "la Colombaia". Sulle vicende di Fenestrelle al momento il testo di riferimento rimane GARIGLIO-MINOLA 1994-1995, Vol. I, pp. 97-126. Per una visione delle fortificazioni della zona: AGS. Estado, Legajo, 03422, *Fenestrelle carta del Marqués de Leganés al Rey, Campo de Avigliana 5 de octubre de 1695*. Nella carta spagnola si nota chiaramente come il Castillo Arneaud fosse costruito a cavaliere della vecchia strada la quale poteva essere interrotta tramite un ponte levatoio sul lato di Piemonte.

novembre 1560 governatore della Val Chisone il capitano Jean-Louis Arlaud, signore di Névache, detto *La Cazette*. Nato ad Oulx intorno al 1530, ambizioso uomo d'arme, La Cazette era un veterano delle Guerre d'Italia ed era rientrato proprio da poche settimane dalla Scozia, dove aveva combattuto contro l'esercito di Elisabetta I. Disponeva di numerose proprietà nell'alta Val di Susa e l'inizio dei torbidi delle guerre di religione gli aprì una serie di occasioni quali mai se ne erano presentate prima per poter aumentare il proprio prestigio nell'alta valle e ritagliarsi una zona di territorio nella quale amministrare il proprio potere. A La Cazette sembrava proprio che il potente Guise e la causa cattolica potesse garantirgli tutto questo. François de Guise aveva bisogno di un uomo di fiducia a presidio dei confini di una provincia di periferia il cui controllo sembrava sempre più difficile. Il capitano era di quei luoghi, conosceva il territorio e la gente, parlava il loro dialetto. Parve l'uomo ideale per quella missione ed inizialmente tutto sembrò andare per il meglio.

Recatosi a Gap levò una compagnia di 200 uomini con i quali doveva porsi a controllo della Val Chisone. Tuttavia non si recò mai al suo posto di comando ma rimase agli ordini di François de Guise il quale, dopo la morte di Francesco II il 5 dicembre 1560, aveva visto il suo potere personale eclissarsi per un momento. La quiete poneva La Cazette in un cono d'ombra dal quale esci nel 1562, allo scoppio della prima guerra di religione. Fu al campo di Guichernal, sempre al fianco di François de Guise. Convocato da Caterina de Medici a Vincennes, venne incaricato di tornare nel Delfinato e mettersi agli ordini di Louis de Maugiron, uno dei figli minori di Enrico III. Quest'ultimo stava allestendo un piccolo esercito nella valle di Pragelato, ed ordinò al capitano di tornare ad Oulx dove, potendo contare su una vasta rete di conoscenze e contatti, levò dieci compagnie di fanteria e con queste forze attese lo svolgersi degli eventi. Il 1 marzo 1562 François de Guise, mentre si stava trasferendo dalla sua abitazione di Joinville a Parigi, passò nei pressi di un fienile trasformato in luogo di culto da parte di un gruppo di ugonotti. In seguito ad un reciproco scambio di insulti la scorta armata di del duca attaccò gli ugonotti in preghiera, uccidendone 23 e ferendone oltre un centinaio. Questo spargimento di sangue era il segnale che tutti attendevano per un regolamento di conti generale.

I religionari della Val Chisone potevano contare sulla superiorità numerica dei loro effettivi. Il comandante ugonotto della zona, François de Beaumont, barone des Adrets, riuscì a radunare 1.500 uomini agli ordini dei capitani La Roche, Collongue, Brazé e Angevin[6]. Questi tentarono di occupare il villaggio di San Marco, posto a 1.192 metri di quota. Il villaggio era un nodo di mulattiere e vie di transito importanti, che mettevano in comunicazione la Val di Susa con i passi del Monginevro, del Sestriere e con la via di cresta che portava ai colli Longet e dell'Assietta. Era abbastanza logico che questi tentassero l'occupazione del sito, ed altrettanto logicamente La Cazette disputò loro il controllo della località. Il villaggio fu fortificato e difeso con tenacia per tutta la prima metà del mese di giugno, dopo di che i cattolici, le cui forze erano di circa 500 uomini suddivisi in varie compagnie, per lo più delle milizie di Briançon, Monestier, Vallouise e Bardonecchia, subirono 40 perdite accertate nei combattimenti di quel periodo, ma ne inflissero ai riformati 160. Oulx e il circondario vennero infine sgombrati, non potendo ottenere rinforzi, ma la dura resistenza aveva spento i primi entusiasmi degli ugonotti, i quali lasciarono via libera alla colonna cattolica[7].

Dopo aver occupato la conca di Oulx i riformati lasciarono abbastanza tranquilla la popolazione, ma non i beni dei comandanti cattolici. Il capitano La Cazette, riconosciuto come il comandante cattolico più importante della zona, vide i propri beni colpiti uno ad uno: gli vennero saccheggiata la casa, distrutta una cappella votiva da lui costruita, dedicata a Santa Barbara, nei pressi dalla

[6] Sui combattimenti nell'alta Val di Susa si veda MAURICE 1987, pp. 118-119. Una banda di valdesi superò in quei giorni il col Bouger giungendo in alta Val di Susa. Sembra che il loro compito fosse quello di conquistare il villaggio di Jovenceaux, la cui chiesa venne effettivamente danneggiata in quella occasione.
[7] CAFFARO 1901, p. 272.

prevostura di Oulx, i suoi mulini furono incendiati e gli alberi presenti sui suoi terreni abbattuti, per un danno totale di 1.000 scudi[8]. Il 22 giugno venne saccheggiata la Prevostura di Oulx che fu completamente distrutta. A questo punto la truppa riformata ritenne più prudente occupare e fortificare Cesana, che controllava meglio le strade degli Escarton "al di qua delle Alpi". Grazie a questa nuova posizione il piccolo esercito ugonotto rimaneva in contatto con le valli valdesi nel ducato di Savoia e poteva comunicare con la val Chisone dal colle del Sestières. La guarnigione di Oulx teneva sotto'occhio Exilles, praticamente isolata, e manteneva il controllo del Monginevro, dove il capitano La Cazette si era attestato. Per le forze cattoliche pattugliare il territorio e controllare le aree nei pressi delle guarnigioni riformate era un pericolo costante. Una colonna al comando del capitano Arnaud, che tentava con 140 uomini di raggiungere Briançon da Exilles, fu intercettata prima del Colle della Scala dalle forze avversarie e distrutta. Solo il capitano con 26 uomini fu in grado di sfuggire alla trappola.

Queste perdite di uomini, in Val di Susa come in tutto il Delfinato, costrinsero i cattolici a cercare aiuti, e al più presto. Caterina de Medici accettò dal duca di Savoia un rinforzo di 10.000 fanti e 2.000 cavalieri, e un sussidio di 100.000 scudi finalizzato a "riportare i suoi sudditi all'obbedienza"[9]. La mossa dei sabaudi non era certo disinteressata, in quanto volevano rientrare in possesso delle cinque piazzeforti che la Francia ancora deteneva in Piemonte, ma l'offerta era troppo importante per potere essere rifiutata.

Prima che questi aiuti giungessero nelle valli alpine, il capitano La Cazette fu in grado di riprendere Oulx: nonostante una guarnigione di 1.000 uomini, un gruppo d'assalto di 300 cattolici fu in grado di recuperare il villaggio infliggendo all'av-versario, colto di notte e completamente di sorpresa, 400 tra morti e feriti. Questo successo, che di fatto riapriva le comunicazioni tra Briançon e il resto degli *escartons* delfinali, fu una buona iniezione di fiducia per le truppe cattoliche, che incominciavano a dubitare fortemente della loro causa. Giungevano allora i primi sostanziosi rinforzi.

Gli ugonotti di Des Adrets tentarono allora un colpo a sorpresa con la conquista di Briançon. Con la città in loro possesso, tutto l'Haut-Dauphiné sarebbe stato assoggettato, in quanto gli Escartons verso l'Italia sarebbero rimasti del tutto isolati. L'assalto, avvenuto di notte, non ebbe esito favorevole, e gli attaccanti dovettero ritirarsi. Scelsero un obiettivo di ripiego, Bardonecchia. Valicato il Colle della Scala attaccarono il castello, lo saccheggiarono dopo averlo danneggiato ed occuparono il borgo. La Cazette non poteva permettersi la perdita di un'altro centro abitato dopo gli scacchi subiti a Cesana e Oulx. Ricevute tre compagnie dell'eser-cito privato del vescovo di Embrun, il capitano diede l'assalto a Bardonecchia, riuscì a sfondare le porte e rioccupare il paese. Gli ugonotti persero circa 200 uomini, mentre un migliaio si diedero alla fuga. Altri 200 religionari si trincerarono nelle rovine del castello, dove resistettero per due giorni. Alla fine il fortilizio fu espugnato, al costo di 25 morti cattolici e 126 protestanti. Tra questi due dei principali capi

---

[8] MAURICE 1987, p. 119.

[9] CALENDAR OF STATE PAPERS, Vol. I, documento n. 1058, pp. 124. Nicholas Throckmorton scriveva alla regina Elisabetta, il 27 aprile 1561, che "il Duca di Savoia ha ultimamente inviato ancora M. De Morette con un'offerta di aiuto per il Re e la Regina Madre per riportare i suoi sudditi all'obbedienza, e giungerà di persona con 10.000 fanti e 2.000 cavalieri, dei quali i cavalieri e 4.000 fanti saranno da lui stesso pagati; tale proposta è stata accettata". Per trovare il denaro necessario nel minor tempo possibile il duca di Savoia fu costretto a chiedere numerosi prestiti, sia ai propri sudditi che a banchieri stranieri. AST, Corte, Materie Economiche, Finanze, Mazzo 1, *Sommario delli pagamenti del prestito fatto a sua Altezza nella recuperazione de le quattro piazze quali erano occupate da Francesi.* Nel frattempo gli opifici sabaudi non furono in grado di soddisfare la richiesta di armi per il corpo di spedizione in Francia, tanto che alla fine di maggio del 1562 fu richiesto al governatore di Milano il permesso di acquistare *mille corsaletti forniti et tre mila morioni con altrettanti archibusi*, necessari ad armare un *esquadron* di 1.000 picchieri e 3.000 archibugieri. ASMI, Potenze Estere Post. 1535, Mazzo 190, lettera del 25 maggio 1562.

protestanti della Valle di Oulx, Jean Ardouin di Cesana e Jean Brazè di Oulx, distintisi nel saccheggio della Prevostura.

Le vicende di Bardonecchia misero fine per il momento ai combattimenti nell'alta Val di Susa. Dopo aver "rimesso in pace le montagne", il capitano La Cazette si trovava di fatto a gestire come se fossero una sua proprietà i territori tra Briançon, il colle del Sestriere, Bardonecchia ed Exilles. Il luogotenente generale del Delfinato, Laurent de Maugiron, lo considerava il suo uomo di fiducia in quel settore dello scacchiere alpino e gli concesse poteri senza precedenti.

Grazie alla vittoriosa difesa di Briançon e alla vittoria di Bardonecchia, e con l'arrivo di rinforzi da parte della corona, la situazione si era rovesciata e le sorti per la fazione riformata erano ormai segnate. Il 4 settembre 1562 cadeva Sisteron[10]. A dicembre era conquistata la piazzaforte ugonotta di La Mure. L'avanzata cattolica proseguì sin sotto le mura di Grenoble che venne investita nel marzo del 1563. Gli assalti del La Cazette non riuscirono a vincere le difese della città, ma il 19 marzo 1563 l'editto di Amboise mise fine alla prima guerra di religione. Il 17 settembre 1563 il trattato fu messo in esecuzione anche in Val di Susa e Chiomonte fu scelto come luogo deputato ad accogliere un tempio protestante. Il commissario reale, Jacques Phélippaux, ordinò il 17 settembre 1563 di richiedere alle comunità dell'alta Val Chisone, riconosciute come le più ostili, di depositare le armi delle milizie nei castelli delfinali di Briançon, Exilles e Château-Dauphin (Casteldelfino).

La pace, per "impresari della guerra" come La Cazette, era una piccola tragedia. Costretto ad anticipare le paghe per la truppa e i premi di arruolamento, non venne ricompensato per i servizi resi alla corona. Non solo, ma dovette in qualche modo attivarsi per ricostruire le sue fortune. Il 25 giugno acquistava un terreno coltivato a giardino lungo la strada da Oulx a Bardonecchia dal suo luogotenente Pierre Pastre. Il 26 decideva di inventariare le sue proprietà alle Grange Bochard e procedeva all'acquisto di altri pascoli. Il 18 ottobre stipulava un contratto con i mastri da muro Jean e Jean-Antoine Roille di Melézet per la costruzione di una sala voltata nel suo palazzo di Oulx. Le rendite dello sfruttamento dei campi gli permisero, anno dopo anno, di ricostruire le sue proprietà immobiliari devastate nel 1562. Si trattava comunque di una ricostruzione faticosa, quasi stentata, di un uomo dedito al mestiere delle armi che si era ritagliato una certa dignità in ambito locale, ma non aveva raggiunto né agiatezza né l'agognata patente di nobiltà. Le uniche attività militari che gli rimanevano erano il comando di due compagnie di milizia[11].

La seconda Guerra di Religione (settembre 1567 – marzo 1568) fu troppo breve per poter sfruttare l'occasione. Non di meno il capitano riuscì in quel mentre ad ottenere l'agognata patente di nobiltà. Se non che a concedergliela non fu il re di Francia ma il duca di Savoia. Allo scoppio del secondo conflitto religioso Emanuele Filiberto aveva invitato Filippo II ad attaccare le provincie meridionali del regno francese e offrì libero transito attraverso il ducato ad un'armata spagnola, sottolineando "quanto sarebbe importante per la sicurezza dei suoi Regni e Stati che sua Maestà occupasse la Provenza e la Linguadoca"[12]. Il duca favorì il reclutamento di un nutrito contingente di truppe mercenarie, tra cui non pochi erano i savoiardi, che furono inviati in soccorso dei cattolici francesi[13]. Proprio a partire dal 1567 si mosse a livello internazionale per favorire la costituzione di un fronte antiprotestante in grado di soccorrere la corona francese, la quale si servì della mediazione del principe sabaudo per ottenere l'appoggio del Papa. Emanuele Filiberto e i suoi agenti avevano iniziato già da tempo a costruire una vasta rete di conoscenze ed alleanze più o meno segrete. Per

---

[10] Sulle vicende dell'assedio vedi DE LAPLANE 1843, Vol. II, pp. 56-67.
[11] MAURICE 1987, pp. 141-154.
[12] AGS, Estado, Milan y Saboya, Legajo 1228, n. 150.
[13] Il soccorso inviato ai cattolici francesi fu esclusivamente di cavalleria, "mille celate et cinquecento archibuseri a cavallo" (ASFI, Mediceo, Filza 2962, Avvisi di Torino, n. 113).

ogni evenienza, dallo sconfinamento di truppa ugonotta ad un'invasione spagnola in grande stile, il servizio ducale di intelligence non si sarebbe fatto trovare impreparato[14].

Uno dei cattolici francesi a beneficiare dell'appoggio sabaudo fu appunto il capitano La Cazette. Il 12 dicembre 1567 riceveva la patente di nobiltà con sigillo ducale e un forziere con 2.000 scudi per le spese militari più urgenti. Le sue due compagnie di fanteria furono rinforzate da mercenari pagati da Torino sino a raggiungere la forza di 700 effettivi con i quali partecipò l'1 marzo 1558 all'assedio, riuscito, di Mornas[15].

I torbidi in Francia erano lungi dall'essere risolti, e nell'agosto del 1568 scoppiava la Terza Guerra di Religione (agosto 1568 – agosto 1570). Questa volta le cose andarono però in modo del tutto differente. Il principe di Condè, posto al comando delle forze protestanti, decise di riunire nella Charente tutte le forze della sua fazione per lanciare una operazione in grande stile contro i cattolici. I riformati del Delfinato si mossero in piccoli gruppi sin dalla fine di agosto, passando il Rodano per riunirsi a Alès nelle Cévennes, e proseguire riuniti verso l'esercito di Condé. Tale strategia permise al luogotenente generale della corona, Gordes, di controllare piccole forze locali, senza una strategia comune in una zona effettivamente periferica all'epicentro degli scontri.

I capitani La Cazette e François de Gaye ebbero comunque l'ordine di reclutare quante più truppe fosse possibile. Il capitano a questo punto decise di forzare la mano al governo degli Escartons di Briançon. Intimò ai rappresentanti delle comunità di presentarsi il 30 agosto 1568 per stabilire l'entità e la forma delle leve di milizia per conto del signore di Gordes. Il risultato di quest'azione fu un'energica presa di posizione da parte delle comunità: non ci sarebbero stati problemi nel lasciare che i volontari raggiungessero le bandiere di La Cazette, ma assolutamente venne rifiutata ogni forma, anche indiretta, di leva forzosa di aliquote di uomini. Era la prima volta che si verificavano simili attriti tra l'amministrazione del brianzonese e i comandanti cattolici[16], e la comunità di Oulx decise di non muovere la propria milizia in sostegno della causa cattolica. Era un segnale molto forte e che indicava chiaramente quanto i legami di La Cazette presso la comunità locale fossero superficiali e instabili. Pertanto la zona visse un momento di straordinaria calma, mentre nel nordovest della Francia delle vere e proprie campagne di guerra stavano devastando il paese.

I protestanti della zona avevano azzerato la loro superiorità militare inviando le migliori forze disponibili al principe di Condè. Alcune formazioni erano rimaste in Val Chisone e una di queste aveva comunque le dimensioni di un piccolo esercito. Questo gruppo da combattimento, comandato dal signore di La Coche, composto da 4 compagnie, si era riunito nella valle dell'Oisans. Deciso a raggiungere il grosso delle forze protestanti, La Coche portò il suo reparto dritto in una imboscata che La Cazette gli tese nei pressi di Grenoble, costringendo i superstiti a disperdersi in Savoia. Tuttavia le comunità protestanti della Val Chisone avevano in mente qualche azione. In particolare serviva un luogo fortificato dove creare un centro logistico che, sino ad allora, era mancato agli ugonotti dell'Escarton di Briançon. Le fortificazioni della Val Chisone erano troppo deboli o parzialmente diroccate, quelle di Bardonecchia erano state distrutte nel luglio del 1562. Si sapeva però che il castello di Exilles, comandato da Jean de Gaye, era difeso da una forza di appena 10 uomini, sprovvisti di armi da fuoco e di artiglieria. I protestanti di Grenoble offrirono supporto logistico, viveri, argento e munizioni per l'impresa, oltre ad un capitano esperto, tale Nicolas

[14] Sugli interventi sabaudi nelle guerre civili francesi vedi DAVIES 1990, pp. 870-892. Sulle operazioni di intelligence, le loro modalità ed efficacia CROXTON 2000, pp. 981-1003.
[15] MAURICE 1987, pp.166-172.
[16] FAUCHE-PRUNELLE 1857, Vol. II, pp. 131-164.

Combin[17]. Mercoledì 13 aprile 1569 il castello fu conquistato di sorpresa da una squadra di 40 protestanti. A questo punto le milizie cattoliche degli Escarton (Oulx, Cesana e Briançon) si mobilitarono, almeno quelle cattoliche. Exilles era una fortezza delfinale, ed era considerata come un fortilizio destinato a controllare confini comuni. Oltretutto era uno dei castelli deputati a raccogliere le armi ed i beni dei centri abitati della zona in caso di necessità, per cui la sua occupazione da parte di truppa protestante, per giunta della Val Chisone, fu vista come un affronto vero e proprio.

Mentre i cattolici si mobilitarono in massa, le milizie della Val Chisone rimasero inattive. Il ricordo delle grandi perdite di Bardonecchia del 1562 suggerirono una maggiore prudenza. Un castello ben fortificato come quello era stato incendiato sino alle fondamenta. Exilles dava più garanzie di tenuta? Tutti, ritennero alla fine di no, e il capitano Combin rimase senza soccorsi. Il solito La Cazette giunse ad Exilles da Valence, dove si trovava momentaneamente distaccato, quando il castello era già cinto d'assedio. Il 27 aprile si arrendeva alle forze cattoliche a causa del totale esaurimento di viveri. Si trattava di un colpo di mano, prima ancora che di operazioni militari in grande stile.

Era risultato a tutti chiaro che rinforzi per soccorre il forte erano giunti dalle valli piemontesi, ed in particolare dalla valle di Angrogna. A molti, tra i quali al nunzio apostolico Vincenzo Lauro, era il chiaro segnale che i valdesi, o una parte di loro, rimanevano ostili a qualsiasi soluzione di pace[18]. La Cazette ottenne il 13 maggio 1569 dal re di Francia, Carlo IX, la nomina a castellano di Exilles.

Appare chiaro che la prima fase delle guerre di religione sulle Alpi Occidentali, al di là degli spargimenti di sangue avvenuti a Bardonecchia e delle distruzioni dovute a saccheggi ed incendi, fu una lunga sequenza di imboscate, colpi di mano e incursioni effettuate da gruppi di milizia locale poco o male armati che raramente superavano i 1.000 uomini in totale, secondo una modalità tipica della Guerra dei Cent'Anni[19]. La vittoria era andata alla fazione che aveva a sua disposizione il comandante più esperto, in questo caso La Cazette, e la maggiore disponibilità di denaro e rinforzi, ed era il caso dei cattolici che potevano contare sull'afflusso di denaro che giungeva loro dal tesoro della corona e dalle potenze alleate, ducato di Savoia in particolare. Se gli ugonotti volevano vincere dovevano trovare un abile comandante, del denaro e un nuovo modo di fare la guerra.

Il conestabile di Lesdiguières

La biografia ufficiale di François de Bonne, duca di Lesdiguières, ci racconta come da giovane il futuro maresciallo di Francia "scelse di combattere piuttosto che di andare a piedi"[20]. Come molti elementi della piccola nobiltà attirati dal prestigio del mestiere delle armi, egli iniziò la sua carriera di *bellator* in una compagnia d'ordinanza, quella di Bertrand Simiane de Gordes, divenuto in seguito luogotenente-generale del re nel Delfinato. Si trattava di una compagnia di uomini a cavallo, pagati ed equipaggiati direttamente dalla corona. Solo il sovrano poteva in questo caso concedere i brevetti per il comando delle compagnie a cavallo e consentire i reclutamenti che il capitano in carica richiedeva di volta in volta. Ciascuna compagnia era composta di un numero variabile di cavalieri, da trenta sino ad un centinaio, armati di corazza e di lancia. Questa truppa a cavallo era

---

[17] MAURICE 1987, p. 236. All'epoca dei fatti il capitano Colombin aveva 29 anni. Fu ucciso in combattimento durante l'*escalade* di Ginevra nel 1602.
[18] Tale situazione è documentata in GILLES 1644, pp. 255; MUSTON 1862, p. 262; MAURICE 1987, p. 238.
[19] JONES 1994, pp. 103-120.
[20] VIDEL 1649, p. II [pagine dell'elogio iniziale]. Per la storia del personaggio risulta ancora fondamentale, anche se inspiegabilmente poco utilizzato per la storia del Delfinato nel corso delle guerre di religione, DOUGLAS-ROMAN 1878-1884. Utile è il recente GAL 2007.

accompagnata da un numero più che doppio di "arcieri", ossia soldati dotati di una corazzatura più leggera. Lesdiguières fu arruolato come tale nel 1561. Aveva all'epoca 18 anni[21].

L'età era più che matura per un incarico simile. Valletti e paggi di quattordici o sedici anni erano una presenza piuttosto comune non solo negli accampamenti, ma anche sul campo di battaglia. François de Bonne fu equipaggiato con una spada e due cavalli, per i quali dovette comunque sborsare una cauzione di 400 Lire. Il suo stipendio mensile era di 17 Lire. Piuttosto poco, e la cifra doveva essere dimezzata se il cavaliere, come de Bonne effettivamente faceva, si trovava in una compagnia soprannumeraria. Le paghe erano stimate per un certo numero di soldati. In caso di aumento della truppa, il soldo veniva semplicemente diviso in parti più piccole. Si trattava a questo punto di uno stipendio veramente troppo magro per una persona ambiziosa come de Bonne. Era quattro volte meno della paga di un uomo d'arme a cavallo e poco di più di un soldato scelto di fanteria[22].

La scalata verso i gradi più alti dipendeva dal valore personale in combattimento e dalla benevolenza del capitano. De Gordes, per un giovane nobile del Delfinato, poteva essere una carta interessante per poter uscire dall'anonimato del clientelismo locale, nel quale era precipitato La Cazette, e salire verso sfere di potere più elevate. De Gordes stesso poteva contare su una lunga amicizia personale con la casa di Montmorency della quale il massimo rappresentante, Anne de Montmorency, divenne conestabile di Francia nel 1562. Grazie a questa amicizia altolocata il capitano divenne luogotenente-generale del Delfinato nel 1562, carica che mantenne sino al 1564, quando Caterina de Medici volle un moderato alla testa di una turbolenta provincia di confine per far rispettare la sua politica di concordia religiosa.

Montmorency, Gordes e La Cazette erano veterani delle Guerre d'Italia. Si trattava di una tipologia di guerra che, per quanto feroce e per la prima volta combattuta su una scala mai vista in precedenza, era però molto legata al mondo tardo medievale. Le guerre civili francesi produssero sotto questo punto di vista veramente qualcosa di nuovo[23].

Nel 1562 Lesdiguières, legato alle idee protestanti inculcategli dal suo precettore, si vide costretto ad abbandonare la sua compagnia, dichiaratamente cattolica, per passare a quella protestante di Antoine Rambaud, detto "il capitano Furmeyer". Il suo nuovo comandante, probabilmente a corto di ufficiali, lo nominò alfiere, grado che possiamo equiparare a quello di un moderno sottotenente. Per la prima volta egli si trovava a comandare effettivamente degli uomini e per giunta in una campagna di guerra. Ma aveva fatto molto bene i suoi conti: il passaggio dalla compagnia di de Gordes a quella di Rambaud gli garantì uno scatto di paga compresa tra i 67 e le 87 lire mensili, ai quali si potevano aggiungere le eventuali prede di guerra. Lesdiguières si dimostrò abile nel manovrare all'interno delle sfere militari ugonotte. I comandi non erano strutturati come quelli dell'armata reale, e nel 1565 era già alla testa di una compagnia e, come già aveva fatto suo padre qualche decennio prima, nel 1573 si mise alla testa della rivoltosa nobiltà dello Champsaur[24]. Questo territorio, che già aveva visto le predicazioni di Guillaume Farel, vedeva nella dissidenza religiosa la buona occasione per sganciarsi definitivamente dalla pesante tutela del vescovo di Gap. Da quel momento la carriera militare di François de Bonne de Lesdiguières fu tutta in ascesa.

Nel 1569 era comandante riconosciuto della nobiltà di Champsaur, ma doveva sottostare al comando di Charles Dupuy-Montbrun. Questo decise di portare tutte le forze a sua disposizione dal

---

[21] François de Bonne era nato l'1 aprile 1543 a Saint-Bonnet (Hautes-Alpes).
[22] WOOD 1996, p. 135.
[23] WOOD 1996, pp. 136-137.
[24] Il Champsaur corrisponde all'alta valle del fiume Drac, affluente di sinistra dell'Isère, dalle sorgenti a sud del massif des Écrins sino al lago di Sautet. Per una descrizione della regione FAURE DE PRÉGENTIL 2005.

delfinato in Guyenne a rinforzo dell'armata protestante del principe di Condé e dell'ammiraglio Coligny, entrambi in ribellione aperta nei confronti del re Carlo IX dall'agosto del 1568. Si trattava di un esercito di grandi proporzioni per gli standard del XVI secolo; 18.000 uomini, per lo più francesi, ma anche mercenari reclutati in Germania, Svizzera e Olanda. Contro di loro si stava avvicinando un esercito di 30.000 cattolici.

Lesdiguières comprese in quella occasione che il numero, qualche volta, è una qualità. La superiorità dei cattolici fu la causa principale delle disfatte ugonotte di Jarnac (13 marzo 1569) e Montcontour (3 ottobre 1569). Oltre a 6.000 perdite subite sul campo di battaglia (4.000 mercenari tedeschi e 1.500 protestanti francesi), i riformati persero anche il principe di Condé, ferito, catturato e assassinato al termine della battaglia di Jarnac, mentre Coligny se la cavò con una ferita. A piccoli gruppi i sopravvissuti ritornarono alle loro case. Tra di loro troviamo Dupuy-Montbrun e Lesdigiuères. Quest'ultimo ha compreso che la loro causa ha poco da sperare in combattimenti ad alta intensità come quello di Montcontour. L'inferio-rità numerica degli ugonotti era tale che la sconfitta si poteva dire certa ogni volta che si doveva affrontare in campo aperto l'armata reale: "siamo un numero piccolo al contrario dei cattolici che sono in gran numero"[25]. La scelta obbligata fu quella di ritornare a combattere come era stato fatto nel corso della Prima Guerra di Religione. Era necessario evitare grandi assembramenti di truppa e colpire il nemico sul proprio territorio con piccoli gruppi da combattimento estremamente mobili. L'esperienza del 1563 e del 1569 aveva dimostrato che gli ugonotti non erano in grado di mantenere il controllo di una fortificazione, principalmente per la mancanza di truppa necessaria a formare una guarnigione sufficientemente forte per un presidio e per la mancanza cronica di armamento pesante. Lesdiguières spostò il baricentro degli sforzi bellici protestanti nel Delfinato dal controllo dei centri abitati a quello della campagna.

Lesdiguières stesso ebbe un ruolo di primo piano in questa nuova forma di guerra "alla ugonotta", in particolare nella diocesi di Gap il cui territorio conosceva perfettamente. Organizzò personalmente una compagnia di 800 fanti e 400 cavalieri con la quale iniziò a colpire le forze cattoliche, ovunque esse si trovassero. Queste nel 1572 si erano ridotte a ben poca cosa: una compagnia di fanteria corsa, 150 uomini e 11 ufficiali, agli ordini di Alphonse d'Ornano; 111 uomini della compagnia di Simon de Brandy; altri 111 uomini della compagnia di Léonard Corty e 50 cavalleggeri della compagnia di Julien Centurion. In tutto si trattava 433 uomini. Lesdiguières iniziò a compiere incursioni su tutta la zona dell'arcivescovado di Gap utilizzando quelle poche piazzeforti di cui disponeva, per lo più circondate da fortificazioni tardo medievali: Serres, dove venne installata una fonderia di cannoni, Orpierre, Montbrun, des Diguières, Ambel, Mens en Trèves[26]. Erano centri molto piccoli, ma servivano come base per la cavalleria ugonotta ormai padrona incontrastata della campagna e delle vie di comunicazione: "corrono razziano in lungo ed in largo la detta diocesi [di Gap, n.d.a.]; divorano, bruciano, guastano e rovinano, saccheggiano e

---

[25] DOUGLAS-ROMAN 1878-1884, Vol. I, p. 17, *discorso di Lesdiguières davanti all'assemblea protestante di Die nel febbraio 1579*.

[26] Si tratta di località molto piccole, situate nei pressi di un corso d'acqua, e protette da difese naturali. Durante le ricognizioni effettuate nel corso del 2009 e del 2010 non è stato possibile ritrovare resti di fortificazioni particolarmente imponenti, quali quelle che furono costruite a Privas nel 1628. Si doveva trattare di strutture molto simili a quelle realizzate in Provenza e nelle valli Germanasca, Pellice e Chisone nel XVI e XVII secolo, e ben rappresentate nei fondi dell'Archivio di Stato e della Biblioteca Reale di Torino; le vie dei centri abitati venivano chiuse da palizzate, i muri perimetrali delle costruzioni più esterne traforate da feritoie e irrobustite da piccoli lavori di fortificazione campale. Le chiese erano gli edifici più indicati, data l'ampiezza e la robustezza delle murature, per essere trasformati in piccole fortezze Cfr. i lavori di fortificazione per le chiese di Saint-Dalmas-le-Selvage, Puget Théniers e Saint-Etienne-de-Tinée proposti da Giacomo Soldati durante la campagna di Carlo Emanuele I in Provenza, AST, Sezioni Riunite, Camerale, Tipi Art. 666, nn. 17-18; il villaggio di San Bartolomeo (ora Prarostino, TO) trasformato in quartiere militare, BRTO, Manoscritto Militare 177, tavv. 19-19. Si tratta di fortificazioni efficaci per una guerra condotta "a bassa intensità".

distruggono; prendono e portano via tutto ciò che gli capita sotto mano"[27]. Così nell'agosto del 1573 anche all'interno delle sicure mura di Gap era avvertita la situazione generale. Tutta l'area del Champsaur, storica riserva di truppe per la milizia vescovile, ed era ormai definitivamente sotto il controllo delle forze ugonotte. La città dovette a quel punto pensare alla sua immediata autodifesa, circondata da forze ostili che si avvicinavano lentamente alle mura. Gli abitanti ormai si vedevano assediati, anche se cercavano nei presagi e nei vaticini qualche illusione temporanea. Il 24 aprile 1574 una "grande croce bianca" fu vista comparire sui cieli di Gap[28].

Effettivamente sembrava che qualche buona notizia il Cielo l'avesse alla fine mandata. Nel 1575 Montbrun, il capo riconosciuto degli ugonotti del Delfinato, venne ferito e catturato. Il suo luogotenente, Lesdiguières appunto, insieme ad un gruppo di gentiluomini, sia protestanti che cattolici del partito dei "Malcontenti", firmò una lettera nella quale metteva in guardia il luogotenente generale del Delfinato, una vecchia conoscenza del capo ugonotto in quanto si trattava di Bertrand de Gordes, e il parlamento del Delfinato: se il prigioniero non fosse stato trattato come un combattente bensì come un ribelle qualsiasi e giustiziato "avremo la nostra vendetta, non soltanto semplicemente uccidendo i prigionieri che abbiamo in gran numero, ma con il ferro ed il fuoco e tutti gli altri mezzi più crudeli che noi possiamo escogitare"[29].

Al di là delle dure parole, Lesdiguières era pronto a trattare pur di riavere indietro Montbrun sano e salvo. Come contropartita giunse a proporre la cessione di alcune piazzeforti che presidiava. Tuttavia il partito cattolico scelse altrimenti e il prigioniero fu giustiziato per lesa maestà a Grenoble il 13 agosto 1575[30]. Fu un errore clamoroso. Montbrun era un capo riconosciuto, la sua reputazione era nota anche fuori dai confini del Delfinato e la sua morte sul patibolo urtò la sensibilità non solamente degli ugonotti, ma anche di tutta la nobiltà locale. Infine questa azione rese Lesdiguiéres il propugnatore di una guerra senza quartiere nei confronti del nemico, ed il leader riconosciuto del partito protestante delfinale. Da allora pochi furono i prigionieri sopravvissuti. Desideroso di evitare un trattamento "alla moda di San Bartolomeo", evitò da allora sempre ed accuratamente di incontrare i capi cattolici per eventuali trattative nei periodi di pace, e nel 1579 rifiutò persino l'invito di un abboccamento con la regina Caterina de Medici.

Nonostante i tentativi di salvare Montbrun, la sua prematura scomparsa mise Lesdiguiéres in una posizione di potere senza eguali tra le file degli ugonotti. A 32 anni era il capo riconosciuto del partito protestante del Delfinato. Nel 1577 il maresciallo di Francia e governatore della Linguadoca, Henri de Montmorency-Damville, già alla testa del partito dei Malcontenti, gli confermò la carica di *comandante generale* e, nel 1579, quella di *luogotenente generale sotto l'autorità del re di Navarra nel Delfinato*[31]. Naturalmente si trovava a che fare con una resistenza interna al suo stesso gruppo, in quanto a molti sembrava che avesse ottenuto molto e troppo in fretta. I signori della guerra locali, specie quelli del basso Delfinato, avrebbero dovuto alla fine riconoscerne la superiorità militare.

Quello che lo rendeva un comandante più efficace rispetto ad altri era l'abilità nel pianificare una strategia credibile ed efficace per raggiungere i propri obiettivi. Non si limitava a distruggere i beni del nemico e razziare le sue proprietà, ma stabiliva a tavolino sino dove voleva arrivare e cosa

---

[27] ADHA, G 2343, *Registre des assemblées du clerge diocésan, requête faite au vibailli de Gap sur les pertes et inconvénientes soffertz par les ecclésiastiques du diocèse de Gap à l'occasion des troubles*, 12 agosto 1573, f. 74.

[28] GAL 2007, pp. 51-52.

[29] DOUGLAS-ROMAN 1878-1884, Vol. I, p. 4.

[30] Montbrun aveva saccheggiato il bagaglio personale di Enrico II nel 1574, dichiarando che "le armi ed il gioco rendono gli uomini uguali. Vedete! Il re mi scrive come se fossi un suo pari, come se io lo fossi realmente re? Egli sa che se fossimo in tempo di pace, io lo riconoscerei come re; ma in tempo di guerra, avendo il braccio armato e seduto su una sella, tutto il mondo ti è alla pari" (Citato in LONG 1956, p. 121). In realtà, come appare dalle stesse parole di Montbrun, si volle eliminare il più pericoloso dei capi ugonotti del sud della Francia.

[31] DOUGLAS-ROMAN 1878-1884, Vol. III, pp.355-358.

ottenere. Sembrano, dette così, delle ovvietà, ma nel mondo della guerra della seconda metà del XVI secolo, ancora fortemente permeato dell'esperienza tardomedievale basata sul *vasto* del territorio nemico, era un concetto affatto scontato[32].

Per prima cosa era suo interesse divenire padrone incontrastato delle vie di comunicazione. Queste, in un territorio come il Delfinato, si controllano in due soli modi: occupando villaggi e piazzeforti posti nei crocevia più importanti o controllando i ponti. I fiumi del versante francese della Alpi sono caratterizzati da greti incassati nel terreno e scorrono in gole scoscese che rendono i guadi molto difficili. I ponti, in muratura o in legno, sono costruiti in pochi e precisi punti e consentono rapide comunicazioni. I passaggi di Pontaux, nei pressi di Vizille, o di Cognet, nei pressi di La Mure, che permettevano l'accesso a tutto il bacino dell'alto Delfinato, furono potentemente fortificati, o distrutti quando la situazione non ne permetteva la conservazione. Infine non un solo mulino venne risparmiato dagli assalti degli ugonotti. Mentre i riformati che affrontarono il capitano La Cazette nel 1562 agivano per vendetta personale, gli uomini di Lesdiguières avevano un piano preciso; intendevano affamare il nemico. Le mole per la macina erano rotte o rovesciate, le parti in ferro, specie i meccanismi più sofisticati, erano asportate, mentre i canali di conduzione delle acque erano danneggiati o distrutti[33].

Il denaro

Oltre a formulare una strategia operativa all'avanguardia, Lesdiguières comprese molto bene era il fatto che il denaro fosse la vera linfa vitale della guerra. Mentre il governatore di Exilles, il capitano La Cazette, non riusciva a formare un corpo militare numeroso per mancanza di fondi, e per tanto doveva appoggiarsi spesso sulla poco affidabile milizia locale, il comandante ugonotto apparentemente non ebbe mai difficoltà finanziarie. Ogni cosa era di fatto fornita dalle principali famiglie coinvolte, in questo caso dai Condé e dai Montmorency. Lesdiguières, partendo dal limitato patrimonio ereditato dal padre, iniziò sin dal febbraio del 1568 ad accumulare beni e rendite con le quali finanziare le forze protestanti nel Delfinato. Alla sua morte, il 28 settembre 1626, aveva accumulato almeno 650.000 Lire di beni, obbligazioni e lettere di credito[34]. A queste si aggiungevano le rendite feudali e fondiarie che facevano ascendere la fortuna personale del capo ugonotto, allora già maresciallo di Francia, all'astronomica cifra di 3 milioni di lire. Sommando anche gli immobili, i doni fatti alle figlie ed altri beni quali opere d'arte, carrozze, abiti, ecc, la cifra si elevava intorno ai 5 milioni di Lire. Per rendersi conto della proporzione di queste possibilità finanziarie basti pensare che nel 1626 rappresentavano il 7% del bilancio del regno di Francia, che proprio quell'anno era stato di 44.130.616 Lire tornesi[35].

Allo scoppio delle Guerre di Religione Lesdiguières poteva contare su appena 700 Lire tornesi di rendita. In questo caso la scelta di combattere con i protestanti contro i cattolici aprì una serie di possibilità che l'astuto comandante non si fece sfuggire. La guerra civile, specie questa combattuta ufficialmente per ragioni di religione, permetteva il saccheggio o l'appropriazione dei beni della Chiesa. I registri della diocesi di Gap raccolsero innumerevoli lettere nelle quali si lamentavano le azioni di saccheggio e spoliazione effettuate dai ribelli della causa riformata. Nel 1574 gli ugonotti

---

[32] Lesdiguières realizzò verso il 1609 un *Discours de l'art militaire faict par monsieur le maréchal Lesdiguières*, destinato a servire per l'educazione del futuro Luigi XIII. BNF, MS F651. Il testo è riportato anche in DOUGLAS-ROMAN 1878-1884, Vol. II, pp. 541-578. Nel testo si nota una forte tendenza alla descrizione di piccole azione di guerriglia, colpi di mano, sorprese notturne a fortificazioni, tutte azioni tipiche delle guerre di religione francesi, e quindi di una guerra civile "a bassa intensità" combattuta da piccole fazioni, piuttosto che grandi operazioni campali.
[33] La descrizione delle distruzioni è raccolta nella corrispondenza di De Bonrepos, luogotenente del baliaggio dei monti del Delfinato, degli ani 1577-1578. GAL 2000, pp. 42-44.
[34] GAL 2007, pp. 15-16.
[35] BAYARD 1988, p. 41.

colpirono duramente i beni del vescovo di Gap, monsignor Pierre Paparin. Nel gennaio di quell'anno il vescovo scrisse una lettera al re per informarlo che la sua diocesi era nel caos più completo e che i suoi monasteri e parrocchie non avevano più di che vivere. "Montbrun, il signore di Diguières e il signore di Champoléon, tutti piccoli gentiluomini che continuano ad arricchirsi con derubare i loro vicini e hanno continuato a saccheggiare e derubare tutte le dette diocesi, bruciare e distruggere le chiese e le case degli ecclesiastici che sono rimasti dalle precedenti guerre e che, quando vengono trovati, sono passati a fil di spada"[36].

Lesdiguières, oltre che per le idee militari del suo comando, brillò anche per la sua capacità imprenditoriale. Nel 1578, grazie alle concessioni papali per la vendita di beni della Chiesa nel Delfinato, finalizzata a finanziare le forze cattoliche, riuscì ad acquistare ufficialmente le terre e le signorie di Noyer e Glaizil direttamente dal vescovo di Gap. Ovviamente tutti i possibili acquirenti erano stati allontanati con la forza delle armi, ma non solo; le operazioni mirate al saccheggio dei beni ecclesiastici continuarono sino a quando la diocesi fu svuotata di qualsiasi rendita e proprietà. Il vescovo fu minacciato, ma non riuscì a convincere i riformati del fatto che fosse rovinato finanziariamente. Venne minacciato, subì un attentato durante il quale fu ferito da un colpo di pistola al ginocchio nel 1575, ed infine si vide costretto ad abbandonare Gap nel 1577[37]. A questo punto tutto ciò che era rimasto del potere vescovile, il palazzo cittadino, venne raso al suolo sino alle fondamenta. Si trattava della distruzione di un simbolo, ma i materiali di risulta della demolizione finirono direttamente nei cantieri delle fortificazioni di Gap[38].

Fuggito il vescovo non restava che spartirsi ufficialmente la preda. A Lesdiguières, che nei confronti del vescovo "vantava" antiche dispute su terreni e pascoli nel Champsaur, andarono le seguenti proprietà:
- il priorato di Corps. Rendita di 80 Lire;
- Serres. Rendita di 1.560 Lire;
- Beaumont. Rendita di 1.918 Lire;
- Aspres. Rendita di 486 Lire;
- Granges. Rendita di 270 Lire.

Si trattava in tutto di 4.314 Lire di rendita, alle quali si aggiunsero le 12.300 versate direttamente dal vescovo di Gap una volta reinstallato nella sua diocesi[39], sostanzialmente una "assicurazione sulla vita", del vescovo naturalmente, che proveniva direttamente della casse del re di Francia e passava in seguito nei forzieri di Lesdiguières. Non più in grado di soddisfare la richiesta di 6.000 scudi intimatagli da Parigi, l'amministrazione vescovile iniziò a pagare direttamente le decime al capo ugonotto, particolarmente esigente nel voler veder rispettati i tempi e i termini di pagamento, pena l'arresto e nuove confische. Una volta svuotata dall'inter-no la diocesi di Gap, fu la volta di quella di Embrun, dove le parrocchie di Die, Saint-Paul-Trois-Château e Valence furono costrette a versare le loro decime direttamente a Lesdiguières "per i bisogni della causa"[40].

Dopo i beni ecclesiastici, il saccheggio delle città conquistate era l'attività più redditizia. Le città erano allora dei poli di attività e centri di potere che fungevano da collettore alle principali ricchezze del territorio circostante. Le mura permettevano la difesa di grandi fortune, quelle legate ai commerci come quelle legate alla raccolta delle tasse. Occupata Gap nel 1577, Lesdiguières ordinò il saccheggio delle case più ricche, in particolare quelle di proprietà vescovile: "hanno voluto

---

[36] ADHA, *Registre des assemblées du clerge diocésan, requête faite au vibailli de Gap sur les pertes et inconvénientes soffertz par les ecclésiastiques du diocèse de Gap à l'occasion des troubles*, G 2343, f. 88v.
[37] ADHA, *Mémoire pour l'èveque et le clerge de Gap*, G 2557.
[38] Sulla storia di Gap, in particolare sulle vicende della sede vescovile, vedi GAUTIER 1844, pp. 83-93.
[39] BMG, R 6150, 6151, 6152, 6153, 6154.
[40] DOUGLAS-ROMAN 1878-1884, Vol. I, p. 61.

e saccheggiato ogni cosa, il vescovado e le case dei presbiteri, e poco dopo, rovinato la detta casa arcivescovile, le case di porta Colombe, e altre case intorno"[41]. Il saccheggio e l'estorsione si rivelarono un'attività molto redditizia. In cambio della promessa di non saccheggiare Embrun, occupata nel 1585, i cittadini consegnarono una cifra pari a 30.000 Lire[42]. Lo stesso anno, a Montélimar, il luogotenente di Lesdiguiéres, Jacque Pape de Saint-Auban, ricevette con lo stesso metodo una "gratifica" di 500 scudi d'oro, i suoi colleghi ufficiali non meno di 800 ciascuno[43]. Nel 1590 tali beni erano stati reinvestiti nell'acquisto di terre e signorie, al punto che le rendite personali del capo ugonotto erano ormai ascese a 600.000 Lire[44].

Per levare e mantenere i suoi eserciti, Lesdiguières disponeva di risorse multiple e variegate. Per prima cosa, fingendo un'indigenza mai esistita, richiedeva con molta insistenza soldi. Tutta la sua corrispondenza si segnala per la presenza di richieste od ingiunzioni, a seconda del destinatario, al fine di soddisfare i bisogni relativi alla paga e agli equipaggiamenti della sua truppa. Per far questo pescò a piene mani in quello che sembrava essere il pozzo senza fine dei beni ecclesiastici. Una volta spogliati di tutti i denari e beni che potevano fruttare del denaro, questi venivano ufficialmente comprati dal Lesdiguières stesso.

Se la storiografia francese ha sottolineato l'aspetto fortemente venale di questo condottiero vale la pena però ricordare che egli doveva fare da solo quello che l'amministrazione del re di Francia faceva per i suoi avversari; procurare denaro con il quale proseguire la guerra. Non aveva imposte ufficiali con le quali riempire le sue casse, ma aveva a disposizione i beni della Chiesa. E scelse di approfittarne; diocesi dopo diocesi, praticamente tutto il clero del Delfinato fu sottoposto a questo trattamento. Il primo risultato di questa politica finanziaria fu abbastanza ovvio; il capo si arricchiva, e molto, mentre alla truppa non mancava mai il soldo. Quindi così facendo privava il nemico di denari legati alle rendite ecclesiastiche che altrimenti sarebbero stati impiegati contro di lui.

Il sistema era, in tutta la sua brutalità, semplicissimo. Nel 1575 uno dei suoi capitani, Robert, richiese un indennizzo di 100 scudi per la perdita del suo destriero da guerra nel corso di un combattimento. Questo indennizzo gli venne accordato, dandogli la possibilità di prelevare il denaro necessario direttamente dalle rendite del priore di Taulignan nella diocesi di Valence. La decisione era senza appello ed i consoli del borgo furono incaricati di controllare l'applicazione di tale prelievo[45]. In caso di inadempienza i consoli sarebbero stati multati di una cifra doppia rispetto a quella richiesta dal capitano Robert. Il tutto veniva fatto sotto un velo di legalità che metteva Lesdiguières al riparo da future rivendicazioni sulle sue proprietà o nei confronti del suo operato.

La fine del capitano de La Cazette

La Cazette e Lesdiguières, oltre a combattersi, erano due mondi completamente opposti. Il primo legato alle guerre del passato, il secondo era proiettato verso il secolo di Wallenstein; come il comandante imperiale, anche il francese era un "signore della guerra" talmente potente da trattare alla pari con i principi. Non stupisce, dunque, se la potenza di Lesdiguiès si espanse sino al punto da arrivare a ridosso della Val di Susa e dei territori controllati dalle esigue forze di La Cazette.

[41] MEMOYRE POUR L'ADVENIR 1562-1604, pp. 60-61.

[42] DOUGLAS-ROMAN 1878-1884, Vol. II, pp. 64. 69.

[43] MEMOIRES DE JACQUES PAPE DE SAINT AUBANE 1900, p. 55. Con questo sistema alcuni membri della nobiltà minore della zona accumularono importanti fortune. Il notaio Eustache Piédmont scrisse nelle sue memorie del caso del capitano Veyron, figlio di un semplice oste, capace di accumulare un fondo di 5.000 scudi "con il saccheggio ed il sangue del popolo" (MÉMOIRES DE EUSTACHE PIÉDMONT 1973, p. 296).

[44] GAL 2007, p. 91.

[45] CHEVALIER 1880-1881, Vol. I, pp. 29-34.

Nel 1584-1585 venne formata una grande Lega Cattolica grazie all'azione della famiglia dei Guise. L'obiettivo della Lega, o "Santa Unione", era quello di difendere "l'Onore di Dio" e "la Santa Chiesa cattolica e apostolica", sradicando una volta per tutte la minaccia protestante. La natura di questo movimento era così radicale che i suoi esponenti giudicarono Enrico III troppo accomodante nei confronti della confessione riformata. L'importanza ed il potere del re furono così svuotati di ogni significato, al punto che il sovrano era ormai solo una figura secondaria in questo scontro finale per il potere[46]. La situazione generale era estremamente fluida, cosicché divenne possibile formare delle alleanze tra fazioni cattoliche moderate e ugonotti[47].

Tra i primi a comprendere la nuova situazione c'era Lesdiguières, il quale il 14 agosto 1588 siglava un'alleanza militare con il marchese de La Vallette, uomo di fiducia di Enrico III in Provenza, al fine di fermare "le sinistre intenzioni del signore di Guise e di quelli della sua casa"[48]. Un anno più tardi, il 2 agosto 1589, la situazione generale cambiò improvvisamente. Il re di Francia fu ucciso dal pugnale di Jacques Clément, un frate fanatico dell'ordine dei domenicani. La legge per la successione al trono prevedeva che Enrico di Navarra sarebbe dovuto succedere a suo cugino sul trono di Francia. Trattandosi di un ugonotto, la maggior parte dei francesi non lo riconobbe come effettivo sovrano, ma semplicemente come un usurpatore eretico. La Lega Cattolica trovò un fortissimo sostegno, e raddoppiò i propri sforzi per riconquistare il territorio del regno in tutta la sua interezza. Molte città, anche quelle che erano state fedeli ad Enrico III, si ribellarono apertamente ad Enrico di Navarra, nonostante l'esecuzione dei Guise nel dicembre del 1588 e la politica reale di riavvicinamento con i protestanti operata a partire dal 1589. Nel 1590 solo la città di Bordeaux rimase fedele alla monarchia. Tutti reclamarono un re cattolico e fedele alle tradizioni religiose, anche se appartenente ad una famiglia reale straniera. La Spagna di Filippo II sostenne attivamente la Lega, così come il nuovo duca di Savoia, Carlo Emanuele I, genero del re di Spagna. Questi aveva già occupato il ducato di Saluzzo nel 1588, e si accingeva ad una invasione su larga scala della Provenza. Occorreva fermarlo prima che tentasse qualcosa anche nella zona del Delfinato. Lesdiguirés, in questo momento di crisi, fece assassinare uno dei presunti alleati del duca di Savoia, il capitano La Cazette, il quale già due anni prima aveva richiesto ed ottenuto da Carlo Emanuele I un aiuto di 200 fanti e 50 cavalieri, mentre tutti i capitani delle milizie "delli luoghi circonvicini" alla Valle di Susa e della Val Varaita dovevano essere pronti "per soccorrere dette Valli ad ogni minimo cenno del detto Mons. della Casetta"[49].

Quest'ultimo, dopo i trionfi del 1569, aveva affrontato l'offensiva ugonotta degli anni Settanta, ma la sua vittoria principale era stata quella di mantenere saldo il possesso del Castello di Exilles. Per il resto si era dovuto rassegnare nel vedere l'alta Val di Susa e Bardonecchia a poco a poco circondate dalla marea ugonotta. Per il momento era sopravvissuto, e questa era già una notevole vittoria. Gli ugonotti, al comando del capitano Du Pont di Embrun, si erano mossi nel pomeriggio del 14 giugno 1590 da Pragelato, avevano valicato il Fraiteve e di notte, silenziosamente, avevano accerchiato la casa. Gli aggressori poterono contare anche su una colonna locale, guidata dal pastore protestante Claude Perron, nativo di San Marco. L'attacco fu preparato con cura e condotto con audacia ed efficienza. Il commando si divise in tre: una parte fece saltare la porta principale con l'aiuto di un petardo. Un'altra parte del commando, attraversato il giardino sul lato nord della casa, con l'ausilio di scale raggiunse balconata ed iruppe nella camera dove riposava il La Cazette; il quale, presa un'alabarda, si difese con coraggio indomito ma, crivellato di colpi, dopo una lunga e cruenta lotta, dovette soccombere, sopraffatto dal numero degli assalitori. La terza parte del commando, infine, si

---

[46] Come già veniva fatto notare nel DISCOURS SUR LA COMPARAISON 1586, dove si parla di continuamente di *partis* ma assai poco della figura del *Roy*.

[47] Per una storia della Lega Cattolica MATHIEU 1601; ""il monumentale lavoro GOULARD 1788; CAYET 1838; BAIRD 1886; ZELLER 1887.

[48] DOUGLAS-ROMAN 1878-1884, Vol. I, pp. 84-86, "Teneur de la ligue entre les sieurs de la Vallette et de Lesdiguières".

[49] PASCAL 1960, p. 144.

diresse verso la casa del Poncharrè, che era uno dei due capitani della scorta, composta da ventiquattro uomini, che proteggevano il La Cazette giorno e notte, in uno stato continuo di allarme. Anche in questo caso gli aggressori fecero scoppiare un petardo, ma le guardie non erano presenti: erano state esonerate dal turno proprio quella sera. Il Poncharrè si salvò nascondendosi tra il fogliame di un noce insieme al nobile Enrico di Ferrus; la casa fu completamente saccheggiata[50].

La morte di La Cazette non poteva che indicare la volontà di resistere a quella che era sentita come una vera e propria aggressione messa in atto dal duca di Savoia.

---

[50] Il fatto è narrato dal notaio Lorenzo Gally di Oulx, con dovizia di particolari, nella sua relazione forse giudiziaria. Si tratta di un vero e proprio agguato, una *camisade* come si diceva all'epoca, cioè una sorpresa notturna in cui una camicia veniva fatta indossare sull'armatura perché non si vedessero i riflessi metallici. MAURICE 1987, pp. 415-419.

PARTE SECONDA

La Strada di Fiandra

CAPITOLO 1

La Strada di Fiandra 1560-1588

Come nasce una strada

Le vicende della "Strada di Fiandra" sono ben note grazie ad uno degli studi più importanti della storia militare moderna del XX secolo, *The Army of Flandres and the Spanish Road 1576-1659* di Geoffrey Parker. Eppure, nonostante questo imponente studio, non tutto il percorso della strada di Fiandra ci è perfettamente chiaro e noto. Proprio il settore italiano, come abbiamo sin qui detto cruciale, non è stato nel dettaglio ancora studiato e compreso nel suo funzionamento. Dove, con il termine funzionamento, non intendiamo solo il modo in cui un esercito si metteva in marcia da una destinazione ad un'altra, ma come la strada veniva scelta, tenuta sgombra dagli avversari e da ostacoli naturali, quali i lavori di manutenzione. Quindi vogliamo raccontare come un comandante spagnolo del XVI o del XVII secolo poteva raggiungere il Rodano partendo da Alessandria senza perdere la strada e la metà dei suoi uomini in imboscate, incidenti di percorso, mancanza di cibo e malattie.

Una volta scoppiata la rivolta delle Fiandre occorreva rinforzare le guarnigioni colà esistenti, ed essere pronti ad inviare rinforzi consistenti se le necessità l'avesse-ro richiesto. Il consiglio della corona operò una scelta in modo molto più diretto di quanto gli studi Parker oggi ci facciano pensare. Le possibilità erano sostanzialmente tre:
- per L'*Oceano mar*;
- per la rotta terrestre Milano-Mantova-Insbruck-Augsburg-Speyer-Colonia;
- per la rotta terrestre Savoia-Borgogna-Lorena.

Trasportare uomini e materiali su vie d'acqua piuttosto che su vie terrestri è sempre stato più economico e vantaggioso e le rotte che dal Golfo di Biscaglia portavano in Fiandra erano sicuramente le comunicazioni più veloci e dirette per le Fiandre. Ma la situazione strategica navale della Spagna, come abbiamo visto, era drasticamente cambiata a suo svantaggio nella seconda metà del XVI secolo rendendo la prima ipotesi del tutto impraticabile.

La seconda opzione "tedesca" spaventava non poco Filippo II. Esisteva il concreto rischio che i principi tedeschi si coalizzassero contro l'armata spagnola in transito, distruggendola completamen-te o costringendola a retrocedere[1]. Senza scomodare i classici ricordi della *Varusschlact*[2], esempi di simili spedizioni militari fallite per la formazione di improvvise leghe tra piccoli principati non mancavano. La più celebre era quella del re di Francia Carlo VIII in Italia tra il 1494 ed il 1495[3]. Il timore degli spagnoli non era fuori luogo. Numerosi principi tedeschi erano già intervenuti a sostegno degli ugonotti francesi sin dai primi spargimenti di sangue nel 1562. Nonostante gli ufficiali divieti dell'imperatore a tale proposito, la frammentazione politica e territoriale dell'impero

---

[1] DON BERNARDINO DE MENDOZA 1592, p. 19. Per un commento storiografico su questa importante fonte AGRELA 2001, pp. 105-110.

[2] La battaglia della Foresta di Teutoburgo (o *clades Variana*) si svolse nell'anno 9 d.C., tra l'esercito romano guidato da Publio Quintilio Varo e una coalizione di tribù germaniche comandate da Arminio, capo dei Cherusci. La battaglia ebbe luogo nei pressi dell'odierna località di Kalkriese, nella Bassa Sassonia e si risolse in una delle più gravi disfatte subite dai romani: tre intere legioni (la XVII, la XVIII e la XIX) furono annientate, oltre a 6 coorti di fanteria e 3 ali di cavalleria ausiliaria. L'armata romana venne colpita mentre era in marcia di trasferimento attraverso quella che si riteneva una provincia di fatto assoggettata (WELLS 2004; MCNALLY 2011).

[3] Sulla campagna di Carlo VIII in Italia si veda il recente BIANCARDI 2009 e DE LA PILORGERIE 1866.

era tale che era piuttosto difficile impedire la levata di truppe mercenarie che i signori tedeschi potevano impiegare a loro piacimento. I leader ugonotti francesi avevano ricevuto dalla Germania ingenti aiuti, tra i quali 4.000 soldati a cavallo. Era questa solo il primo di sette differenti invii di truppa dal'Impero. Alla fine non meno di 70.000 mercenari tedeschi combatterono per la causa protestante in Francia[4]. Il Palatinato era la prima area di reclutamento per i riformati francesi, in quanto l'elettore si era convertito al calvinismo nel 1560. A peggiorare la cosa le sue terre erano proprio collocate lungo la strada da seguire e con ogni probabilità l'elettore avrebbe potuto dare battaglia in un luogo qualsiasi tra Speyer e Colonia. Sarebbe stato necessario ammorbidire le sue posizioni con un lungo lavoro diplomatico, o almeno isolarlo in questo senso, ma non c'era per il momento tempo.

Dunque si doveva passare per la Savoia. Le Alpi occidentali avevano almeno due valichi, il Moncenisio ed il Piccolo San Bernardo, in grado di essere superati anche con le artiglierie e un gran numero di uomini. Si trattava di vie di comunicazione ben note e trafficate sin in epoca pre-romana, che risalivano rispettivamente la Val di Susa e la Val d'Aosta per discendere in Maurienne e in Tarantaise, sino a raggiungere i nodi stradali di Chambéry e Annecy. L'altra strada percorribile era quella del Monginevro, ma il passo era totalmente in territorio del re di Francia che non avrebbe permesso il transito dell'esercito spagnolo sui suoi domini[5]. Le prime informazioni circostanziate sui futuri cammini delle truppe giunsero da un uomo di chiesa. Il 30 maggio del 1566 il cardinale Antoine Perronet de Granvelle, già ministro di Carlo V e poi passato al servizio di Filippo II, informava il re dei suoi viaggi dalla Spagna ai Paesi Bassi. I suoi consigli influenzarono non poco le scelte strategiche del re: "la via più corta è quella che da Genova passa attraverso il Piemonte e la Savoia, attraverso il Moncenisio. Infatti è più corta di un terzo. La strada corre tra le montagne tra il Piemonte e la Franca Contea, che confina con la Savoia e la Lorena. Si può raggiungere la Lorena in quattro giorni e raggiungere il ducato di Lussemburgo"[6]. L'altra via che si poteva seguire era quella attraverso la Germania, ma era troppo pericolosa a causa delle tensioni religiose e dell'incertez-za in merito alla politica dei principi tedeschi. Il cardinale basava la sua analisi sul percorso da affrontare non solo sulla base della sua esperienza personale, ma anche sui resoconti di altri religiosi che avevano attraversato le Alpi e che avevano lasciato una memoria scritta. Daniel Possot, che nel 1532 aveva fatto un pellegrinaggio in Terra Santa, aveva lasciato un dettagliato itinerario e descrizione delle strade che permettevano di superare il Moncenisio. Il passo poteva essere superato anche in condizioni di forte innevamento grazie ad un sistema di segnavia che annualmente veniva rinnovato. A maggio poi le nevi risultavano completamente sciolte[7]. Il 15

---

[4] Si cercò, almeno all'interno dell'Impero, di controllare e limitare questi reclutamenti. EPPENSTEIN 1920, pp. 283-367; LANZIMMER 1985, pp. 287-310.

[5] A fine agosto 1494 Carlo VIII aveva scelto proprio questo passo per scendere in Italia. I bagagli del re, trasporti su carri da Parigi a Grenoble, furono trasferiti sui dorsi dei muli per il passaggio al valico. DELABORDE 1888, p. 389. Per non congestionare il già affollato Monginevro, il corpo di arcieri al completo fu dirottato verso sud ed entrò in Piemonte attraverso il tunnel del colle delle Traversette, opera allora di recentissima costruzione (1480) posto all'altezza di 2197 metri. LABANDE-MAILFERT 1986, p. 17; LABANDE-MAILFERT 1975, p. 277. Sul traforo vedi VACCARONE 1881; CHABRAND 1910.

[6] CARDINAL DE GRANVELLE 1877-1881, Vol. I, pp. 284-287.

[7] Per il viaggio di Daniel Possot vedi DENIS POSSOT 1890. Nel racconto di Possot emergono chiaramente le notevoli difficoltà a superare il passo del Moncenisio in situazioni di forte innevamento e trovando una pista segnata da "numerose croci di diciotto o venti piedi" (p. 46). Possot era giunto a Novalesa da Chambéry dopo aver percorso la Maurienne e la valle dell'Arc in tre giorni di cammino (26-29 marzo). Interessante risulta essere anche il suo percorso in Piemonte. Sant'Ambrogio di Torino rimaneva una tappa fondamentale per i viaggiatori che dovevano superare le Alpi o scendere in Italia, come lo sarà poi nel 1567 per le truppe spagnole del duca d'Alba. Dopo di che scelse di proseguire verso est per raggiungere Venezia, costeggiando continuamente la riva destra del fiume Po, onde evitare le paludi della pianura, raggiungendo Casale Monferrato (Casale Sant'Evasio). Da qui proseguì su un battello in direzione della laguna veneta, sfruttando di volta in volta i porti fluviali di Breme, Pomaro, Valenza, Bassignana (pp. 58-60). Durante il viaggio di ritorno passò il Moncenisio nel mese di maggio, trovando il passo completamente sgombro di nevi (p. 224), anche se risultava sempre necessaria la presenza di una guida esperta per non perdere il cammino tra le montagne. Sui resoconti di viaggi nel XVI secolo BABEAU 1885, pp. 61-65.

settembre Granvelle scriveva ancora al re che "re Francesco I aveva viaggiato su questa strada con il suo esercito e la sua corte quando arrivò a occupare Torino nel 1527". Forte della sua esperienza e delle memorie di Possot aggiunse anche che "non è una strada così difficile come dice la gente. La percorsi personalmente trenta anni fa"[8].

Ma esisteva un'alternativa. Antonio de Beatis, cardinale legato di Aragona, tra il 1517 ed il 1518 aveva raggiunto le Fiandre lungo le rotte della Manica, dopo di che era disceso verso sud in Franca Contea. Scelse di evitare le Alpi, giudicate pericolose, e aveva proseguito per la Provenza. A Frejus si era imbarcato per raggiungere il porto di Genova e qui aveva superato gli Appennini per proseguire verso la Pianura Padana in direzione di Milano[9]. Non era possibile affrontare le Alpi entro la fine del 1566 a meno di trovare una strada ad occidente dei rilievi. Filippo II richiese il permesso di far transitare un'armata attraverso la Provenza direttamente alla corte di Parigi. Venne richiesta la libertà di far sbarcare le truppe direttamente a Frejus e di lì puntare verso la Borgogna e il Lussemburgo. Carlo IX rifiutò di concedere il libero passaggio, in quanto la zona era abitata da una numerosa comunità ugonotta, che male avrebbe tollerato il transito di truppa cattolica destinata a reprimere la rivolta dei confratelli nelle Fiandre. Lo scambio epistolare tra i due monarchi continuò, ma in breve giunse ad un punto morto; la Francia non accordava agli eserciti spagnoli il passaggio sui suoi territori[10].

Venne proposta un'altra alternativa: l'impiego dei porti di Nizza e Villafranca Marittima e il superamento del colle di Tenda per raggiungere la piazzaforte sabauda di Cuneo. Di lì l'armata del duca di Alba avrebbe raccolto i rinforzi provenienti dalla Lombardia e avrebbe così proseguito verso il Moncenisio o il Piccolo San Bernardo a seconda della provenienza delle truppe lombarde. Si faceva affidamento su due punti particolari:
- i governatori di Nizza e Villafranca Marittima dovevano giurare fedeltà non solo al duca di Savoia ma anche a Filippo II, secondo quanto previsto dal trattato di Grünendal. I porti erano sicuri, fortificati e garantivano un doppio approdo alla flotta spagnola;
- il colle di Tenda, posto a quota 1.908, non sembrava dare particolari problemi per il suo superamento, grazie alla sua bassa quota e alla presenza dei centri urbani di Tenda e Limone, in grado di garantire in loco il necessario supporto logistico.

Vennero preparate anche le necessarie carte per il tragitto, quando finalmente ci si accorse che l'idea di uno sbarco nel Nizzardo era un rimedio peggiore del male. La strada per raggiungere il colle di Tenda prevedeva le seguenti tappe: Nizza-Lanto-sca-La Bollene-Sospello-Saorgio-Tenda. Qui si trovano le prime gravi difficoltà. La strada tra Lantosca e Sospello doveva attraversare la Foresta di Turini e il difficile omonimo passo le cui bastionate rocciose venivano costantemente segnalate su tutti i rapporti per la loro pericolosità. La distanza che separava i porti rivieraschi da Cuneo era notevole. Erano quasi 180 km su difficili strade di montagna; se teniamo buona una media giornaliera di 25 km di marcia, ottima andatura su un percorso accidentato come quello, sarebbe stata necessaria almeno una settimana, prima che le truppe potessero arrivare alle porte di Cuneo. Ma il viaggio per loro non era ancora finito; da Cuneo a Torino i chilometri da percorrere erano circa un centinaio, tenendo conto che era necessario aggirare Carmagnola, la piazzaforte che il re di Francia possedeva a 30 km dalla capitale del ducato sabaudo. Il totale era di circa 280 km; gli inconvenienti erano troppi e troppo pochi i vantaggi[11].

---

[8] CARDINAL DE GRANVELLE 1877-1881, Vol. I, pp. 469-474.
[9] L'intero viaggio è raccontato in CARDINAL D'ARAGON 1913.
[10] DON BERNARDINO DE MENDOZA 1592, pp. 20-21. Stranamente l'episodio non è menzionato in PARKER 2004, sebbene il testo di Mendoza compaia in bibliografia (integralmente riportato in BIBLIOTECA DE AUTORES ESPAÑOLES 1948, Vol. XXXVIII).
[11] Il percorso venne però tenuto in considerazione una quarantina di anni dopo per una invasione del Piemonte da sud. Gli inconvenienti legati alle strade erano però ancora gli stessi di quelli riscontrati nel XVI secolo. AGS. Estado, Legajo, 01437, *Con copia de carta del Embajador para el Marqués de la Hinojosa, Génova, 16 de jenero de 1615;*

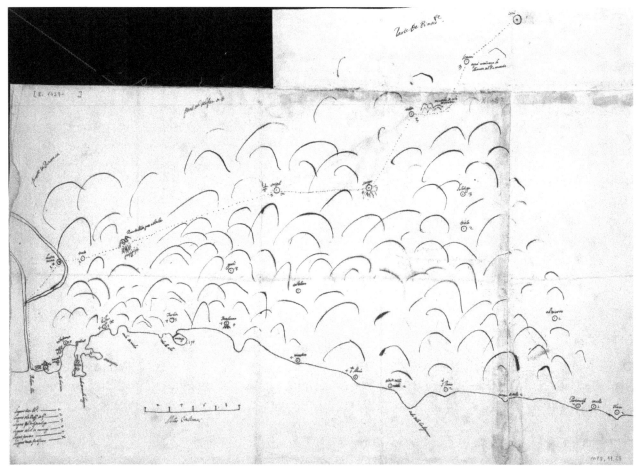

Fig. 1. La strada che univa i porti di Nizza e Villafranca Marittima a Cuneo, attraverso il colle di Tenda. Il tragitto, abbandonato nel 1566 a favore del porto di Genova, venne ripreso in seria considerazione dagli spagnoli tra il 1615 ed il 1616 come asse di penetrazione per un attacco dal mare nei confronti del ducato di Savoia (AGS. Estado, Legajo, 01437, *con copia de carta del Embajador para el Marqués de la Hinojosa, Génova, 16 de jenero de 1615*; AGS, MD, 11, 027; Collezione Centro Interunivesitario G. Casalis)

A questo punto Filippo II si decise per una marcia attraverso il Piemonte di Emanuele Filiberto. Gli agenti del re percorsero verso la fine del 1566 i passi alpini del Moncenisio e del Piccolo San Bernardo, verificando le qualità della strada e la loro percorribilità. Nel gennaio del 1567 giunse finalmente una richiesta ufficiale da parte del re di Spagna per organizzare una marcia di 16.000 fanti e 2.000 cavalieri attraverso le Alpi. La provenienza di queste truppe non era ancora ben chiara a Torino. L'ipotesi che il duca fece fu quella di un reclutamento massiccio in Lombardia destinato a rinforzare le aliquote lì presenti da inviare come un'unica forza nelle Fiandre[12].

Si ripresentarono gli stessi problemi che avevano afflitto l'armata di Carlo VIII. Una simile massa di uomini poteva creare ingorghi pericolosi lungo le strette mulattiere sia del Moncenisio sia del Piccolo San Bernardo. Un gruppo di soldati ritardatari, una pista sbagliata, un qualsiasi incidente avrebbe potuto causare ritardi pericolosi in un ambiente ostile come quello delle Alpi occidentali. Quindi era necessario dividere l'Armata di Fiandra in due colonne, le quali avrebbero seguito itinerari differenti per non ostacolarsi.

AGS, MPD, 11, 027. Un'altra carta della fine del XVI secolo che ben descrive il percorso qui citato è conservata in SHAT, Ancien depôt, 4/5 sub. 1, ff. 2, 3.

[12] AST, Corte, Materie Militari, Imprese, Mazzo 1, *Risposte di S.A.R. ai Capitoli, ed articoli proposti dall'ambasciatori di S.M. Cattolica delle misure da prendersi, e provvisioni necessarie per il passaggio d'una armata di 16/m Fanti, e 2/m Cavalli in due divisioni uguali l'una per il Monte Cinisio, l'altra per il S.n Bernardo nella Savoia a fine di avanzarsi da collà nella Borgogna, riccavandosi, che in questa spedizione dovea anche essere personalmente il Ré di Spagna*. Il testo è in spagnolo.

1a Colonna Itinerario del Moncenisio		
Tappa	**Caratteristiche delle singole tappe**	**Lunghezza**
Vercelli – Livorno (Ferraris)	Area paludosa. Il feudo di Livorno apparteneva nella seconda metà del XVI secolo al ducato di Monferrato.	31,5 km
Livorno – Montanaro	Area paludosa. Due passaggi sulla Dora Baltea all'altezza di Rondissone e Saluggia[13]. Montanaro era soggetto all'Abbazia di Fruttuaria[14].	30 km
Montanaro – Volpiano	Guado sul torrente Orco tra Chivasso e Montanaro[15]. Volpiano era un feudo del ducato di Monferrato[16].	11 km
Volpiano – Sant'Ambrogio di Torino	Ponte sulla Dora Riparia nei pressi dell'Abbazia di Stura alle porte di Torino.	50 km
Sant'Ambrogio di Torino – Susa	Strada di fondovalle.	30 km
Susa – Lanslebourg	Valico del Moncenisio[17]. Transito pericoloso nei periodi invernali. Le quote della tappa in metri: Susa 503; Novalesa 828; Ospizio del Moncenisio 2.100; Lanslebourg 1.400.	40 km
Lanslebourg – Modane	Strada di fondovalle.	23 km
Modane – St. Jean de Maurienne	Strada di fondovalle.	30 km
St. Jean de Maurienne – Aiguebelle	Strada di fondovalle. Ad Aiguebelle si incontrava la prima importante fortificazione a controllo del sistema viario della Savoia, il castello della Charbonnière.	37 km
Aiguebelle – Chambéry	Ponte in pietra sull'Isère a Montmélian. Il transito era controllato dal forte di Montmélian.	41 km
Chambéry – Yenne	La strada doveva superare uno dei primi contrafforti del massiccio dello Jura, che ha un andamento N/S, attraverso il Col du Chat, a quota 638.	30 km
Yenne – Rossillon	La strada superava le difficili strette di Virignin e il ponte sul Rodano, controllate da un castello ducale[18]. Dopo di che la strada proseguiva su Bellay ed entrava nelle strette del Bugey.	27 km
Rossillon – St. Rambert-en-Bugey	Percorso di fondovalle.	20 km
St. Rambert-en-Bugey – Pont d'Ain	La strada usciva dal Bugey per raggiunge il ponte sull'Ain.	22 km
Pont d'Ain – Bourg-en-Bresse	Il percorso ricalcava (e ricalca) il tragitto di una strada romana[19].	21 km
Bourg-en-Bresse – Romenay (Franca Contea)	Il percorso ricalcava (e ricalca) il tragitto di una strada romana.	37 km

---

[13] L'attraversamento dei fiumi avveniva tramite natanti e traghetti. AGS. Estado, Legajo 01299, *Carta de D. Juan Vivas al Rey, Milán 16 de septiembre de 1610*. La necessità di superare i fiumi con battelli è confermata nel *Journal* di Michel de Montaigne: "Partimmo [da Livorno Ferraris, n.d.a.] lunedì di buon ora, e seguendo un cammino piano, venimmo a desinar a CHIVAS, 10 miglia, e di là varcando assaissime fiumare, e rivi con barche, et a guado, venimmo a TURINO, 10 miglia" (MICHEL DE MONTAIGNE 1785, Vol. III, p. 229). Parker insiste invece sulla costruzione di ponti in legno, sostenendo i minori costi nella costruzione di un ponte che non quella di pagare un traghetto. Sembra però che questo, anche in base alla documentazione da lui prodotta, fosse vero per superare i fiumi a nord delle Alpi, quali la Saône, l'Ain ed il Reno, ma non corsi d'acqua sicuramente meno impegnativi come la Sesia e la Dora Baltea. PARKER 2004, pp. 71-72.

[14] SSTCP, *Volpiano*, 1998.

[15] Anche in questo caso il superamento del corso d'acqua avveniva con natanti AGS. Estado, Legajo 01299, *Carta de D. Juan Vivas al Rey, Milán 16 de septiembre de 1610*.

[16] SSTCP, *Volpiano*, 1998.

[17] Per una descrizione del valico a breve distanza dalla conclusione dei lavori della strada napoleonica, DE GRANDMAISON-Y-BRUNO 1840.

[18] Oggi il Rodano ha un corso modificato. Michel de Montaigne così descriveva il difficile passaggio sul Rodano nel 1581: "la domenica mattina abbiamo attraversato il Rodano che abbiamo sempre avuto alla nostra destra, dopo averlo superato nei pressi di un piccolo forte che il duca di Savoia ha costruito su delle rocce che si avvicino molto a quelle della riva opposta; lungo questo passaggio c'è uno stretto cammino dove si trova questo forte, costruito in modo non dissimile a quello della Chiusa [in corsivo nel testo], che i veneziani hanno costruito allo sbocco dei monti del Tirolo" (MICHEL DE MONTAIGNE 1785, Vol. III, pp. 240-241).

[19] Sulle vie romane della Savoia VALLENTIN 1883, pp. 70-73; DUCIS 1861.

Note	Per completare il percorso era necessario superare due valichi, di cui uno alpino di oltre duemila metri di quota, e superare due ponti e altrettanti guadi.	Lunghezza totale: 480 km

2a Colonna Itinerario del Piccolo San Bernardo		
Tappa	**Caratteristiche delle singole tappe**	**Lunghezza**
Vercelli – Cavaglià	Area paludosa.	30 km
Cavaglià – Ivrea	Il tragitto seguiva l'antica strada consolare delle Gallie.	20 km
Ivrea – Donnas	La strada proseguiva lungo la sinistra orografica della Dora Baltea sfruttando le infrastrutture superstiti della strada delle Gallie, quali il ponte di Pont-Saint-Martin[20].	20 km
Donnas – Châtillon	Lungo questa tappa la strada doveva superare le strette di Bard e il colle di Montjovet prima di arrivare a Châtillon. Entrambi i luoghi erano fortificati e presidiati da una guarnigione ducale.	30 km
Châtillon – Aosta	Strada di fondovalle.	28 km
Aosta – La Thuile	La strada era di fondovalle sino Morgex, dopo di che il percorso più comodo era quello che risaliva il Colle San Carlo per poi ridiscendere nella conca di La Thuile. Le quote sono le seguenti: Morgex 920; Colle San Carlo 1971; La Thuile 1441.	45 km
La Thuile – Bourg St. Maurice	Durante questa tappa veniva affrontato il passo del Piccolo San Bernado. Le quote dell'itinerario erano le seguenti: La Thuile 1441; passo del Piccolo San Bernardo 2188; Bourg St. Maurice 840.	43,9 km
Bourg St. Maurice – Moutiers	Strada di fondovalle lungo l'Isère.	29,6 km
Moutiers – Conflans	Strada di fondovalle lungo l'Isère.	28 km
Conflans – Annecy	Era questa una tappa molto lunga a causa di alcuni passaggi obbligati. Il primo di questi si trovava tra i villaggi di Ugine e Marlens a nord di Conflans in corrispondenza di una breccia nella bastionata rocciosa del Mont Charvin (2.409 metri). Quindi occorreva aggirare da sud i contrafforti della Point de la Beccaz (2041 metri) in corrispondenza del villaggio di Faverge. A questo punto si costeggiava la riva occidentale del lago di Annecy, dove l'ultimo passaggio obbligato rimaneva il promontorio di Duingt. Superato questo il cammino proseguiva senza troppe difficoltà sino ad Annecy.	43,6 km
Annecy – Seyssel	Il percorso si snodava lungo un altopiano ondulato e poco accidentato. Esisteva un ponte in pietra a Rumilly, importante crocevia di strade che recavano a Ginevra, in Borgogna e verso i passi alpini. Nei pressi della città, non a caso, venne eretto nel 1568 il forte dell'Annunziata a protezione della strada. A nord di Rumilly era necessario aggirare il massiccio della "Montagne des Princes" a meno che non si volessero affrontare le difficili gole del Fier. A Seyssel c'era un ponte in legno che permetteva il superamento del Rodano.	36,3 km
Seyssel – Nantua	Occorreva superare il Rodano a Seyssel e quindi proseguire su Nantua.	50 km
Nantua – Arbent (Franca Contea)	Strada di fondovalle sino al confine con la Franca Contea.	22 km

---

[20] Sulle caratteristiche delle strade da Ivrea sino al piccolo San Bernardo MELLÉ 1881.

Note	Il valico da superare era solo uno, di media difficoltà, ma la strada era costretta a giri tortuosi per superare montagne e fiumi. Non di meno il percorso era ben protetto da numerose guarnigioni ducali.	Lunghezza totale: 426 km

Le località segnalate dal duca al governatore di Milano erano le sedi delle tappe fisse, dove i soldati spagnoli avrebbero sempre trovato luoghi dove essere ristorati e vettovaglie. Le distanze da coprire per ogni singola sezione di marcia prevista da Emanuele Filiberto in alcuni casi erano veramente eccessive. Occorreva trovare luoghi dove formare campi provvisori, centri dove accumulare viveri ed altri rifornimenti. Pertanto era necessario fare affidamento anche su varie comunità e centri abitati posti lungo il percorso, in quanto si trattava di rotte commerciali molto trafficate e in grado di garantire posti tappa provvisori. Furono inoltre preparati alcuni disegni per illustrare il percorso da seguire sulle Alpi[21].

Quindi fu ufficialmente richiesto il permesso al duca di Savoia per il transito di una armata destinata alle Fiandre. Il duca accettò, richiedendo come contropartita a Madrid il riconoscimento dei trattati stipulati con i cantoni svizzeri l'11 novembre 1560[22]. Emanuele Filiberto usò l'accordo che aveva raggiunto con Filippo II come strumento di pressione diplomatica per indurre i bernesi alla pronta esecuzione dei deliberati del 1564[23]. Tra il 1566 ed il 1567 negli ambienti diplomatici europei si affermò la convinzione che i sabaudi, contando sull'aiuto spagnolo, fossero sul punto di attaccare Ginevra[24]. Il governatore di Milano aveva avuto il permesso del duca di disporre lungo il cammino ben duemila uomini con i quali organizzare i posti tappa, i magazzini dei viveri. Il gruppo principale di questo contingente spagnolo venne posto a guardia dei ponti sul Rodano[25]. I cantoni svizzeri temettero un attacco in grande stile contro Ginevra. Alla fine, spaventati dal passaggio attraverso la Savoia delle truppe del duca d'Alba dirette in Fiandra, nell'estate del 1567 i bernesi restituirono al duca di Savoia le terre concordate nel trattato di Losanna.

Il piano di marcia a questo punto subì una nuova modifica. L'esercito per le Fiandre non sarebbe partito da Milano per raggiungere la piazzaforte di Vercelli, ma si sarebbe concentrato ad Alessandria. La città di Alessandria, posta a poco più di 80 km dal porto di Genova e poco meno di 100 da Milano, era un luogo perfetto dove radunare gli uomini senza marciare eccessivamente verso nord[26]. Un solido ponte in muratura garantiva un passaggio sicuro sulla riva sinistra del Tanaro[27]. Un altro ponte, gettato sul Po, sarebbe stato superato a Moncalieri. Inoltre Asti in quel momento era ancora una piazzaforte spagnola, per cui almeno la parte iniziale del tragitto sarebbe stata fatta

---

[21] I disegni rimasero a Torino e sono da identificare le carte raffiguranti la strada che da Susa prosegue verso il Moncenisio conservate presso AST; Corte, J-a.l.15, *Architettura Militare*, Vol. III, p. 37, Sezioni Riunite, Camerale, Tipi Art. 666, n. 22.

[22] AST, Corte, Materie Politiche, Negoziazioni con gli Svizzeri, Mazzo 9.

[23] Tra il maggio e l'ottobre del 1564, prima a Nyon e poi a Losanna, furono stipulati due importanti accordi tra il ducato di Savoia ed i Cantoni elvetici. Nel primo si stabiliva di lasciare per il momento in sospeso la situazione di Ginevra e di riallacciare le tradizionali relazioni commerciali tra le due parti. Nel secondo fu decisa la restituzione da parte di Berna del Genevois, del Chiablais e del Gex, mentre il duca di Savoia si impegnava ad assicurare tolleranza religiosa ai riformati nei feudi restituiti. AST; Corte, Materie Politiche, Negoziazioni con gli Svizzeri, Mazzo 1; Corte, Paesi, Ginevra, Mazzo 14.

[24] CALENDAR OF STATE PAPERS, Vol. VIII, documenti nn. 215, 313, 1115, 1155, pp. 37, 54, 210, 219.

[25] DON BERNARDINO DE MENDOZA 1592, p. 22.

[26] La Spagna da lungo tempo appoggiava il patriziato genovese che deteneva il controllo del potere politico della città, i "nobili vecchi", sia contro nemici interni che contro i ribelli corsi spalleggiati dalla Francia. In cambio i potenti banchieri genovesi mettevano a disposizione della corona enormi quantità di credito per pagare le imprese militari e permettevano l'uso del territorio italiano della repubblica come porta d'ingresso per la Lombardia e il nord Europa. Dal 1528 la Spagna manteneva a Genova una ambasciata permanente (PARKER 2004, p. 51).

[27] Si trattava di uno dei pochi ponti in muratura presenti allora nel ducato di Milano, risaliva al XIV secolo ed era soggetto a continui lavori di manutenzione. Due volte, che erano crollate il 15 agosto 1540, furono ricostruite nel 1582, data l'estrema importanza strategica che rivestiva nelle comunicazioni con il nord Europa. GHILINI 1903, Vol. II, p. 308.

interamente su territorio sottoposto alla corona di Filippo II. Quindi, anziché 16.000 fanti e 2.000 cavalieri fu possibile radunare 8.652 fanti e 1.250 cavalieri[28]. Fu ritenuto più prudente mantenere compatta l'armata piuttosto che suddividerla in due colonne destinate ad una marcia parallela.

Salpato da Cartagena il 17 aprile 1567 con le 37 galere della flotta genovese di Andrea Doria, il duca d'Alba sbarcava il 19 maggio a Genova con le sue truppe, le quali furono subito instradate verso Alessandria dove i *tercios* veterani furono concentrati e passati in rivista, mentre i *bisoños* portati dal duca di Alba venivano inviati nei loro rispettivi presidi[29]. La presenza di una simile massa di soldati recò gravi disagi alla città di Alessandria che, pur essendo sede di una guarnigione, non aveva visto una simile massa di armati dalle Guerre d'Italia: "quivi il duca fece fare la rassegna di essa con grandissimo danno di questa città, per causa che diede, insieme col vitto, a tanta soldatesca"[30]. Il nucleo principale del corpo di spedizione era composto dai quattro *tercios* di Lombardia, Sardegna, Sicilia e Napoli la cui composizione era la seguente[31]:

Comandante	Tercio	Compagnie	Effettivi
Alfonso de Ulloa	*Napoli*	19	3.200
Julián Romero	*Sicilia*	10	1.620
Sancho de Lodiono	*Lombardia*	10	1.200
de Bracamonte	*Sardegna*	10 (+ 4 di reclute)	1.728
Totale		53 compagnie	7.748

Le forze di cavalleria, dodici compagnie in totale, furono affidate al priore don Hernando[32]:

Specialità	Nazionalità	Compagnie	Effettivi
Cavalleria leggera	Spagna	5	500
Cavalleria leggera	Italia	3	300
Cavalleria leggera	Albania	2	200
Archibugieri a cavallo	Spagna	2	200
Totale		12 compagnie	1.200

Il duca di Alba riprese presto la marcia. Il 15 giugno raggiungeva Asti e si portava Poirino, dove fu raggiunto da Emanuele Filiberto di Savoia con il quale furono decisi gli ultimi preparativi per la spedizione. Il 24 giugno l'armata spagnola era alla Novalesa, il 27 a St. Jean de Maurienne e l'11 luglio usciva dagli stati del duca di Savoia per entrare nella Franca Contea. La "Strada di Fiandra" era stata ufficialmente inaugurata.

Com'è fatta la strada

Ciò che rende importante la "Strada di Fiandra" non risiede tanto nella sua ideazione, o nella sua stessa esistenza, quanto nel fatto che dopo la prima marcia del duca di Alba nel 1567 divenne un fatto naturale organizzare, inviare e rifornire su via terrestre armate a centinaia di chilometri di distanza dalle loro basi originarie. Nel corso della seconda metà del XVI secolo percorrere la "Strada di Fiandra" era divenuto un evento quasi "naturale". Tra il 1567 ed il 1588, anno in cui Carlo Emanuele I iniziò le sue avventure militari, almeno quattordici armate avevano transitato

---

[28] AGS, Contaduria Mayor de Cuentas, 2a/63; DON BERNARDINO DE MENDOZA 1592, p. 28.

[29] Sulla forza dei *bisoños* destinati ai presidi del ducato di Lombardia DON BERNARDINO DE MENDOZA 1592, p. 28. Il termine *bisoño* indicava una recluta di recente leva la quale doveva ancora completare il proprio addestramento. PARKER 2004, p. XXV.

[30] GHILINI 1903, Vol. II, p. 274.

[31] AGS, Contaduria Mayor de Cuentas, 2a/63; DON BERNARDINO DE MENDOZA 1592, pp. 28-29.

[32] AGS, Contaduria Mayor de Cuentas, 2a/63; DON BERNARDINO DE MENDOZA 1592, p. 29.

Fig. 2. La "Strada di Fiandra" nei pressi della Novalesa (TO) sotto il passo del Moncenisio. L'aspetto attuale del cammino è il risultato di almeno due secoli di continui lavori per rendere più agevole il fondo e favorire il transito dei traini d'artiglieria (Foto Cerino Badone)

attraverso i territori del ducato di Savoia, per un totale di 57.041 fanti e 7.201 cavalieri. In media almeno 3.000 soldati diretti nelle Fiandre avevano valicato il Moncenisio o il Piccolo San Bernardo.

È bene chiarire qui subito il concetto di "strada": l'arteria strategica spagnola non si basava su un solo cammino, ma sul concetto di intere aree, sottoposte al controllo della corona o di paesi alleati (come il ducato di Savoia). Per passare da un'area all'altra esistevano dei passaggi obbligati, quali ponti, guadi e, nel caso delle Alpi, i passi alpini. Tra un punto obbligato e l'altro le strade potevano essere più di una, correre parallele per chilometri, allontanarsi per poi riunirsi all'imboccatura di una valle e nella vicinanza di un ponte. Solo in alcune particolari zone, come appunto le valli delle Alpi, la strada necessariamente si limitava al fondovalle. Eppure, anche in questo difficile scacchiere, fu possibile selezionare due rotte, quella del Moncenisio e quella del Piccolo San Bernardo, che di fatto si riunivano in Franca Contea.

Le strade non erano attrezzate a sostenere una tale massa di uomini concentrati in uno spazio e per un limitato periodo di tempo. I tratti superstiti che possono essere oggi percorsi in buone condizioni sono molto pochi. Per il tratto di strada che ci interessa, solo la mulattiera che sale da Novalesa al Moncenisio è rimasta sostanzialmente intatta. La strada napoleonica fu edificata su un altro versante della valle e ne ha permesso la conservazione. Altri brevi segmenti si possono rintracciare a La Thuile, tra il paese stesso e il piccolo centro di Pont Serrand. Il tratto di strada meglio conservato

Fig. 3. "La Strada di Fiandra" duecento chilometri verso nord, nella campagna di Rumilly, tra la cittadina ed il forte dell'Annunziata. Il fondo della via è in terra battuta, i piccoli torrenti della zona sono tutti guadabili senza l'ausilio di traghetti o di ponti (Foto Cerino Badone)

in assoluto è costituito dai circa due chilometri che si snodano attraverso le colline tra la cittadina di Rumilly e i ruderi del Forte dell'Annunziata.

Le moderne vie di comunicazione, compresa la ferrovia, si sono spostate verso ovest in modo da aggirare i rilievi su cui poggiano le fortificazioni e garantire un tragitto il più possibile rettilineo. Il fondo è in terra battuta, quasi sabbioso. Nel tratto percorso la strada supera alcuni ruscelli, senza il bisogno di ponti o altre infrastrutture. I corsi d'acqua, piuttosto modesti, non avrebbero ostacolato il rotolamento di piccole vetture trainate da quadrupedi né, tanto meno, di pezzi di artiglieria. La larghezza della traccia è di circa 2 metri, ed è possibile che nel XVI secolo fosse anche minore. Questa consentiva la marcia affiancata di tre uomini armati e di due cavalli. La distanza suggerita da mantenere tra due ranghi successivi di soldati era di 3 piedi (1 metro)[33] ma, tenendo conto dell'ingombro dato dalle armi e degli equipaggiamenti, occorre pensare ad una distanza minima di 2 metri[34]. Su una strada simile la sola fanteria di un'armata delle dimensioni di quelle del duca di Alba del 1567 si sarebbe snodata per circa 6 chilometri. La cavalleria avrebbe fatto allungare la colonna di altri 2,5 chilometri, ai quali si dovevano aggiungere i veicoli delle salmerie, le artiglierie,

---

[33] GALLO 1639, p. 5.

[34] La questione della distanza da mantenere tra un soldato ed un altro durante la marcia era uno dei temi trattati nei volumi del periodo. Cfr. ad esempio *La Distancia que a de aver en las hileras de soldado a soldado*, in EL PERFETO CAPITAN 1590, pp. 109-110.

tutti gli *impedimenta* degli accampamenti temporanei, le cucine da campo, famigliari dei soldati, mercanti prostitute, e tutti coloro i quali avevano interesse a seguire le truppe in marcia. È probabile che alla fine un'armata di quelle dimensioni si potesse allungare, a seconda delle difficoltà del percorso, sino ad una quindicina di chilometri. Quando l'ultima sezione dell'armata si metteva in movimento, le avanguardie erano in marcia quasi da due ore[35].

Gli eserciti della seconda metà del XVI erano degli "oggetti" ingombranti. Occorreva pertanto preparare al meglio le strade sulle quali si sarebbero dovuti muovere. Il duca di Alba per la sua spedizione aveva inviato un ingegnere e 300 pionieri a costruire delle *esplanadas* lungo il tragitto tra Novalesa ed il Moncenisio. Pittori e cartografi accompagnarono i pionieri per misurare le strade e disegnare le caratteristiche peculiari del paesaggio per realizzare mappe descrittive della strada. In pratica tutti gli ostacoli posti lungo il cammino furono eliminati, i tratti più stretti allargati e resi più agevoli per il cammino[36]. Grazie a queste migliorie già nel 1567 la spedizione del duca d'Alba fu in grado di attraversare le Alpi senza eccessivi problemi, nonostante le cattive condizioni atmosferiche[37]. Ad ogni modo la manutenzione ordinaria delle strade non era compito dei militari, e il governo centrale delegava fortemente, e talvolta imponeva, la gestione e i costi dei necessari lavori di restauro alle comunità locali. Purtroppo la documentazione inerente alla gestione stradale del ducato di Milano è andata distrutta nel corso della seconda Guerra Mondiale[38]. Tuttavia una parte piuttosto importante si è conservata presso l'Archivio di Stato di Torino, materiale inerente alle province di nuovo acquisto entrate a far parte dello stato sabaudo dopo il trattato di Utrecht del 1713 e dopo la pace di Aquisgrana del 1748[39]. La documentazione dimostra come le strade venissero "visitate" da una apposita commissione, la quale poi valutava i lavori da effettuare. Naturalmente i costi e la manovalanza erano scaricati sulla comunità attraversata dalla comunicazione e contro la quale venivano emesse richiami e sanzioni in caso di mancato adempimento dei necessari lavori[40].

Il ricordo di chi dovette affrontare le Alpi non è dei più felici. Don Bernardino de Mendoza rammentava come l'attraversamento della Savoia fosse un azzardo, in quanto "si può dir con ragione che pochi eserciti, o gente di guerra, abbiano camminato tanti giorni come questi [nostri] sotto gli occhi e le armi di tanti nemici, perché sarebbe bastato bloccare un singolo passo (cosa che si poteva fare in molti luoghi e siti) e si sarebbe tutti morti di fame, perché i posti tappa erano riforniti di cibo per una notte sola, essendo difficile riuscire a rifornirli per soste più lunghe, a causa della sterilità dei luoghi e perché c'erano molti giorni di marcia dalle cittadelle più vicine"[41]. La salita durava circa un paio d'ore dal villaggio di Novalesa, tempo non eccessivo, "ma la strada è pietrosa e assai poco adatta ai cavalli che non sono abituati, ma altrimenti senza pericoli e difficoltà: dal momento che la montagna si innalza tutta insieme in un altipiano, non si vedono né precipizi né pericoli, se non quello di inciampare"[42]. Per poter camminare più agevolmente sulla neve ghiacciata e non perdere aderenza sia in salita sia in discesa ai piedi dei soldati spesso venivano visti "ferri nei mezzi delle loro scarpe che impedisce loro di scivolare"[43]. Si trattava di rudimentali ramponi, e questo era un espediente noto soprattutto agli uomini provenienti da terre di montagna.

---

[35] Questo se teniamo per buona una media oraria di 4 km/h.

[36] I lavori sono descritti in AGS, Estato, Legajo 259, 261. Sulla realizzazione delle mappe a scopi militari nel XVI secolo RINGROSE 1970, pp. 30-51; SCHULZ 1976, pp. 107-126; ZURAWSKI 1988, pp. 621-639.

[37] KAMEN 2006, p. 95.

[38] *Guida Generale degli Archivi di Stato, Archivio di Stato di Milano*, p. 922. Le buste superstiti sono in tutto due e coprono complessivamente il periodo 1600-1795. ASMI, Parte Antica, Strade, buste 1, 2.

[39] AST, Corte, Materie economiche, Strade e Ponti, mazzi 1, 2, 3.

[40] AST, Corte, Materie economiche, Strade e Ponti, Mazzo 1, *Atti contro Alessandria per la sistemazione delle strade.*

[41] DON BERNARDINO DE MENDOZA 1592, p. 30.

[42] MICHEL DE MONTAIGNE 1785, Vol. III, p. 238.

[43] PETER MUNDY 1907, Vol. I, p. 114.

Il lavoro dei genieri era stato intenso per rendere le mulattiere il più agevoli possibile, ma ciò nonostante scendendo verso la Savoia "il cammino che si doveva affrontare era molto stretto e ripido, per una valle profondissima dove ha origine il fiume Arba [Arc, n.d.a.], che vicino alle sorgenti non è grande, dopo poco si getta nell'Ysere, e con tanta acqua che è necessario passarlo con un ponte. Le montagne che sono ai lati di questa valle sono di grande altezza, tale che non basta l'occhi per vederle tutte, e tanto ripide che continue, che non è possibile in nessun modo poterle attraversarle né superarle, ed impediscono il passaggio per la valle successiva, se non scendendo sino alla pianura"[44]. Anche per De Montaigne la Strada della Savoia era "montuosa e pietrosa"[45]. Per altri, come Denis Possot, le montagne erano "assai meravigliose e spaventose", ma le difficoltà non stavano tanto nei dislivelli quanto nelle masse di neve a terra e nel pericolo costante delle valanghe. Al Moncenisio la coltre nevosa faceva segnare spessori tra i 17 o i 18 piedi di altezza (5,5>5,8 m.)[46]. Le piste dovevano essere continuamente battute, mentre le squadre di genieri realizzavano i segnavia necessari per non perdere la strada in caso di nebbia o nuvole basse. Si trattava di croci di legno dell'altezza di 18 o 20 piedi di altezza (5,5>6,48 m.) poste a breve distanza l'una dall'altra, collocate principalmente lungo il versante italiano. Tuttavia gli accumuli di neve riuscivano spesso a coprire completamente l'asta di legno sino alla trave orizzontale[47]. I mesi più indicati rimanevano quelli centrali dell'anno, da giugno ad agosto.

Non solo i monti, ma come abbiamo visto anche i fiumi rappresentavano un problema. Parker suggerisce un uso intensivo di ponti di barche o volanti da costruire davanti all'armata marciante e da demolire o smontare una volta completato il passaggio[48]. I vantaggi economici e il tempo risparmiato erano notevoli, ciò nonostante gli equipaggi da ponte non sempre erano disponibili, trasportabili od immagazzinabili nelle vicinanze[49]. De Montaigne nel 1581 descriveva così il suo viaggio nella pianura piemontese: "partimmo lunedì a buona ora, e seguendo un cammin piano, venimmo a desina a CHIVAS, 10 miglia, e di là varcando assaissime fiumare [Dora Baltea, Orco e Dora Riparia, n.d.a.], e rivi con barche, e a guado, venimmo a TURINO, 10 miglia"[50]. Anche il cardinale de Beatis aveva dovuto superare i fiumi della pianura alessandrina guadando con difficoltà. Solo ad Alessandria era possibile trovare un comodo, e sicuro, ponte in muratura[51]. Il cammino da Genova non era stato facile, e una volta superato il passo della Bocchetta "trovammo cinque palmi di neve sino a Milano, e freddi così intensi che gli stivali gelavano dentro le staffe, e non sentivamo più i nostri piedi"[52]. Tutti questi elementi dovevano essere tenuti ben presenti al momento di stabilire la strada che un esercito doveva seguire; solo così si potevano evitare inutili e numerose perdite tra la truppa prima ancora di ingaggiare il primo combattimento.

La mappa e le guide

"Deve avere un Capitano generale nel cominciare ad essercitare una guerra, sia per difesa del suo principio, ò per qual altra si voglia cagione, laonde dico, che egli non deve giamai porsi in campagna con alcuna quantità di soldati per esseguire alcuna fattione prima che egli col suo

[44] DON BERNARDINO DE MENDOZA 1592, pp. 30-31.

[45] MICHEL DE MONTAIGNE 1785, Vol. III, p. 238.

[46] DENIS POSSOT 1890, p. 46.

[47] DENIS POSSOT 1890, p. 46.

[48] PARKER 2004, p. 72.

[49] Sulla costruzione di ponti volanti in legno FLAMAND 1611, Vol. I, pp. 131-240, dove si suggerisce di impiegare delle botti in mancanza di barche; WILHELMS 1641, Vol. I; tavv. 19-22, costruzione di un ponte in legno; Tav. 24, il traghetto. Il problema relativo all'attraversamento dei fiumi era stato affrontato anche da ingegneri sabaudi. Cfr. AST, Corte, Biblioteca Antica, Manoscritti, Z II 27, *Discorsi militari di Federico Ghisleri, nei quali vien principalmente reprobato l'uso della lancia, con una nuova militia contro le forze Turchesche*, ff. 1, 3.

[50] MICHEL DE MONTAIGNE 1785, Vol. III, p. 229.

[51] DE BEATIS 1913, pp. 286-287.

[52] DE BEATIS 1913, pp. 286-287.

Principe non habbia in discorso essercitata e ministrata la guerra, con tenere appresso di sé in iscritto per memoriale tutte quelle cose rilevanti, che si faranno determinate sopra l'impresa ed il viaggio, che deve fare, quale egli sia, con havere particolarmente in nota tutti i fiumi, boschi, monti, valli, ò altri cavernosi luoghi, che deve passare, non si scordando altresì di sapere tutte le ville, castella, città, e fortezze, che gli resteranno dietro; e qual sia la distanza, che si trova di mezzo da una all'altra"[53]. Così Domenico Mora scriveva a proposito degli eserciti in marcia nel suo *Il Soldato*, dato alle stampe a Ferrara nel 1570. L'apertura della "Strada di Fiandra" aveva cambiato il volto della guerra, e i trattati specialistici incominciavano a parlare di marce, strategia e di come gli eserciti dovessero comportarsi tra una tappa e l'altra.

Una volta deciso quale rotta strategica seguire i comandanti spagnoli dovevano pianificare nel concreto la loro marcia dall'Italia alle Fiandre. Per prima cosa era necessario ottenere delle buone carte dei territori che si dovevano attraversare. Il duca di Alba nella sua marcia inaugurale del 1567 impiegò una serie di carte realizzate da don Fernando de Lannoy, cognato del cardinale di Granvelle, e disegnate su sua indicazione. Solo per la sezione italiana della Strada delle Fiandre erano necessaria non una singola carta, ma una *serie* di carte:
- da Genova al ducato di Milano;
- dal ducato di Milano al Piemonte;
- le valli Alpine: Valle di Susa o, in alternativa, Valle d'Aosta;
- la Savoia.

Come già constatava Parker nel suo *The Army of Flanders* le mappe superstiti sono molto poche. Questo è vero soprattutto per Simancas[54]. Già nel 1547 esisteva carte a stampa grazie alle quali era possibile farsi un'idea generale delle caratteristiche territoriali dell'Italia nord occidentale, dei fiumi principali che si potevano incontrare lungo un dato percorso e i principali passi alpini[55]. Tuttavia per missioni complesse come quella di trasportare un esercito dal porto di Genova alle Fiandre erano necessarie carte più precise e circostanziate. Per le guerre d'Italia erano state realizzate in Venezia mappe che riproducevano il corso del Po e i principali transiti verso le Alpi utilizzati da eventuali viaggiatori provenienti dalla Pianura Padana e che si ritrovavano a risalire il corso del Po. Guadi, ponti e distanzi terrestri in leghe rendevano queste mappe strumenti preziosi per il viaggiatore, e all'occorrenza un utilissimo strumento di pianificazione strategica[56].

Un netto passo in avanti fu fatto nel 1570, quando furono date alle stampe le carte del *Theatrum Orbis Terrarum* realizzate da Abraham *Ortelius*. "In particolare molto dettagliata ed attenta nel segnalare ponti, passi e confini tra stati era la carta intitolata *Pedemontanae Vicinorumque Regionum*, base sulla quale furono poi preparati piani di dettaglio e mappe su una scala più ridotta"[57]. Entro il 1580 furono pronte delle mappe generali per il tragitto tra il porto di Genova ed il ducato di Milano. Si trattava di carte manoscritte dove in modo il più possibile schematico erano segnalati i percorsi ed i posti tappa per le truppe. Naturalmente erano ben demarcati anche i confini tra la repubblica di Genova ed il ducato di Milano, nonché dei vari feudi imperiali, in modo che fosse chiaro al comandante della colonna in marcia a chi fosse sottoposto il territorio che stava attraversando[58]. Altre carte presenti, disegnate nel 1581[59], nel 1610[60] e nel 1614[61], presentavano al

---

[53] MORA 1570, p. 158.

[54] PARKER 2004, pp. 72-73.

[55] *Piemonte 1547*, AGS. MPD, 04, 045. Nel 1566 era stata preparata anche una cartina intitolata *Totius Galliae Exactissima Descriptio*, incisa a Venezia, comprendente tutto il tragitto della "Strada di Fiandra" dalla Liguria alle foci del Reno. AST, Corte, Biblioteca Antica, J-a.l.13, *Architettura Militare*, Vol. I, ff.. 40v-41.

[56] *La vera descriptione de tuto el Piamonte*, Venezia s.d ma prima metà del XVI secolo.

[57] Ancora nel 1665 era considerata una carta attendibile ed impiegata quale base cartografica per nuove mappe dell'area italiana nord occidentale, quale l'*Estats du Duc de Savoye au delà des Alpes, et vers l'Italie, qui passent communement sous le nom de Piemont*, disegnata da Nicolas Sanson, geografo del re di Francia, nel 1665.

[58] AGS, MPD, 19, 122, *Carta de Juan Francisco Ranzo al secretario Mateo Vázquez*, 5 marzo 1580.

loro lettore tutte quelle cose che un esercito necessitava di sapere nel corso di una marcia: le strade da seguire, i ponti o i guadi disponibili, gli ostacoli non superabili, gli itinerari alternativi e la posizione della città più vicine. Le mappe erano molto selettive e schematiche, e i cartografi incaricati di disegnarle tralasciavano ogni particolare giudicato irrilevante per le necessità dell'esercito.

Per quello che riguarda l'attraversamento delle Alpi e della Savoia l'Archivio di Stato e la Biblioteca Reale di Torino conservano i materiali mancanti a Simancas, in particolare una serie di carte e vedute realizzate, copie od originali di quelle vedute prese "dal vivo" per conto dei *tercios* spagnoli. Si tratta di tre carte, databili tra gli anni '80 e '90 del XVI secolo:
- *Valle di Susa, pianta corografica*[62];
- *Strada di accesso al Moncenisio*[63];
- *Veduta del territorio tra Dora Riparia, Monginevro e Novalesa*[64].

L'elemento comune di queste mappe è quello di aiutare il lettore a identificare il più velocemente possibile i disegni con l'ambiente che li circonda. Pertanto i profili dei monti, la vegetazione e perfino i dettagli dei centri abitati sono resi con una cura difficilmente riscontrabile altrove. Naturalmente estrema cura è data nel descrivere le strade. Nella carta intitolata *Veduta del territorio tra Dora Riparia, Monginevro e Novalesa*, realizzata per le truppe sabaudo-spagnole che negli anni '90 del XVI operavano lungo la valle di Susa contro le forze del Lesdiguières, i particolari sono molti, e non si limitano solo al sistema viario e alla visualizzazione dei centri di fondovalle, ma il disegnatore giunse persino a rappresentare le staccionate poste sui bordi delle mulattiere. Si trattava di qualcosa di molto simile alle grandi fotografie panoramiche realizzate, con analoghi scopi militari, tra la fine del XIX e l'inizio del XX secolo[65]. I generali del XVI secolo sapevano apprezzare in pieno il valore di buone mappe. Il maresciallo di Vielleville, un veterano delle Guerre di Religione, sottolineava che "un comandante non deve muoversi senza una mappa come un pilota o un comandante di una galera, a meno che non voglia andare incontro ad un disastro[66]. Gli bisogna sapere molto bene il camino, che hà da fare, informandosi se vi fusse nuova de' nemici; e marciando con molta buona ordinanza"[67].

Comandanti come il duca d'Alba e i duchi di Savoia, Emanuele Filiberto e suo figlio Carlo Emanuele I, possedevano una collezione impressionante di mappe manoscritte e a stampa, acquistate o realizzate in previsione di campagne militari. I duchi non esitarono a far realizzare un apparato cartografico in grado di coprire non solo il Piemonte e la Savoia, ma pressoché l'intera penisola italiana e buona parte dell'Europa occidentale e centrale[68].

---

[59] AGS, MPD, 06, 140-2, *Plano de los lugares del Estado de Milán que se proyectan fortificar; Diseño de la parte superior de un fuerte.*
[60] AGS. MPD, 08, 034, *Carta de D. Juan Vivas al Rey, Milán 16 de septiembre de 1610.*
[61] AGS. MPD, 04, 044, *Exposición de Alejandro Magistrati, Madrid, entre 8 y 18 de agosto de 1614.*
[62] AST, Corte, Biblioteca Antica, J-a.l.15, *Architettura Militare*, Vol. III, p. 37. *Valle di Susa, pianta corografica.*
[63] AST, Sezioni Riunite, Fondo Tipi, Art. 666, n. 22.
[64] BRTO, Disegni, II, 14.
[65] A tale proposito CORINO 1996.
[66] Citato in PARKER 2004, p. 73.
[67] BRANCACCIO 1620, p. 53.
[68] È stato possibile rintracciare altre carte utilizzabili per la pianificazione di una marcia di una colonna militare. Particolarmente importante risulta essere la carta che ritrae i passi dell'alta Val Pellice a monte del Forte del Mirabocco, con le indicazioni dello stato dei sentieri, della difficoltà dei passi e i punti di riferimento necessari; AST, Sezioni Riunite, Camerale, Tipi Art. 666, n. 9. Allo stesso periodo risale l'altra carta della bassa Val Chisone; AST, Sezioni Riunite, Camerale, Tipi Art. 664, n. 14. Altri esempi sono: Contea di Nizza, 1590 c.a, SHAT, *Ancien dépôt*, 4.5 sub. 1, n. 164, f. III.v., A; Carta delle Camargue per le operazioni ducali del 1591, AST, Corte, Biblioteca Antica, J-a.l.15, *Architettura Militare*, Vol. III, ff. 9v-10.

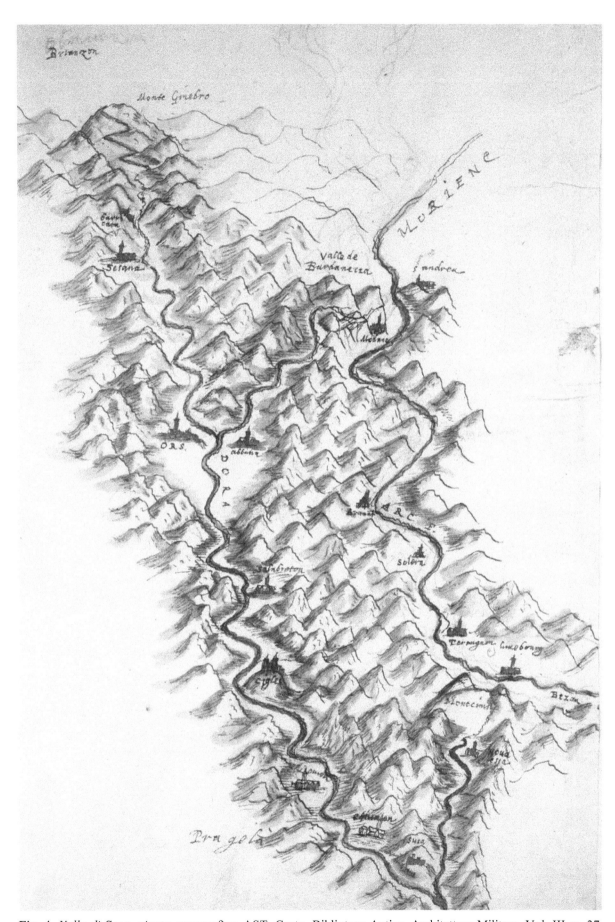

Fig. 4. *Valle di Susa, pianta corografica*. AST, Corte, Biblioteca Antica, Architettura Militare, Vol. III, p. 37. Era questa una delle carte che i comandanti delle truppe spagnole in marcia dall'Italia alle Fiandre portavano con loro (Collezione Centro Interunivesitario G. Casalis)

91

Fig. 5. *Strada di accesso al Moncenisio*. Carta della fine del XVI secolo. AST, Sezioni Riunite, Fondo Tipi, Art. 666, n. 22 (Collezione Centro Interunivesitario G. Casalis)

Fig. 6. *Veduta del territorio tra Dora Riparia, Monginevro e Novalesa*. Particolare con la città di Susa e la strada di accesso al Moncenisio. BRTO, Disegni, II, 14 (Collezione Centro Interunivesitario G. Casalis)

Prima dell'avvento dei sistemi di navigazione GPS, derivati dai primi prototipi impiegati nella Guerra del Golfo del 1991, occorreva orientarsi usando una buona carta geografica e cercando di riconoscere il paesaggio e le strade. Tuttavia, pur disponendo di un'ottima mappa disegnata da un eccellente cartografo, bastavano una collina che chiudesse la visuale, un bosco, la nebbia e le cattive condizioni meteorologiche, o più semplicemente una buona dose di inesperienza, per perdere l'orientamento e quindi la strada. Non solo, ma le carte potevano essere sbagliate: "si è detto nel libro passato della necessità, e difficultà di conoscere un paese, un contorno, ò posto che non si può cavar dalle carte per esser troppo generali, non rappresentando esse certi particolari, e minutie necessarie à sapersi, e anche per essere bene spesso ancora bugiarde"[69]. Dovendo condurre alcune migliaia di uomini in un territorio sconosciuto, e a bassa densità di popolazione come era l'Europa del XVI e del XVII secolo, una scelta sbagliata in un incrocio stradale male descritto sulle carte avrebbe significato un grave ritardo sulla tabella di marcia. Esploratori o, meglio, guide locali divenivano così figure necessarie. Giorgio Basta dava nei suoi scritti questi consigli pratici ai suoi colleghi sotto le armi: "il madesimo dico hora intorno il prendere informazione di un camino da farsi: cioè che si possi grossamente scorgere nelle carte il Monte, la Campagna, il Bosco, l'Acqua, le Cittadi, e somiglianti luoghi, con le lore dictanze, appresso à poco corrispondenti, massime se si haverà persona, che per la prattica del paese possi esplicare li particolari necessarii à sapersi, come sulle Strade Maestre, e Traverse, se sarà sola, ò se ve ne saranno molte, e quelle se saranno libere, piane, e spatiose, ò pur anguste, montuose, e inpedite da passi difficili de fossi e fiumi, e quelli se haveranno ponti, o no. E si molte di esse, quale sia la più breve, la più sicura, la più esposta alle venute nemiche, ò la più commoda al baglio. E quelle cose, che si ricercano per gl'alloggiamenti, come il foraggio, e l'acqua. E altre per marciare". Le persone giudicate più affidabili erano quelle che le strade dovevano impiegarle pressoché quotidianamente per i propri interessi, quali i mercanti: "gli mercanti che tutto il giorno battono le strade, hanno spesso in tali informazioni sodisfatto il bisogno". Tuttavia erano i contadini e gli indigeni ad avere una maggiore conoscenza del territorio. Ma procurarsi i loro servigi non era semplice, Il conte Basta per convincere i "paesani" proponeva soluzioni pratiche ed efficaci: "ma il mezo ordinariamente usato, è l'haver sempre qualche paesano, massime de villani prattichi per la campagna, quali sapranno rodere conto fino d'un fosso, ò di una siepe, e di tutto il contorno. Tocca tal cura di aver sempre qualche paesano, al Capitano di Campagna, anzi un buon numero d'essi ben guardato, acciò non fughino, non solo per assicurarvi meglio della verità confrontando le relationi di molti, ma perchè ancora nel marciar di notte, ne bisognano molte, come s'intenderà al suo luogo. Queste guide si sogliono menar legate, ò almeno date in guardia a qualche soldato, e si propone loro premio, e castigo conforme guideranno bene, ò male"[70].

La figura di don Fernardo di Lannoy, il cartografo, che seguì la spedizione del duca di Alba nel 1567 per tutto il viaggio, è da considerarsi un fatto più unico che raro. Gentiluomini locali o guide locali erano quasi sempre disponibili ed erano in grado di indicare con precisione le truppe attraverso il territorio che circondava le loro abitazione sino, di solito, alla tappa successiva. Denis Possot ricorda come tra Lansebourg e Susa fosse possibile trovare guide locali, dette *marrons*, in grado anche di offrire muli e altre bestie da soma per il trasporto[71]. Lo stesso fece Michel de Montaigne, il quale a Novalesa prese al suo servizio 8 portatori i quali lo seguirono lungo la salita al Moncenisio: "passai la sommità del Moncenisio metà a cavallo, metà su una sedia portata da quattro uomini[72], e gli altri quattro nel frattempo si riposavano. Mi portarono sulle loro spalle"[73]. Più che in

[69] FUCINA DI MARTE 1641, p. 413.
[70] FUCINA DI MARTE 1641, p. 413.
[71] DENIS POSSOT 1890, p. 44.
[72] "Sull'alto della montagna ci suono uomini con sedie sulle quali ci si siede. Uno di questi si mette davanti tenendo come una barella la sedia e guidandola, mentre dietro si mette un altro uomo che la tiene dritta e fa attenzione che non si rovesci. Con questo mezzo si può fare una lega molto comodi anche su un cammino cattivo. Siccome in precedenza si usavano dei grandi rami [rameaux] al posto delle sedie, tale servizio si dice Ramasser". PETER MUNDY 1907, Vol. I, p. 114, nota 1.

salita la loro utilità si vide nella discesa verso Lanslebourg, "dove mi attaccai ai miei Marrons, a tutti ed otto insieme donai due scudi. Tuttavia il solo servizio di trasporto non costa che un testone, che è un bello scherzo, ma [il servizio, *scil.*] è senza alcun azzardo e senza grandi pericoli"[74]. Peter Mundy nel 1620 si servì anch'egli di portatori, i quali non solo permettevano un viaggio migliore che non sulla groppa di un mulo, ma conoscevano nel dettaglio la strada in quanto "essi conducono la loro esistenza nelle vicinanze"[75]. Lo stesso de Montaigne, una volta giunto al posto tappa di St. Rambert, si fece indicare il cammino da "Francesco Cenami, banchiere di Lione", il quale conosceva bene il tragitto verso nord ovest[76].

Oltre a questi accorgimenti pattuglie più o meno numerose ed un'intera parte della colonna, organizzata in un corpo semi autonomo di avanguardia (*Vanguardia*), dovevano precedere il corpo principale delle forze in marcia, assicurandosi che ogni cosa lungo la strada fosse in perfetto ordine, lasciando picchetti in modo da segnalare chiaramente il percorso da seguire e prestando particolare attenzione ad eventuali imboscate o presenze ostili nelle immediate vicinanze. La Guerra di Fiandra fece scuola, e in breve tempo vennero escogitate numerose tattiche adatte a marciare in tutta sicurezza lungo le principali vie di comunicazione. Il comandante della colonna "dee fare andare avanti nella avanguardia alcuni suoi particolari à cavallo, come anco nella retroguardia, ne fianchi, stando molto avvertito di non esere sorpreso all'improviso da cavalleria nemica, che lo potrebbe mettere, per poca che fusse in molta confusione, ma se per lo contrario havrà tempo di formare lo squadrone, e di far pigliare alla moschetteria qualche posto avantaggioso, potrà nondimeno star sicuro; poiché per la maggior parte dell'Europa, e particolarmente in Italia, gli stradoni sono tutti con fossi, e siepi di lati; tal marciando per tai camini in buona ordinanza, tenendo la moschetteria per detti fossi, e siepi, che tira à 400 passi, potrà un Terzo d'Infanteria veterana, e condotto da buon capo, marciare sicuro"[77].

Il carro, il mulo e il soldato

Se la truppa veterana dava pochi problemi al momento di abbandonare i quartieri d'inverno, diversamente accadeva per quei reparti che partecipavano per la prima volta ad una campagna di guerra e dovevano abbandonare i loro antichi accantonamenti. I soldati che avevano contratto matrimonio abbandonavano le loro famiglie e mischiavano i loro pianti alle grida di gioia delle truppe mercenarie, molte delle quali letteralmente cantavano e danzavano nella prospettiva di una relativa libertà goduta in una campagna di guerra rispetto una monotona e grigia vita di guarnigione. Inoltre vi era sempre la possibilità di saccheggio o di diserzione. Infine, tra gli squilli delle trombe e il rullare dei tamburi, erano consumati gli ultimi addii e i reparti, con il loro equipaggiamento completo e razioni di cibo, iniziavano la propria marcia: "era una splendida mattina d'estate quando il sole sorse e ci trovammo tutti nella piazza del mercato della piccola città. Stavamo in un silenzio greve e solenne, poiché sapevamo cosa ci attendeva [la guerra, n.d.a.], e potevamo vedere che un denso cerchio di popolani di tutte le condizioni si affollava per vederci per l'ultima volta. C'erano urla e pianti da tutte le parti, e molti veterani si strofinavano gli occhi con il dorso della mano dopo aver notato la propria moglie e figlio nella calca. Questo solenne e triste stato d'animo caratterizzò la prima ora di marcia, dopo di che lasciò spazio all'innata gioia del soldato. Gli uomini scherzavano o si lasciavano andare con gioiosi canti popolari, e gradualmente le espressioni si alleggerirono"[78]. Ma c'era anche chi non aveva voglia di partire per la guerra e "tre soldati di detto

---

[73] MICHEL DE MONTAIGNE 1785, Vol. III, p. 238.
[74] MICHEL DE MONTAIGNE 1785, Vol. II, p. 239.
[75] PETER MUNDY 1907, Vol. I, p.114.
[76] MICHEL DE MONTAIGNE 1785, Vol. III, p. 241.
[77] BRANCACCIO 1620, p. 53.
[78] DUFFY 1987, p. 157.

presidio [della piazzaforte di Alessandria, n.d.a.], al quale rincresceva molto andare in Fiandra, investigarono una maniera molto infame per indurre il governatore di questa città in sospetto di qualche ribellione, e perciò lo facesse per ogni sicurezza ritornare in Alessandria. Fatta dunque tra di loro una congiura imbrattarono di sterco umano le porte del duomo, di San Marco e di San Martino, e il simile fecero alle armi del re di Spagna dipinte sulla casa di Lodovico Perbono e in altri luoghi". Scoperti, i tre furono condannati ai banchi delle galere, mentre il loro *tercio* partì comunque per le Fiandre[79].

I *tercios* abbandonavano i loro quartieri, mettendo in movimento una compagnia dopo l'altra. In coda alle colonne arrancavano le bestie da soma e i carri delle salmerie. Occorreva prestare attenzione che i soldati non abbandonassero i loro reparti, e "con detto bagalio non vada alcun Soldato, se non fusse infermo, non dovendo gire con esso, che le donne, e i sercitori, e l'altra gente innutile, che segue il Terzo"[80].

Inizialmente gli eserciti non marciavano in assetto tattico di combattimento, ossia con i reparti già schierati per la battaglia, ma in una moltitudine di colonne che permetteva a ciascun battaglione o reggimento di raggiungere il villaggio o città più vicina per gli acquartieramenti notturni. Qui i soldati si gettavano per terra nei fienili o stanze sui cui pavimenti sistemavano della paglia. Se il reparto era alla sua prima operazione di guerra, gli uomini soffrivano enormemente la fatica della marcia. "Deve essere il Maestro di Campo molto diligente in ammaestrare, e condur bene i suoi soldati, procurando, che mentre marciano, vadino con buon'ordine, quantunque sia per paese amico, acciò s'introduca, e si confermi in essi un perfett'uso per tutte le più sospettose occasioni. Et havendo à far cammino il terzo solo [un singolo *tercio*, n.d.a.], gli conviene essere diligentissimo la mattina al partire, procurando d'essere de' primi nella piazza d'arme, acciò, mossi dall'esempio suo, gli altri officiali del Terzo siano anch'essi pronti, e solleciti"[81].

Sia che fosse nella sua tenda o stesse bivaccando a cielo aperto, il soldato era svegliato dal suono dei tamburi per la *generale* o delle trombe in occasione del segnale del buttasella. Sapeva che doveva alzarsi, vestirsi, indossare l'equipaggiamento e al suono dell'assemblea riporre bagagli e tende nei carriaggi, sistemarsi nel proprio rango e fila pronto alla marcia. In estate le partenze erano generalmente effettuate alle quattro del mattino, e un esercito che non si spostava a marce forzate entro le dieci del mattino, prima che il sole incominciasse a divenire insopportabile, era quasi giunto al suo posto tappa prestabilito.

Quando un esercito non aveva particolare fretta la progressione giornaliera era di circa una dozzina di chilometri al giorno. Questa velocità consentiva al bagaglio e alle artiglierie pesanti di rimanere vicino al grosso della truppa senza grandi difficoltà. Nelle fasi più concitate della campagna le tappe incominciavano ad essere di oltre 20 chilometri. Truppe con bagaglio leggero si spostavano con una velocità di almeno 30 chilometri al giorno, ed occasionalmente anche di più[82]. Tenendo conto della media dell'età della truppa degli eserciti dell'inizio del XVII secolo, in buona parte composta di persone tra i 30 e i 40 anni[83], le *performance* delle armate di Filippo II eguagliavano le manovre di tanto celebrati eserciti napoleonici: "appare uno sbaglio affermare che le guerre recenti siano le sole

[79] GHILINI 1903, Vol. II, pp. 288-289.
[80] BRANCACCIO 1620, p. 29.
[81] BRANCACCIO 1620, p. 52.
[82] PARKER 2004, p. 87.
[83] Si cercavano soldati in grado di resistere alle fatiche della guerra. Un uomo di 30/40 anni dava più garanzie di tenuta rispetto ad un adolescente: "un uomo di età maggiore, non è meno adatto a poter apprendere l'esercizio delle armi; e anzi sarà anche meglio così come sosteneva Servio Tullio, prudentissimo Re dei Romani, il quale mantenne nel suo esercito soldati di diciassette e di quarantasette anni, per il principio che quest'ultima età è adatta ad apprendere gli esercizi militari, e lo spazio che esiste tra le due leve gli permise di allargare le sue forze ad uso militare" (EL PERFETO CAPITAN 1590, p. 33).

che abbiano richiesto un grande esercizio fisico, o che questi esercizi siano stati più grandi di quelli dei nostri antenati. Saremmo in errore supporre che i soldati di quei periodi, la maggior parte dei quali era tra i trenta ed i quaranta anni di età, non siano stati all'altezza dei nostri soldati di adesso, la maggior parte dei quali è tra i venti e i trent'anni"[84].

In campagna ciascun soldato era autorizzato a trasportare l'arma e a marciare come più era comodo: "se si guarda una colonna di fanteria in marcia, si potranno notare un numero di soldati trasportare il moschetto con il calcio di fronte; ma il più gran numero sulla spalla con il calcio indietro, e tengono la canna sulla volata, spostando il moschetto da una spalla all'altra, cercando sollievo[85]. Incominciandosi poi à marciare, le persone particolari, che havaranno ronzino, potranno dare le loro picche à servitori, lasciandoli nelle loro istesse file, e luoghi, ed essi montare à cavallo"[86]. All'inizio della giornata di marcia i soldati chiacchieravano, ma progressivamente il loro vociare si spegneva non appena la fatica iniziava ad affossare le loro forze e il loro morale. La loro vista sul mondo si fermava alle spalle del commilitone che lo precedeva nella colonna, e solo gli ex contadini amavano osservare il tempo, il paesaggio e le coltivazioni.

Le misure prese dal duca d'Alba per la sua marcia del 1567 furono in seguito adottate da pressoché tutte le forze spagnole in transito attraverso il Piemonte e la Savoia. Come abbiamo visto l'armata del duca d'Alba non era di eccessive dimensioni. Contava in tutto 9.902 uomini, la forza di un paio di brigate di fanteria di un qualsiasi esercito contemporaneo. Eppure in quel momento rappresentava la maggiore concentrazione di soldati dell'Europa continentale e il suo sostentamento e il mantenimento della tabella di marcia prevista rappresentava un notevole problema per il suo comandante.

Sino a quando la marcia si snodò lungo la pianura del Piemonte orientale non ci furono problemi. Una volta entrati in un'area montana gli spagnoli si resero conto che non c'era abbastanza spazio nei posti tappa previsti per tutte le unità in transitò. Il duca d'Alba dovette constatare come i terreni del fondovalle erano "piccole piane pietrose, serrate da montagne da un lato e dall'altro"[87]. La sistemazione tattica dell'armata spagnola lo aiutò non poco a risolvere a suo vantaggio la situazione. Sin da Asti si era messo in marcia con le sue forze divise in tre scaglioni[88]:
- una forte avanguardia (*Vanguardia*), destinata a riconoscere il cammino ed individuare e, possibilmente, sventare eventuali imboscate. Era composta dalle unità ritenute più affidabili, il *Tercio* di Napoli, 3 compagnie di cavalleria leggera italiana e le 2 di archibugieri a cavallo spagnoli, per un totale di 3.400 uomini;
- un corpo centrale destinato a formare il centro dello schieramento di combattimento, e non a caso definito *Batalla*. Era comandato dal figlio del duca d'Alba e aveva alle sue dipendenze il *Tercio* di Lombardia, 4 compagnie di cavalleria leggera spagnola e i traini con le munizioni da guerra, per un totale di 2.000 uomini, esclusi gli addetti alla conduzione delle bestie da soma e dei carri da trasporto;
- un corpo di retroguardia (*Retaguardia*), che aveva sostanzialmente le funzioni dell'avanguardia, proteggendo da tergo la marcia e individuando eventuali forze ostili che si fossero messe a seguire l'armata spagnola. La *Retaguardia* aveva a sua disposizione i *Tercios* di Sicilia e di Sardegna e 2 compagnie di cavalleria leggera albanese, per un totale di 3.548 uomini.

---

[84] DUFFY 1987, p. 160.
[85] PUYSÈGUR 1748, Vol. I, p. 109.
[86] BRANCACCIO 1620, p. 29.
[87] PETER MUNDY 1907, Vol. I, p.112, nota 2.
[88] A Poirino il duca d'Alba aveva avuto un incontro con il duca di Savoia, ed è probabile che si fossero consultati sul da farsi una volta raggiunte le Alpi. DON BERNARDINO DE MENDOZA 1592, p. 29.

Tale divisione delle forze non era una novità assoluta. Nella prima metà del XVII secolo veniva già descritta e commentata nei trattati di tattica militare: "si suole ripartire l'Infanteria d'un essercito in trè corpi, cioè, Avanguardia, Battaglia, e Retroguardia. In altri tempi (per quant'hò possuto ritrare da molti autori, sì antichi, come moderni) dati gli ordini al marciare, per tutta la giornata non si cambiava mai tal ordinanza, ma consignato ciascuno di essi corpi à carico di un Capo, andava marciando sempre ogn'uno nell'istesso porto; e così usavano ordinariamente i Romani. Ma da qualche anno in quà s'è cominciato cambiando ogni giorno questi tre corpi d'essercito, facendo passare la avanguardia alla retroguardia, la retroguardia alla battaglia"[89].

Così suddivisi i tre corpi iniziarono a marciare ad un giorno di distanza l'uno dell'altro, in modo tale che, una volta individuato il posto tappa, questo non fosse mai occupato da più di 3.000 uomini per volta. Una volta raggiunta la Franca Contea sarebbe stato possibile marciare su colonne parallele, ma le Alpi per il momento non davano altra possibilità[90].

Nella sezione centrale del corpo di spedizione del duca d'Alba era stato collocato il traino dell'armata. A seconda della qualità della strada era necessario procurarsi o veicoli a ruota o bestie da soma. Dal momento che non era possibile per i comandanti di compagnia mantenere una bestia da soma o un veicolo da trasporto, e non esisteva un sistema logistico centralizzato, questi dovevano essere raccolti ed impiegati localmente a seconda delle necessità. Nelle valli alpine il mezzo più comodo per trasportare i materiali più ingombranti erano sicuramente i muli. Una bestia di piccole dimensione era in grado di portare sul suo basto tra gli 80 ed i 100 kg di carico, mentre le bestie più robuste potevano trasportare anche 120 o 160 di materiali.

Una compagnia di fanteria necessitava in media di una trentina di bestie da soma, il che significava che per le 53 compagnie che componevano l'armata del duca d'Alba avevano un fabbisogno di almeno 1.590 muli, una quantità di animali che non era assolutamente facile recuperare sia a Lanslebourg che a Novalesa, nonostante fossero presenti stazioni di posta in grado di fornire un buon numero di cavalcature[91]. Tuttavia i proprietari dei muli, nonostante fosse loro interesse affittare a terzi i quadrupedi, li affidavano malvolentieri ai soldati in transito, in quanto spesso la truppa aveva la cattiva abitudine di scambiare un mezzo di trasporto per una razione aggiuntiva di carne al magro rancio. Sessanta muli furono macellati nel 1620 tra St. Jean de Maurienne e Aiguebelle da parte degli uomini di Gonzalo Fernández de Córdoba, mentre altri 40 furono feriti a causa della poca esperienza nella loro conduzione su strade di montagna[92].

In pianura era possibile utilizzare vetture a due o quattro assi per il trasporto dei bagagli dei soldati e della truppa. I veicoli erano solitamente a due o quattro ruote, ricoperti con un tendone di tela cerata per proteggere il carico. Il tiro era calcolato in base a peso. Ad ogni cavallo o bue corrispondevano 550 libbre (269,95 kg) tra carico e veicolo. Tale peso metteva in seria difficoltà gli animali; su un battuto stradale piano e ben curato i movimenti erano relativamente veloci, ma sui terreni tormentati la situazione cambiava in peggio: "che i carri si seguino l'uno l'altro, e facendoli (se vi sia la campagna larga) marciare in più file, per la qual cosa deve anco fare allargare i cammini, accomodare le strade, ed aprire, e facilitare i passi stretti, e cattivi, usando ogni possibile diligenza, la quale in tal cosa è tanto necessaria"[93]. Le strade, la loro difesa e la loro manutenzione rimaneva sempre il punto focale della strategia spagnola in Italia.

---

[89] BRANCACCIO 1620, pp. 67-68. Tale rotazione dei reparti non convinceva Brancaccio, il quale reputava la scelta in base alla nazionalità dei reparti e alla volontà di soddisfare le esigenze dei comandanti di reparto. Una spiegazione più razionale può essere ricercata con la necessità di far riposare le unità più stanche e provate, e che non erano più in grado di mantenere il passo della marcia in testa alla colonna.
[90] DON BERNARDINO DE MENDOZA 1592, pp. 29-31.
[91] PETER MUNDY 1907, Vol. I, pp. 113-119.
[92] AST, Sezioni Riunite, Ufficio Generale del Soldo, 1620, Mazzo 7. Supplica di Claudio Sacchetti.
[93] BRANCACCIO 1620, p. 105.

Ogni compagnia necessitava dai cinque ai sei carri per poter trasportare con agio i propri materiali da campo e le armi più ingombranti come le picche, cibo, tende, cucine, forge e munizioni. Un'armata di circa 10.000 uomini come quella spagnola del 1567 necessitava di circa 160/170 carri di varie dimensioni. A questi mezzi si accodavano il treno d'artiglieria, i vivandieri e i loro veicoli, ossia il cosiddetto bagaglio dell'armata; migliaia di uomini e carri che allungavano la colonna di un'armata in marcia per chilometri lungo le strade. Il servizio del treno era previsto solo in tempo di guerra, era dipendente dall'intendenza generale che, mediante appalti o contratti *ad personam* più o meno regolari, provvedeva alla sua composizione. Lungi dell'essere militarizzato e gestito in maniera rigida dalla pubblica amministrazione, era uno degli ostacoli maggiori per un esercito in campagna. Ad Asti, Alessandria e in tutta la Savoia le autorità militari spagnole furono costrette a scendere a patti con i conduttori per l'affitto di cavalli, buoi e carri necessari ai bisogni dell'armata. Naturalmente di volta in volta era necessario rinegoziare i termini del contratto.

Un discorso a parte merita l'artiglieria, la quale doveva anche provvedere, oltre al trasporto di tende e del bagaglio della truppa, al movimento dei pezzi, delle loro munizioni e, in caso di necessità, essere pronta al combattimento. L'esercito spagnolo per le marce separava le bocche da fuoco in gruppi tra loro il più possibile omogenei per quel che riguarda il calibro. Ciascun gruppo di pezzi riuniva presso di se le carrette delle munizioni, i pezzi di ricambio e tutte le attrezzature necessarie. Sul piano tattico ciascuno di questi piccoli parchi d'artiglieria aveva la capacità di operare immediatamente in caso di necessità e in modo del tutto indipendente dagli altri raggruppamenti di pezzi. Tuttavia si trattava pur sempre di un numero troppo elevato di cannoni perché questi potessero combattere vantaggiosamente. Allora esisteva un'ulteriore suddivisione, detta *parchi parziali*. Ciascuno di questi formava una brigata che costituiva l'unità operativa dell'artiglieria. I pezzi risultavano così raggruppati in brigate di grosso (calibri superiori alle 8 lb) e piccolo calibro (4 lb). Queste ultime erano sistemate in testa alla colonna, specie se si era in prossimità del nemico. Al comando di ciascuna brigata era posto un capitano che doveva provvedere, con la sua compagnia, non solo al treno ma anche al bagaglio di ciascun raggruppamento, mentre gli ufficiali superiori mantenevano l'ordine del convoglio. Gli artiglieri erano incolonnati in testa o in coda al treno, e solo a qualche operaio specializzato, oltre ai conducenti, era permesso muoversi tra le vetture. Gli ufficiali erano in testa, col compito di ispezionare di tanto in tanto la colonna in movimento durante la marcia. Gli inconvenienti di questo metodo iniziarono a farsi sentire già nel corso del XVII secolo. Gli eserciti, sempre più numerosi, dovevano ora operare anche su più colonne. In caso di scontro l'artiglieria, già condizionata dalla pesantezza dei materiali, arrivava troppo tardi sulla linea e perdeva troppo tempo per mettersi in batteria. Si decise di suddividere il treno in due gruppi d'azione; il *gruppo attivo*, che formava una colonna speciale destinata a marciare all'altezza delle altre colonne dell'esercito, nel centro del dispositivo ed il *gruppo passivo* era invece destinato a marciare in seconda linea alla testa dei carriaggi. Le difficoltà nel muovere un treno d'artiglieria possono essere comprese se si esamina nel dettaglio l'enorme quantità di materiali che doveva essere messa in movimento al seguito di ogni singolo pezzo. Ciascun cannone pesava in media una tonnellata; un parco di 10 pezzi da campagna esigeva un traino di non meno di 50 tra buoi e cavalli, escluse le necessarie riserve. Ogni bocca da fuoco necessitava di miccia, polvere, proiettili e doveva essere almeno in grado di garantire 150 tiri. Il trasporto della munizione esigeva 13 carri, ciascuno del peso medio di oltre 5 quintali, con un traino complessivo di 52 cavalli. Si aggiungevano una decina di carri per il trasporto dei materiali di ricambio, gli strumenti (scovoli, congegni di punteria, ecc.) degli artiglieri e della forgia, e un'altra ventina di mezzi per gli attrezzi degli zappatori. Complessivamente un parco d'artiglieria di 10 cannoni necessitava di 26 vetture e 114 animali da tiro.

Ai comandanti, specie quelli responsabili del treno, non piaceva troppo alloggiare nei centri abitati a causa di possibili disordini con i civili. I trattati militari del periodo non lasciavano adito a dubbi sulla condotta da tenere, specie durante una marcia attraverso un paese alleato: "ma in un paese amico non si vedrà mai alcun signore o comunità permettere l'alloggiamento di soldati, se non c'è proprio qualche grave necessità che lo renda indispensabile, come abbondanti piogge, gelate, freddi intensi, che comunque sarà meglio mantenere una stretta disciplina sui vostri uomini. Dal momento che i soldati sono alloggiati in un paese una grave minaccia grava sui poveri sudditi, come se fossero sudditi di un sovrano nemici. I soldati occupano e saccheggiano le stanze, le cantine e le soffitte, e prendono tutto quello che possono arraffare, e le sedie, le panche ed i tavoli sono spaccati e bruciati. Per non parlare del grano, non appena gli mettono le mani sopra, lo gettano ai loro piedi, e se lo riescono a raccogliere ormai è guasto. Le sistemazioni in simili quartieri è quanto mai da deplorare, in quanto possiamo considerarla una forma di dissipazione della disciplina militare dei nostri soldati"[94]. Nelle strette vie dei villaggi non era semplice controllare le salmerie: "non permetterete che i carri di munizioni, quelli con le cariche di polvere, con i proiettili, miccia ed altre munizioni siano portati dentro il villaggio, o se li volete comunque alloggiare dentro il villaggio, ricordatevi di sistemarli in un cortile o una piazza, la munizione è così più sicura nei confronti dei fuochi o di altri pericoli accidentali in mezzo ad un campo, che non nel bel mezzo di un villaggio. Farete sorvegliare la munizione da parte di soldati a doppia paga, per una maggiore sicurezza, per evitare che qualche moschettiere possa compiere qualche strana avventura per cercare della polvere, e non è mai troppa la prudenza, spesso ci sono stati danni tremendi, dei quali posso raccontare numerosi esempi[95]. Tuttavia è nei villaggi che avete le maggiori comodità di alloggiare i vostri quartieri, non avete la pena di segnare i limiti dei quartieri per stabilire dove i soldati debbano alloggiare"[96]. "Il generale non deve prendere alloggiamento se non in luogo sano, e dove i soldati possano riposarsi sotto il coperto ò di frasche, ò case, ò tende, e simili cose. Percioché gli uomini benché soldati siano, facendoli al lungo stare, come le bestie; al sicuro si moriranno, ò infermeranno. Cosa, che non fa per il Principe, che ne ha bisogno. Et però innanzi che giunga l'esercito, ordinerà che sia fatta la provisione del pane e dell'altre cose necessarie al vivere"[97].

Ma anche un corpo inferiore a 3.000 uomini aveva delle difficoltà nel trovare un alloggiamento decente. Siccome non c'era il tempo necessario per erigere un accampamento, e l'indomani le truppe sarebbero state messe nuovamente in marcia, occorreva sistemare i soldati presso case private. Questo era possibile presso centri abitati di discrete dimensioni, come Alessandria, Asti, Susa, Chambéry e Bourg-en-Bresse, ma luoghi come St. Jean-de-Maurienne, il principale centro della valle dell'Arc, potevano dare ospitalità a non più di 700 uomini, e sistemandoli tre per ogni letto o giaciglio disponibile[98]. Occorreva pensare anche al personale civile al seguito dell'armata: "quando poi sia l'essercito ne' quartieri, deve il Prevosto Generale far alloggiare tutti i mercanti, e vivandieri, che seguitano la Corte nella Piazza, che sarà loro assignata dal Quartiero Maestro, procurando, che s'alloggino con buon'ordine. E anco suo pensiero tenere conto di tutti i villani, e mercanti, che vengono giornalmente à vendere, acciò non sia fatto loro alcun torto, non desistendo mai d'andare in volta, e mandare i suoi Luogotenenti dentro, e fuori de' quartieri, per impedire, e rimediare tutti i disordini, de' quali deve (come si disse) dar sempre relatione al Maestro di Campo Generale"[99]. Nel 1594 vennero ad accamparsi a St. Jean-de-Maurienne numerose compagnie di fanteria spagnola, prima 11, poi 26, a seconda dei turni operativi, per tutta la durata dell'anno. Oltre ad un totale di 4.589 ufficiali e soldati, la comunità dovette provvedere ad ospitare anche 583 civili aggregati alle compagnie, per una percentuale dell'11%. Tale percentuale poteva salire di molto, sino ad oltre il 50%, per una unità di cavalleria[100].

Nel campo le attività, ogni 24 ore, erano regolate dalla *Parole*, una piccola cerimonia nella quale i comandanti decidevano la parola d'ordine e le istruzioni necessarie per i picchetti avanzati e i corpi

[94] WALLHAUSEN 1616, p. 131.
[95] WALLHAUSEN 1616, p. 131.
[96] WALLHAUSEN 1616, p. 131.
[97] MORA 1570, p. 161.
[98] TRUCHET 1887, p. 433.
[99] BRANCACCIO 1620, p. 106.
[100] ADS, SA 7570; SA 7461: AC St. Jean de Maurienne, EE 1.4.

di guardia. La protezione lontana era garantita da picchetti di fanteria e "squadroni volanti" di cavalleria[101]. La vigilanza doveva sempre essere alta e la sentinella "quando veda venir Ronda, dee prender le sue arme in mano, e dimandarle il nome, senza il quale non si hà da lasciar accostar nessuno, benché fusse il suo Capitano Generale istesso, e che si desse à conoscer per tale"[102]. Ma spesso il sistema di parole d'ordine non funzionava affatto bene: "al quartier generale dell'armata e ogni reggimento puntualmente emettono ordini, con il nome di santi o città che sono state scelti come segnale e controsegnale. È una storia differente quando ci si reca agli avamposti. Gli uomini sono distratti e mezzi addormentati, e quando qualcuno arriva e chiedono la parola d'ordine, sono soddisfatti con una risposta che non hanno neppure sentito"[103].

Ciascuna unità aveva un proprio servizio di vigilanza, utile più a mantenere la pace e la tranquillità all'interno delle compagnie, pacificando tutte quelle dispute che potevano sorgere, sia tra gli ufficiali o tra i soldati, che per sicurezza contro attacchi da parte nemica[104]. La razione base giornaliera di cibo era una forma di pane, che negli eserciti europei del XVI pesava due libbre (0,978 kg). Questo poteva essere mangiato così come era, oppure bollito insieme a lardo, sale o altre cibi in una zuppa. Vino, birra nel nord Europa, e bevande alcoliche erano presenti in tutti gli accampamenti, mentre bovini, pecore o altri animali domestici, erano condotti al seguito delle armate come riserve di carne in piedi e macellati sul momento in caso di bisogno. Nei momenti di calma il campo era del tutto simile ad un piccolo centro abitato, con i suoi esercizi, attività e vita sociale: "la vita proseguiva come se fosse stata in una città, con una completa serie di negozianti e macellai. Per il giorno intero il cibo era bollito o arrostito sopra una lunga fila di fuochi, e si poteva prendere una porzione di qualunque cosa volessi, o piuttosto di qualunque cosa si aveva i soldi per pagare, carne, burro, formaggio, pane, e frutta e vegetali di qualunque tipo. Ad eccezione per i soldati di guardia, gli uomini erano liberi di seguire i loro affari, giocare a birilli, forse d'azzardo, o camminando per i campi nella vicina campagna. Nel guardare nelle tende si vedevano solo pochi uomini che erano oziosi; il resto stava pulendo un moschetto, faceva il bucato, cucinava, riparava pantaloni, aggiustava scarpe, o scolpiva qualcosa nel legno da vendere ai contadini"[105].

Come si difende la strada

Una volta stabilito un percorso per i propri eserciti, occorreva pensare seriamente a come mettere in sicurezza tali vie di comunicazione. Per quel che riguardava il settore italiano, di fatto da Alessandria a tutta la Savoia, una buona parte della sicurezza dei cammini per la Fiandra ricadeva direttamente sullo stato sabaudo, e a partire dal 1567 divenne necessario ripensare alla difesa della Savoia stessa. Emanuele Filiberto aveva buone ragioni per investire notevoli risorse per questa ragione. Garantire gli interessi spagnoli significava avere a propria disposizione forze spagnole in caso di necessità (la conquista di Ginevra rimase sempre il suo progetto più importante) ed inoltre disporre di una carta diplomatica molto importante da impiegare eventualmente con Filippo II.

Organizzare una difesa delle strade che superavano le Alpi era una necessità, che veniva avvertita come essenziale sia dalla Spagna che dal duca di Savoia. Le truppe si muovevano molto vicino ai territori del re di Francia, per buona parte controllati dalla fazione ugonotta. Questa avrebbe potuto

---

[101] "Ma prima è da sapere, che si sogliono prendere da tutto l'essercito da 1.500, ò 2.000 fanti, de' più bravi, e particolari, e di essi si forma uno squadrone, il quale si dà carico d'un maestro di Campo riformato; [...] Questo si suole chiamar squadrone volante, e marcia nella avanguardia dell'essercito; circa del qual dico, che non è dubbio fù ordinato con molta prudenza, e può (sapendosen valere) essere in alcune occasioni di molto avantaggio; come sarebbe, quand'una notte si pensasse il nimico ne' suoi quartieri, od altri posti" (BRANCACCIO 1620, p. 72).

[102] BRANCACCIO 1620, p. 6.

[103] DE LIGNE 1795, Vol. I, p. 230.

[104] Riguardo alle ronde e al servizio di sentinella WALLHAUSEN 1616, pp. 140-141.

[105] BRÄKER 1852, pp. 142-143.

in un qualunque momento dilagare in Savoia, distruggere o bloccare i ponti sul Rodano e interrompere il flusso di truppe per le Fiandre. Venne così pianificato un nuovo assetto difensivo del ducato di Savoia. Tuttavia questa nuova idea di difesa non ha nulla a che vedere con quanto sino ad ora proposto dalla storiografia militare sabauda e dai testi di storia dell'architettura militare, in particolare quelli che trattano le fortificazioni ducali del XVI secolo. L'errore più comune in cui cadono le analisi condotte in questi studi consiste nella tendenza a valutare i sistemi difensivi in termini assoluti. I confini sabaudo del XVI non costituivano una linea impenetrabile da difendere sino dal primo assalto come una trincea di "massima resistenza" della prima Guerra Mondiale, e le fortezze costruite anche a poche centinaia di metri dal più vicino cippo confinario non erano in grado con la propria artiglieria di impedire un'incursione, anche in profondità, nel territorio ducale. L'equivoco di fondo sta nel considerare lo stato sabaudo del periodo come una realtà in grado di condurre una propria politica estera del tutto autonoma e nel ritenere i sistemi d'arma precedenti alla Guerra dei Trent'Anni del tutto simili a quelli attuali. Per chiudere in modo ermetico le frontiere sarebbe stato necessario realizzare un cordone di difese passive, come trinceramenti, mura, palizzata, in modo da bloccare ogni via d'accesso dalla Francia e da Ginevra verso la Savoia e il Piemonte. Ma l'unico modo per poter garantire la difesa di una simile linea fortificata, basata sul concetto del *limes* romano, sarebbe stato quello di considerare queste fortificazioni come base di partenza per forze mobili di attacco, che operavano seguendo una tattica di offesa, in un contesto generale di strategia difensiva. Quindi, mentre contro i pericoli endemici e di minore entità venivano impiegate delle strutture di difesa fisse e un minimo di uomini, i pericoli più gravi si sarebbero dovuti affrontare con truppe mobili concentrate ed inviate in avanscoperta ad intercettare o a "disattivare" gli attacchi nemici. Una simile strategia avrebbe implicato la necessità di attacchi preventivi sia in Francia che nei confronti dei cantoni svizzeri protestanti (contro Ginevra ad esempio, o le comunità ugonotte nel Delfinato) e il dispiegamento in Savoia di un nucleo consistente di truppe. Qualcosa di simile venne tentato dal duca di Savoia nella primavera del 1562, quando Emanuele Filiberto si offrì di fornire a Caterina de Medici 10.000 fanti e 2.000 cavalieri per stroncare le rivolte promosse dalla fazione ugonotta. Tuttavia l'operazione era finalizzata al recupero delle piazze sabaude ancora in mano alla corona di Francia, e l'operazione non venne portata a buon fine se non con l'esborso di ben 100.000 scudi per paghe ai presidi e spese di sgombero delle guarnigioni francesi. Oltretutto in questo caso mancava di fatto un potenziale aggressore ai domini ducali e spagnoli, ma era stato anzi il duca di Savoia che cercava di proiettare la sua potenza all'esterno. Da parte del duca Emanuele Filiberto, e di riflesso da parte dei comandi spagnoli, venne immediatamente scartata l'ipotesi di una difesa rigida dei confini. Basta una semplice analisi delle difese adottate per rendersi conto che non era questa la loro idea di sistema di sicurezza, e né probabilmente avevano la possibilità di realizzare qualcosa di simile.

Di fronte ad un nemico sufficientemente mobile e sufficientemente forte per sfondare una linea difensiva, qualunque sia l'asse di penetrazione prescelto, la difesa ha teoricamente due alternative valide. La prima, definita "difesa elastica", prevede l'abbandono completo del perimetro di confine, con tutte le sue fortificazioni e relative infrastrutture. In questo caso infatti la difesa si basa esclusivamente sulla mobilità delle truppe, che dovrebbe essere pari almeno a quella dell'offensiva nemica. I due avversari combattono così quasi ad armi pari: la difesa può contare su un concentramento di forze pari a quello dei nemici, non dovendo assegnare delle unità come guarnigione di posizioni fisse, né impiegare dei distaccamenti di soldati per proteggere il territorio restante. D'altro lato la difesa si vede costretta in questo modo a sacrificare tutti i vantaggi tattici normalmente legati al suo ruolo, tranne l'indubbia conoscenza del terreno, poiché nessuno dei due avversari è in grado di scegliere il luogo del combattimento, e tanto meno può prepararlo costruendoci indisturbatamente delle opere di fortificazione campale.

Il secondo metodo operativo possibile è rappresentato dalla "difesa in profondità", che si basa sulla combinazione di piazzeforti *autonome* e di reparti mobili di soldati dislocati davanti e dietro ad esse. In base a questo sistema difensivo, che presenta molteplici variazioni sia antiche che moderne, le operazioni belliche non rappresentano più un equilibrio simmetrico tra forze strutturalmente simili. L'offensiva nemica infatti è l'unica a poter sfruttare il vantaggio della piena libertà di concentramento, mentre la difesa può contare sul reciproco sostegno delle piazzeforti indipendenti e delle truppe mobili schierate sul campo di battaglia. Se le piazzeforti sono abbastanza salde, ben costruite ed equipaggiate di uomini e mezzi da reggere agli attacchi senza bisogno dell'appoggio diretto delle unità mobili, se queste ultime a loro volta riescono a resistere e a sottrarsi agli attacchi concentrati del nemico sul campo di battaglia senza dover cercare rifugio nelle fortezze e se, infine, gli assalitori sono costretti ad assediare ed espugnare tali fortezze per riuscire a prevalere, allora esistono le premesse per applicare con successo il metodo della difesa "in profondità". Prima o poi infatti l'offensiva nemica si troverà ad affrontare la superiorità militare della difesa, basata sull'azione combinata delle unità dispiegate nelle fortificazioni permanenti e di quelle mobili.

Si tratta, dunque, di due chiare alternative da applicare in risposta al pericolo di penetrazioni strategiche, altrimenti impossibili da contenere. Nessuna delle due possibilità garantisce la sicurezza "di sbarramento" di una spessa linea di difesa, tuttavia entrambe sono molto più resistenti. A livello tattico i due metodi comportano schemi di spiegamento e di operazioni molto diversi, ma a livello strategico le differenze qualitative sono molto meno significative rispetto alla scala della loro applicazione. Entrambi i modelli possono essere impiegati su base regionale in tutto il territorio da difendere, oppure a livello puramente locale. All'aumentare della scala di applicazione, aumenta anche la resistenza a breve termine del sistema, tuttavia è necessaria anche una maggiore profondità del territorio passibile di divenire campo di battaglia, e questo comporta naturalmente dei forti costi per la società, tra i quali il proprio contributo alla formazione di "forze mobili" alle quali la milizia voluta da Emanuele Filiberto avrebbe dovuto concorrere.

Tuttavia apparve chiaro che non era possibile adottare una strategia basata sulla difesa elastica del territorio. L'armata sabauda non aveva il potenziale per fermare e respingere un attacco contro la Savoia con le sue sole forze, mentre il suo alleato diretto, la Spagna, non aveva forze mobili da inviare immediatamente nel ducato o da ridispiegare al momento nell'area, né il duca di Savoia stesso si augurava una simile ipotesi. Da anni stava trattando la restituzione di Asti e di Santhià da parte del re di Spagna, operazione che Madrid non dava segni di voler effettuare. Rimase così obbligata la scelta dell'adozione *in toto* della strategia di difesa "in profondità". Perché questa potesse garantire a lungo la sicurezza al territorio sabaudo era necessario il mantenimento di un equilibrio stabile fra le incursioni nemiche e la controffensiva finale della difesa. Le incursioni erano inevitabili e, a meno che non fossero state molto deboli, come quelle dei valdesi e degli ugonotti della Val Chisone, non potevano più essere impedite mediante operazioni di intercettamento lungo la linea di confine stessa, le cui guarnigioni erano a ranghi ridotti o del tutto assenti. Incontrando lungo i confini solo dei posti di guardia fissi e delle piccole pattuglie in perlustrazione, i nemici potevano attraversare la linea di frontiera senza incontrare praticamente resistenza, ma questo fatto non implicava, nell'ambito del sistema di difesa "in profondità", uno sconvolgimento e un completo sfondamento delle difese stesse. Al contrario il nemico si sarebbe trovato in una zona di combattimento di varia profondità, in cui esistevano fortezze alla moderna (Rumilly, Bourg-en-Bresse, Montmélian) più o meno grandi, ma anche città circondate da mura, castelli, borghi fortificati, rifugi fortificati, ciascuno capace di resistere per un certo periodo alle forze avversarie, specie quelle sprovviste di un parco d'artiglieria d'assedio. All'interno e al di là di questa zona erano dislocate poi le truppe mobili, pronte a combattere in campo aperto, ma sempre con l'appoggio delle località fortificate. Questo concetto strategico venne descritto da uno dei suoi artefici diretti, l'ingegnere militare al servizio sabaudo Gabrio Busca. Per prima cosa uno stato relativamente debole come quello sabaudo doveva costruire fortificazioni ben all'interno delle proprie province: "ma per conto delle frontiere dentro terra ferma, è conviene cosiderare, à tutto il paese, e vedere, se qualche grosso fiume lo circonda da qualche parte, o Monti aspri, ò così fatte particolarità, e sopra i fiumi, è bene occupare i passi più frequentati, e dove sono i ponti. Et altre parti se fare si può rendere, ove è del tutto impossibile, ò almeno difficile, à passare. Et ne monti sarà buona, e molto util cosa l'occupare le fauci, e le strettezze, ne' luoghi più atti, à ritenere il passo; e quelle molto bene fortificare, e munire. Che se quelle, ne luoghi opportuni, e giuditiosamente fatte serano, non è alcuna volta da dubitare che so pochissimo numero non sieno, à dietro ritenuti, e impediti al passare, e grandi, e potenti eserciti: hora tutte le cose suddette si hanno da misurare con le forze dela Provincia, ò di Principe, ò di Repubblica che sia; imperò che se forzi non saranno grandi; e la Provincia; ne popolata di gente atta alla guerra, ne copiosa di Ricchesse, ne de viveri; certamente che, a tali so di più utile consiglio, quel tanto solamente fortificare, che saranno sicuri potesse conservare, e difendere, e tanto più le fortezze, e grandi, e bene, a dentro nella Provincia faranno. Avenga che quanto maggiori tanto più sono difficili a conservare, e la spesa del presidio sopra modo maggiore che della piccola. Di quelle che sono ne' confini, e nelle estremità delle provincie non tanto sono le perdite nocevoli come delle più adentro, si come non tanto dolore, ci danno le ferite che non tagliano che la pelle come quelle che dentro fino all'ossa passano. Con tutto ciò che molto lodato non sia il non fare assai più fortezze di quelle che con le forze proprie si possono, e mantenere, e difendere, devono però i Principi, e le Repubbliche che al paro dei vicini loro, ne forti, ne potenti non sono procurare con ogni studio, e far ogni sforzo per armarsi bene con le fortezze"[106].

L'appoggio che le fortificazioni potevano garantire poteva essere di vario tipo. In primo luogo le "isole" fortificate potevano servire come depositi di rifornimento. I depositi di vettovaglie e foraggio, unitamente a munizioni, depositi di armi e magazzini di polvere da sparo, gelosamente negati al nemico, erano invece immediatamente disponibili per le truppe di difesa, in fase di avanzata sul territorio temporaneamente invaso. Questi depositi fortificati erano collocati nei pressi di incroci stradali, all'interno delle province e in corrispondenza delle fortificazioni principali, luogo ideali da un punto di vista logistico, poiché il rifornimento era a disposizione delle truppe nel punto in cui esse ne avevano maggior bisogno, cioè una volta giunte a destinazione. La cavalleria, per esempio, si spostava continuamente attraverso il territorio coprendo una media di circa 90 km al giorno e né i sabaudi né gli spagnoli possedevano alcun mezzo di trasporto logistico capace di seguirli. Anche nel caso della fanteria che marciava lungo strade il più possibile agevoli, era molto più vantaggioso fare rifornimento nei punti di arrivo che non in una serie di basi di approvvigionamento, dal momento che i soldati potevano marciare a una velocità di circa quattro chilometri all'ora, mentre dei carri pesanti non potevano percorrere, nello stesso tempo, più di un chilometro e mezzo.

La seconda funzione svolta da queste fortificazioni era di tipo più specificamente tattico. Opere di difesa lungo i confini potevano, infatti, servire da utili ostacoli, anche se complessivamente la frontiera non aveva una forza militare da impedire l'accesso nei punti di facile attraversamento dei fiumi e nei passi di montagna di particolare importanza strategica. Nell'ambito di uno schema razionale di fortificazione selettiva "in profondità" lo scopo era quello di rendere uniforme l'effetto di barriera esercitato dal terreno lungo il settore di confine nel suo insieme, impedendo loro il libero accesso nei punti di passaggio più facili. Era questa la funzione fondamentale del forte di Montmélian. Le fasi di cantiere di questa fortificazione non sono note nei suoi dettagli, ma è certo che il precedente fortilizio era stato distrutto dai francesi a colpi di mina una volta evacuata la Savoia[107]. A partire dagli anni settanta del XVI secolo il vecchio castello, già inglobato in un nuovo forte alla moderna su progetto di Domenico Ravelli, venne ampliato e dotato di strutture più capienti da Ferrante Vitelli e Gabrio Busca per poter essere integrato nel nuovo piano di difesa

---

[106] BUSCA 1619, pp. 26-27.
[107] BUSCA 1619, pp. 67-68.

sabaudo[108]. In particolare a Montmélian non si richiedeva tanto uno sbarramento totale dell'Isère[109], quanto il controllo sul sottostante ponte in muratura, uno dei pochi della Savoia, e la protezione del segmento della Strada di Fiandra che, superata la valle dell'Arc, si spostava verso Chambéry.

La terza funzione caratteristica di queste fortificazioni autonome consisteva nel garantire all'interno dello schema di difesa "in profondità" la sicurezza e le comunicazioni nelle retrovie. Le truppe sabaude e spagnole dovevano muoversi il più velocemente possibile per poter realizzare le rapide concentrazioni di forze previste dal nuovo tipo di strategia, quindi non potevano permettersi di danneggiare le proprie vie di comunicazione allo scopo di rallentare le incursioni nemiche. Per garantire quindi il passaggio sicuro delle truppe e dei convogli di rifornimento in fase di concentrazione oltre, naturalmente, ai traffici commerciali dei civili e per impedire, al tempo stesso, che bande di nemici potessero servirsi indisturbatamente delle strade, venivano costruiti dei forti o mantenuti in efficienza fortificazioni medievali in precisi luoghi - guadi, incroci, passi – lungo le principali vie di comunicazione. Queste fortificazioni "stradali" potevano avere dimensioni variabili. Potevano andare dalle cittadelle di grandi dimensioni come quella di San Maurizio a Bourg-en-Bresse o il forte dell'Annunziata di Rumilly, sino a realizzazioni più piccole e decisamente sottodimensionate come il forte dell'Ecluse nei pressi del ponte di Grésin, il forte del Mirabocco sulle montagne di Bobbio Pellice oltre Villanova o i castelli di Bard, Montjovet, Miolans lungo la valle dell'Isère o Verrua lungo il Po. La collocazione del forte dell'Annunziata a Rumilly ha lasciato sempre perplessi gli studiosi di storia militare sabauda. I muri della fortezza distavano una cinquantina di chilometri dal confine più vicino, quello di Ginevra, quasi a metà strada tra Bourg-en-Bresse e Montmélian. Si è voluto cercare una spiegazione di questa costruzione così lontana dalla frontiera a causa delle clausole del Trattato di Losanna del 1564[110]. In realtà a Rumilly si incrociavano due strade, una che recava al ponte di Grésin e l'altra portava ad Arlod sul Rodano. Era uno di quei nodi strategici ideali per collocare una base logistica fortificata finalizzata al concetto di difesa in profondità del corridoio strategico spagnolo. Analogo discorso si può far per il forte del Mirabocco in Piemonte: questo era un baluardo di controllo antivaldese contro le comunità dei riformati, sia delle valli piemontesi, sia del vicino Delfinato. Si trattava di una struttura molto piccola, di sbarramento totale dell'accesso viario al Colle della Croce e dal Prà dell'Alpe Crosanna e che affidava le sue potenzialità di porta invalicabile non tanto al manufatto edilizio quanto alla propria posizione, su uno strapiombo presente sia a monte che a valle – sino al fiume Pellice – che lasciava un'unica possibilità di passare: la strada attraverso le due porte opposte del fortino. Dopo le fallite operazioni militari contro i valdesi del 1560 divenne necessario porre un rigido controllo ai riformati della Val Pellice ed impedire che questi potessero ricevere aiuti e rinforzi dagli ugonotti delfinali. Nel 1566 un cantiere era già avviato per la costruzione del forte, più simile ad una fortificazione tardomedievale che ad una fortezza bastionata moderna[111].

---

[108] BUSCA 1619, p. 63. Su Montmélian rimangono sempre validi MÉNABRÉA 1841 e DUFOUR-RABUT 1881. I piani del forte sono in AST, Corte, Biblioteca Antica, J-a.l.16, *Architettura Militare*, Vol. V, *Montmellian*.

[109] Già al momento della sua costruzione appariva a tutti chiaro che una fortezza a Montmélian non avrebbe bloccato il passo ad un esercito invasore L'ambasciatore veneto Giovanni Correr illustrava il progetto di Emanuele Filiberto nel 1566, quando il cantiere della fortezza era stato appena aperto: "però vedendo che nella Savoia non vi è altra fortezza che Momeliano, la quale sebbene è gagliarda, posta sopra un colle separato dagli altri, qual guarda la strada che viene da Chambéry al Moncenisio, non per questo saria bastante ad impedir il corso à Francesi potendo essi schiffarla commodissimamente, camminando un poco per il Delfinato, il quale non è più che due miglia lontano" (RAV, Vol. V, p. 20).

[110] In particolare AMORETTI 1973, pp. 89-129. Lo studio è fortemente dipendente dalla storiografia sabauda di fine ottocento, quale il lavoro del Ricotti, e non tiene conto della presenza della "Strada di Fiandra".

[111] "[Il duca di Savoia, n.d.a.] ha anco deliberato di fortificare un passo nella valle d'Angrogna, chiamato Bobbio, per dove necessariamente convengono passar tutti quelli che dal Delfinato e Provenza vogliono andare nella detta valle, e se lo farà (che potrà farlo con pochissimi denari per esser il sito da sè fortissimo) forse metterà un freno a quei popoli, i quali confidandosi ne' Delfinenghi e Provenzali della nuova religione, finora si sono mostrati poco obbedienti" (Relazione di Giovanni Correr, in RAV, Vol. V, p. 22)).

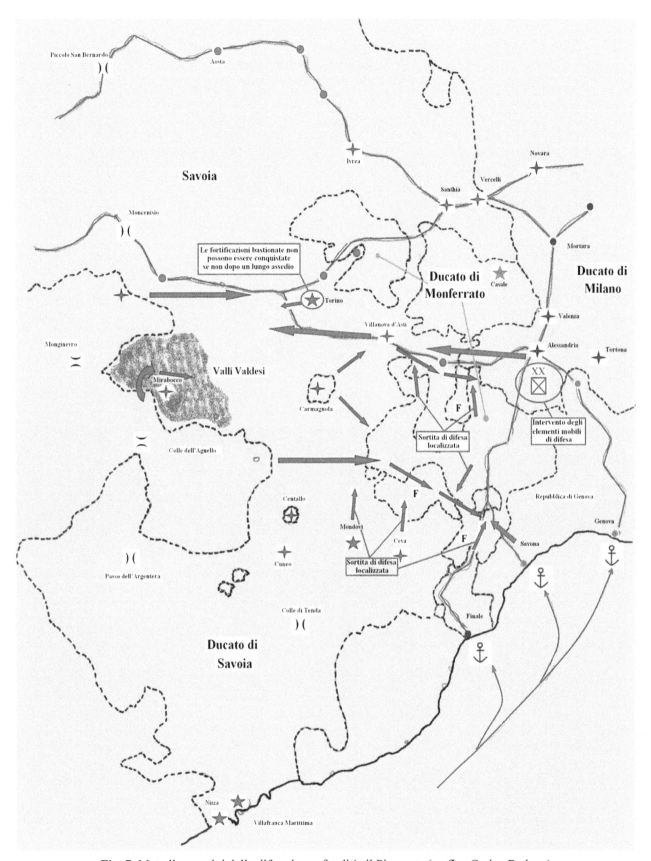

Fig. 7. Metodi operativi della difesa in profondità: il Piemonte (grafica Cerino Badone)

Within the figure:

Piccolo San Bernardo

Aosta

Savoia

Ivrea

Novara

Moncenisio

Santhià

Vercelli

Mortara

Le fortificazioni bastionate non possono essere conquistate se non dopo un lungo assedio

Ducato di Monferrato

Casale

Ducato di Milano

Torino

Villanova d'Asti

Valenza

Monginevro

Alessandria

Tortona

Valli Valdesi

Mirabocco

XX

Carmagnola

F

Intervento degli elementi mobili di difesa

Sortita di difesa localizzata

Colle dell'Agnello

Repubblica di Genova

Genova

Centallo

Mondovì

Ceva

F

F

Savona

Passo dell'Argentera

Cuneo

Sortita di difesa localizzata

Finale

Colle di Tenda

Ducato di Savoia

Nizza

Villafranca Marittima

105

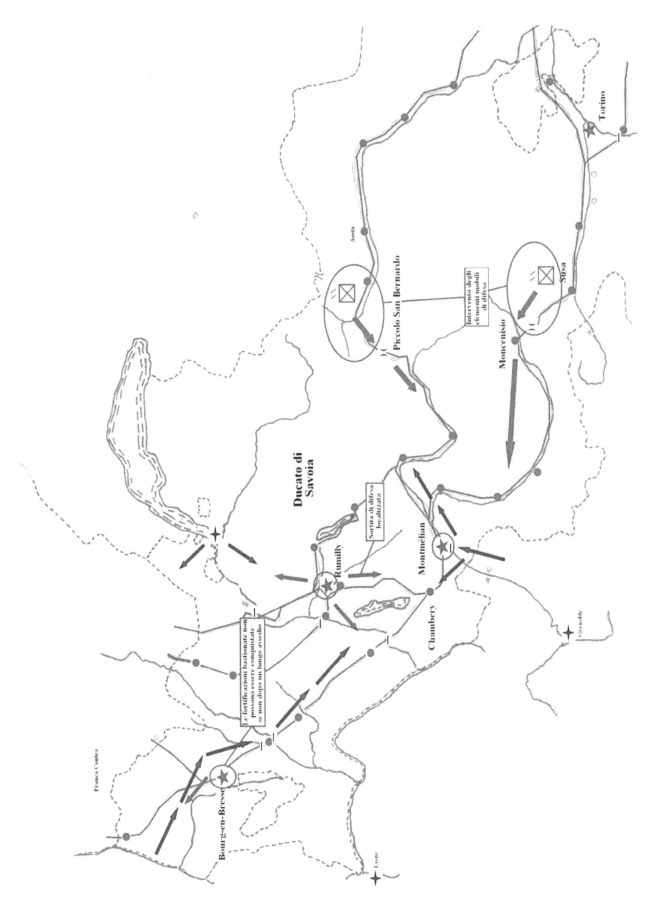

Fig. 8. Metodi operativi della difesa in profondità: la Savoia (grafica Cerino Badone)

106

Fig. 9. Strada di Fiandra e controllo del territorio, la ragion d'essere dello stato sabaudo. A nord di Chambéry la strada per il ponte di Gresy si incrocia a Rumilly con il cammino che giunge da Annecy e dal Piccolo San Bernardo. Nel 1567 venne decisa la costruzione del Forte dell'Annunziata, su disegno di Gabrio Busca. Si trattava di una delle cinque fortificazioni erette *ex-nihilo* da Emanuele Filiberto dopo il 1559. Tre di queste, Rumilly, Bourg-en-Bresse e Montmélian furono edificate lungo la Strada di Fiandra in Savoia. Rumilly era distante oltre trenta chilometri dai confini del ducato con la Francia e con Ginevra ed aveva lo scopo preciso di presidiare uno dei punti più sensibili della Via di Fiandra. È evidenziato il percorso del cammino cinquecentesco, mentre il disegno di Gabrio Busca è stato sovrapposto alle rovine del forte. Fonti: AGS, E 3338/31; AGS, E 3340/86; AST, Corte, Materie Militari, Imprese, Mazzo 1 inventariato; Busca 1619; RAV, Vol. II, Firenze 1858, pp. 139-140. Le ricognizioni sul terreno sono state effettuate nel giugno 2010

La quarta funzione di queste roccheforti autonome riguarda esclusivamente il caso in cui le truppe mobili fossero rimaste nelle loro fortezze. I soldati potevano uscire per attaccare di sorpresa alle spalle degli invasori, rifugiandosi poi di nuovo al sicuro, non appena il nemico si fosse preparato a rispondere in forze. Queste operazioni non solo avrebbero fiaccato gli avversari, ma li avrebbero anche costretti ad adottare un concentramento di forze superiore a quello desiderato. Ciò poteva essere determinante, perché il problema tattico più grave, per le truppe mobili spagnole, consisteva nell'affrontare truppe di invasori che si muovessero in ordine sparso, e pertanto elusive. Qualcosa di simile era capitato alle forze sabaude nelle operazioni contro i valdesi nel 1560.

Infine le piazzeforti autonome svolgevano una quinta funzione: permettevano di conservare le forze mobili sotto attacco, offrendo loro un temporaneo rifugio. Nel caso di una strategia di difesa esclusivamente "elastica" i difensori, schiacciati dalla superiorità numerica dei nemici potevano scegliere solo fra la fuga e la sconfitta mentre, avendo a disposizione queste fortificazioni permanenti con ingenti magazzini di vettovaglie e altri materiali bellici, i contingenti mobili sconfitti o numericamente inferiori non venivano né distrutti né dispersi in fuga. Per le forze spagnole, e massimamente per il ducato di Savoia, era essenziale conservare al massimo i contingenti militari di veterani, e le piazzeforti servivano doppiamente a questo scopo, aumentando al massimo la forza difensiva delle guarnigioni entro le mura, offrendo un rifugio temporaneo alle truppe mobili che altrimenti sarebbero state distrutte o costrette a cedere il campo.

Queste opere fortificate, tuttavia, presentavano un potenziale inconveniente: la presenza di solide mura e di bastioni poteva finire per logorare la spinta offensiva delle truppe che vi erano ospitate, rendendo più evidente la differenza fra la relativa insicurezza del combattimento in campo aperto e la tranquillità offerta da queste postazioni fisse. Era comunque possibile trovare rimedio a questo inconveniente e, come accade anche ai nostri giorni, l'effetto corruttore delle fortificazioni poteva essere combattuto da un addestramento appropriato e da esperti comandanti. Le sindromi "da Linea Maginot" si possono evitare. Con ogni probabilità truppe mal guidate, destinate perciò a soccombere di fronte al nemico, sarebbero costrette ugualmente a cedere il campo anche se non disponessero di fortificazioni. Ma nella seconda metà del XVI non sembrava esistere esercito meglio addestrato e più combattivo di quello di Filippo II di Spagna.

L'esercito sabaudo e l'esercito spagnolo

Al termine delle prime Guerre d'Italia, nel 1559, la Spagna di Filippo II era giunta al culmine della sua potenza politica e militare. Forte del sistema di stati cliente che copriva il ducato di Milano da attacchi provenienti da ovest, e in particolare dalla Francia, il presidio del territorio era delegato ad un singolo *tercio* di fanteria, il cosiddetto *Tercio de Lombardia*[112].

Si trattava di un'unità mobile, pensata prima di tutto per il campo di battaglia, forte di quindici compagnie per un totale di 3.000 uomini. A questo si aggiungevano le guarnigioni ordinarie dei presidi, circa 2.000 uomini sparsi tra non meno di diciassette piazzeforti principali ai quali si potevano aggiungere, in caso di bisogno, le milizie locali. Si trattava in tutto di 5.000 fanti ai quali occorreva sommare altri 1.200 cavalieri[113]. Non era certo un esercito imponente. Diluiti sul territorio del ducato, sino agli anni sessanta del XVI secolo i militari, per quanto mal sopportatidalle città sede di guarnigione, erano una presenza modesta dal punto di vista numerico. A partire dal 1567 questo rapporto cambiò.

Snodo della via di Fiandra, il ducato di Milano si trovò nella situazione di dover ospitare migliaia di soldati destinati al fronte olandese. Tra il 1567 ed il 1601 non meno di 93.051 soldati attraversarono le Alpi piemontesi partendo dagli approdi liguri. Solo una parte di questi uomini poteva definirsi "veterana", già testata in battaglia o preparata ad essa tramite intensi addestramenti ed in grado di sostenere le fatiche di una campagna di guerra e affrontare in maniera soddisfacente un combattimento ad alta intensità. Il duca d'Alba nel 1567 prelevò 8.652 uomini dai *tercios* della Sicilia, di Napoli, della Sardegna e di Milano sostituendoli con 7.614 nuove reclute dalla Spagna. Nel 1571 questi uomini, ormai perfettamente addestrati, furono imbarcati sulle galee che combatterono a Lepanto contro i Turchi. Due anni più tardi 5.000 di loro furono inviati a nord a combattere nelle Fiandre. Almeno all'inizio il sistema sembrò funzionare bene, dal momento che l'Italia era un luogo leggendario per le truppe spagnole. La memoria delle Guerre d'Italia appena concluse riportava la penisola come il luogo della bella vita, terra di vino, donne, canti e bottino. L'Italia divenne così il "seminario" delle truppe di élite delle forze spagnole.

I 4.200 uomini del *Tercio di Lombardia* e della cavalleria dello Stato divennero dunque la "forza di intervento rapido" destinata a mantenere in sicurezza il tratto "italiano" dello Strada di Fiandra e il nucleo centrale intorno al quale costituire delle forze *ad hoc* con le quali fronteggiare le emergenze. Già nel 1560 due compagnie avevano partecipato, con poco successo per la verità, alle operazioni contro i sudditi valdesi del duca di Savoia.

---

[112] MAFFI 2007, p. 78.
[113] La cavalleria dello stato di Milano nella seconda metà del XVI secolo era composta da 11 "stendardi" di gente d'armi, ossia la vecchia cavalleria pesante, forte di 424 uomini, 6 compagnie di cavalleria leggera e 2 compagnie della guardia del governatore. MAFFI 2007, p. 78.

Il principale dispositivo militare sul quale gli spagnoli potevano contare nello scacchiere era quello sabaudo. L'esercito di Emanuele Filiberto era tuttavia un'armata "dormiente" in quanto il suo potenziale umano, pur limitato alle ristrette capacità del ducato, era sfruttato in tempo di pace soltanto in minima parte. L'armata del duca si suddivideva in tre distinte parti: presidi, guardie e trattenuti. Le prime due categorie di truppe rappresentavano rappresentava la parte *stabile* dell'esercito, sempre presenti e retribuite in tempo di pace e mentre i trattenuti erano la parte *provvisoria* che veniva levata solo in occasione dei conflitti e poi licenziata una volta terminata la crisi. Tale divisione è evidenziata anche dai documenti amministrativi d'archivio che li riguardano. Le paghe delle truppe stabili erano conteggiate nei *Bilanci militari*, mentre nei *Conti dei tesorieri di milizia* erano iscritte tutte quelle truppe che appartenevano alla milizia e alle truppe arruolate temporaneamente.

I presidi erano quelle truppe destinate al servizio di guarnigione di una fortificazione particolare. La loro funzione era quella di difendere, nel limite delle loro possibilità e del numero, le fortificazioni loro assegnate ed il territorio circostante. A questa categoria appartenevano anche le guardie, ossia quei corpi legate al servizio di corte, e si occupavano della sicurezza personale del principe e della sua famiglia e durante le iniziative pubbliche funzionavano da simbolo del potenziale militare del ducato. I presidi e le guardie furono le prime formazioni ad essere riorganizzate da Emanuele Filiberto nel 1559. Il ducato nel 1566 poteva disporre di un presidio di circa 1.500 di uomini. La documentazione d'archivio permette di segnalare la presenza di 906 militari disseminati nei presidi del ducato "al di qua delle Alpi", mancando la documentazione inerente la Savoia[114].

Stato delle guarnigioni del ducato di Savoia		
Piazzaforte	**1562**	**1566**
Torino - Cittadella		300
Vercelli	63	200
Ivrea	30	30
Cuneo	100	100
Nizza	-	163
Chivasso	-	100
Villafranca Marittima	-	62
Savigliano	300	-
Montmélian	50	50
Rumilly		50
Bourg-en-Bresse		50
Bene Vagianna	30	30
Fossano	30	30
Cisterna d'Asti	22	20
Luserna	27	20
Altri presidi	100 c.a	
Totale	800 c.a	1.205[115]

Il termine trattenuti, tra il 1560 ed il 1580, serviva ad indicare comandanti militari di provata esperienza, membri delle maggiori casate feudali italiane, come i Madruzzo, i Pio di Sassuolo, Avogadro, Scotti, Rangone, Martinengo, Sanvitale, Vitelli, Doria, sudditi di stati in buoni rapporti con la Savoia, quali la repubblica di Venezia, il ducato di Parma e lo stato della Chiesa[116]. Il duca garantiva ai trattenuti un dignitoso stipendio in tempo di pace e in caso di guerra un fondo in denaro

[114] AST: Sezioni Riunite, Camerale, Art. 333, Miscellanea di conti 1571-1725, Mazzo 6: Ministero della Guerra, Bilanci Militari, Mazzo 1, 1560-1597, *Relacione de quello che importa le cinque paghe del vecchio a tutti li castelli o presidi, che sono in Piemonte, conforme al ordine vecchio*; *Relazione del bilancio di quelo importa la militia ogni mese per l'anno 1566*; *Stato della militia in Piemonte per l'anno 1576.*
[115] Dei quali sicuri 906 in Piemonte. AST, Sezioni Riunite, Ministero della Guerra, Bilanci Militari, Mazzo 1, 1560-1597, *Relazione del bilancio di quelo importa la militia ogni mese per l'anno 1566.*
[116] DE CONSOLI 1999, p. 48.

necessario a levare uomini per formare reggimenti temporanei al servizio del ducato. Imprenditori delle armi, i trattenuti divennero con il passare del tempo dei quadri fissi dell'esercito sabaudo senza truppe stabili. Ad ogni modo avevano provveduto da tempo a costruire una rete di conoscenze tale da garantire loro il servizio di abili ufficiali e sottoufficiali i quali avrebbero favorito in prima persona il numero di reclute necessarie al servizio. Questo sistema di reclutamento, già impiegato nel corso delle Guerre d'Italia, venne impiegato nuovamente nel 1561 quando venne decisa la campagna militare contro i valdesi. Nel 1562 la forza arruolata per la spedizione nelle valli eretiche era ancora mobilitata e iscritta a libro paga. Stando ai pagamenti registrati dal tesoriere di milizia nel mese di agosto del 1562 i soldati assoldati provvisoriamente con il sistema dei trattenuti erano 1.870. I nomi dei *gentilhuomini* a capo delle diverse compagnie di 200 o 300 uomini erano i seguenti: Odoardo Lanzavecchia, Archelao Invitiato, Alessandro Firuffino, Annibale Cocconato, Francesco Valperga, Giuseppe Ferrero, Battista della Chiesa, Carlo Roero. A questi militari vanno aggiunte le 88 *cellade*, ossia uomini della cavalleria leggera, posti al comando di Giovanni Antonio dell'Acqua e le 68 agli ordini di Guido Piovena.

Le compagnie erano strumenti di guerra costosi, che andavano usati con oculatezza. Il capitano Odoardo Lanzavecchia, comandante di una compagnia di 300 fanti, ricevette da tesoriere un anticipo di 2.896, cifra che venne versata il 26 agosto 1562, saldando la retribuzione per la durata di un mese. Il 18 novembre veniva versato al capitano Lanzavecchia una somma di 747 lire e 10 soldi per coprire le paghe sino al 10 novembre, dopo di che l'unità venne disciolta. Dei 300 uomini iniziali ne erano rimasti 173 (57,6%), compresi gli ufficiali. Simile trafila fu usata anche per le altre compagnie, le quali avevano subito un notevole logoramento durante il loro servizio nelle valli. Ad esempio la compagnia Ferrero, inizialmente composta da 200 uomini, al momento del congedo contava 160 effettivi (80%). Nel ducato di Savoia dunque non era molto difficile trovare 2.000 uomini disposti a combattere e del resto lo stesso anno vennero arruolate per le forze cattoliche francesi circa 12.000 soldati. La formula vincente per questa chiamata alle armi sembra essere la regolarità dei pagamenti. Mentre gli uomini venivano congedati, gli ufficiali non avevano il problema di trovare una nuova collocazione o conflitto da combattere. Il loro status di trattenuti li metteva al riparo dalla perdita di un reddito e di un comando. Per alcuni di loro, soprattutto quelli più capaci, era possibile trovare una carica nelle strutture dello stato. Nel 1576 Giovanni Battista della Chiesa aveva una carica di capitano nel presidio di 45 lire mensili, alle quali si aggiungeva annualmente una pensione di 450 lire. Meno fortunati, o meno abili nel ritagliarsi uno spazio, furono ufficiali come il Lanzavecchia, che nel 1570 percepiva uno stipendio di 18 lire, il doppio di un soldato semplice, ma neppure la metà di quello di della Chiesa[117].

Altro elemento che avrebbe dovuto concorre alla difesa del ducato era la milizia paesana. La sua storia ebbe inizio, almeno formalmente, sulla fine del 1560 quando Emanuele Filiberto emise il primo editto contenente i criteri per procedere alla sua formazione e levata in caso di necessità. Tale corpo fu creato da Emanuele Filiberto allo scopo di formare un nuovo, e ben più numeroso, corpo militare in grado di partecipare alla difesa dello stato. Nel 1566 il duca spiegava con molta chiarezza che le direttive da eseguire erano finalizzate a "conservare gli nostri stati" e che le truppe sarebbero state impiegate "per difesa d'essi". Formata con una leva dei cittadini maschi in età adulta e di condizione non nobile residenti nei territori posti sotto il dominio dei Savoia, essi avrebbero prestato servizio a seguito di una chiamata del duca, abbandonando l'occupazione svolta sino a quel momento. Secondo le intenzioni di Emanuele Filiberto la forza doveva oscillare tra i 15.000 ed in 24.000 effettivi, ma già a detta degli ambasciatori veneti a Torino questa cifra era impossibile da raggiungersi per i sabaudi, in quanto molti dei reclutati non erano "in grado di marciare" ed assolutamente inutili in caso di guerra[118]. Se è chiaro quale fosse il principale obiettivo per il quale tale progetto fu messo in cantiere, vale la pena notare che si voleva ottenere anche ad un altro

---

[117] DE CONSOLI 1999, pp. 73-75.
[118] DE CONSOLI 1999, pp. 95.

110

risultato di tipo propagandistico che, almeno sino agli anni novanta del XVI secolo, fu pienamente colto. La formazione della milizia fu infatti oggetto di interesse, commenti, curiosità e fu studiata da parte di molti osservatori e contribuì a far conoscere, e in qualche misura temere l'intero ordinamento militare sabaudo. Nel 1572 su di essa si concentrò l'attenzione del re Sebastiano di Portogallo, e nel settembre del 1574 fu lo stesso Filippo II a chiedere informazioni a tale proposito al governatore del ducato di Milano, "sulla milizia che il duca di Savoia tiene in Asti, da quanto tempo esiste e quanto è numerosa"[119].

Alla prova dei fatti l'armata sabauda si rivelò tuttavia totalmente dipendente da quella spagnola. Ad esempio per la campagna del 1594 questa era l'ordine di battaglia dell'armata congiunta sabaudo-spagnola di Carlo Emanuele I che doveva operare contro le forze di Lesdiguières:

Armata del duca di Savoia per la campagna del 1594 (in corsivo le unità spagnole)	
Fanteria	
Reggimenti di fanteria svizzera	2.000
Reggimenti di fanteria borgognona	400
Esquadron spagnologiunto dalla Provenza	200
Milizia	400
Esquadron Tercio di Saboya	2.500
Esquadron Tecio di Lombardia	1.500
Reggimento Ponte	1.600
Reggimento di fanteria borgognona Camot	250
Totale effettivi	**8.850**

Su 8.850 effettivi ben 4,200 erano soldati spagnoli, il 47% del totale. Senza queste truppe la riconquista di Bricherasio, evento molto celebrato dalla storiografia di casa Savoia, non sarebbe stata possibile. A questi dati si aggiunga il fatto che delle 28 compagnie di cavalleria presenti, per un totale di 1.500 uomini di truppa, ben 11 erano giunte da Milano[120].

Una simile ristrutturazione delle forze militari era stata messa in atto da parte dei Gonzaga nel Monferrato. Il duca Guglielmo, pur continuando ad aspirare ad una permuta tra Casale e Cremona, era consapevole del suo ruolo di stato cliente. Non solo, ma non si fidava sia del duca di Savoia, sia dei suoi stessi sudditi monferrini che mal lo sopportavano. Come spiegò l'ambasciatore dei Gonzaga a Madrid, il duca si era reso conto che "lo Stato del Monferrato, per ritrovarsi senza luoghi forti che lo guardassero veniva a stare così aperto che sarebbe stato in potere di chi sia non solo d'entrarvi et rubarlo, ma di passare ancho per esso a' danni dello Stato di Milano". Per questo aveva deciso di far "fabbricare primieramente nella città stessa di Casale una buona et forte piazza, come ha già di fatto, essendo ella horamai in diffesa", di far costruire una cittadella ad Alba e di rinforzare il castello di Verolengo "così quella d'Alba diffenderà le Langhe e il forte di Verolengo assicurarà il Canovese, che sono le altre due parti più esposte alli perico de' mottivi francesi"[121].

Nell'immediato le fornaci di mattoni rimasero inoperose, e già alla fine del 1570 il duca aveva invitato i feudatari e le comunità del Monferrato a contribuire alle spese necessarie per la "diffesa dello Stato e manutenzione de' presidi". Solo alcuni risposero positivamente all'appello, in particolare Bonifacio di Montiglio, i fratelli Leonardo e Francesco della Rovere, conti di Cinzano, Teodoro di San Giorgio, Lelio Scarampi di Camino, Giovanni Vincenzo e Petrino Belli, signori di Grinzane, persone che da una simile azione ducale speravano di guadagnare incarichi e gradi. Le comunità che aspiravano ad una miglioria delle proprie fortificazioni furono Alba, Nizza, Acqui e Trino. Anche alcuni finanziatori genovesi, con capitali e rendite nel Monferrato, risposero

---

[119] AGS, Estado, *Milan y Saboya*, legajo 1239, 74.
[120] BRTO, Manoscritto Militare 127, 7, *Relazione dell'assedio e presa di Bricherasio*.
[121] Citato in RAVIOLA 2003, p. 77.

all'appello, tra i quali Ugo Doria feudatario di Mornese e Nicolò Doria, signore di Cremolino. Il sistema gonzaghesco ricalcava quello sabaudo, o comunque prese da esso forte ispirazione. Le nostre conoscenze delle forze militari italiane del periodo seguente a Cateau-Cambrésis sono abbastanza scarse, nonostante alcuni recenti tentativi di studio, ma è curioso come due stati clienti della Spagna collocati nella stessa area geografica abbiano adottato a poca distanza di tempo lo stesso modello organizzativo. Pur senza impiegare lo stesso nome anche il Monferrato organizzò i propri presidi e la propria milizia. Il sistema dei trattenuti non era stato istituzionalizzato, ma appare evidente che la nobiltà fedele a Mantova non avrebbe avuto alcun problema a costituire lo scheletro organizzativo di un esercito levato per fronteggiare un'emergenza militare.

I numeri non erano significativi. Poco meno di 250 uomini garantivano la forza di presidio. Ma le 260 comunità o feudi del Monferrato erano in grado di levare una milizia di circa 16.000 effettivi (15.958), qualcosa di numericamente molto simile a quello che le comunità sabaude erano in grado di fare. Possiamo discutere e valutare negativamente a posteriori il potenziale militare di queste milizie, alla prova dei fatti scarso nelle operazioni ad alta intensità, ma molto era giocato sul fattore deterrente e sull'aspetto psicologico della presenza di queste forze. Un eventuale aggressore sapeva che i territori della Savoia potevano essere difesi da una forza di milizia che "si supponeva" essere numerosa, che si appoggiava ad una rete di ottime fortezze e che poteva contare sull'apporto di truppe veterane spagnole nella funzione di forza mobile di pronto intervento. Sino a quando il ducato di Savoia rimase un alleato tranquillo e sino a quando il regno di Francia fu attraversato da lotte religiose intestine il sistema risultò essere abbastanza solido da garantire oltre vent'anni di pace dal momento in cui la "Strada di Fiandra" fu inaugurata nel 1567.

Ma nel 1588 la costruzione strategica voluta da Filippo II doveva subire una scossa tale da minarla definitivamente, almeno così come era stata inizialmente pensata.

CAPITOLO 2

La seconda parte della storia della Strada di Fiandra 1588-1659

Il primo colpo di archibugio delle nuove Guerre d'Italia fu sparato da un ignoto soldato francese dai camminamenti delle fortificazioni di Centallo all'alba del 29 settembre 1588. Le truppe sabaude si erano avvicinate di soppiatto alle fortificazioni del borgo. Carlo Francesco di Luserna, comandante della colonna d'assalto, era con il capitano Giorgio Morro alla testa dei suoi soldati, acquattati sul bordo del fossato. "In quel istante passò la ronda qual portava un lanternone sopra un molto alto bastone, il quale alzò et callò tre volte nel fosso per vedere come credo se vi fosse gente ivi vicino, et fece atto di quel lanternone tal che mi fece suspettar fosse qualche segno che donasse a qualche imboscata che fosse nel borgo. Pocho appresso questo cominciassimo sentir la sentinella qual scoperse il capitano Corvo non potendo però intendere ciò gli dicesse, ma per quanto egli riferisse havendoli per molte volte domandato chi egli fosse et rispostogli sempre "amico", un'ultima accortosi del fatto toccò arma et sentissi subito toccar tamborro et campana, ond'io m'affrettai per assaltar nel medemo tempo et nacque un gran disordine perché alcuni soldati montanari della mia retroguardia cominciorno tutti a cridare "Savoia Savoia, dentro dentro", di modo che vi corse dalla parte nostra per difesa soldati assai et altri della terra".

Ormai i soldati sabaudi erano stati scoperti, e la confusione era ormai massima, "nacque parimenti un disordine dalla guida, la qual potendone condur drittamente nel fosso dove bisognava assaltare, mi condusse alla porta del bastione del castello et poi tutti al longo del fosso ove ne furono sparate molte archibuggiate, et gionti al luogo dove dovevamo calar nel fosso tirorno die canonate, il che causò che molti soldati si fugissero et altri si metessero a terra".

Gli ufficiali e i "soldati vecchi", ossia i veterani, riuscirono a risolvere la difficile situazione in cui si erano venuti a trovare. "Il governatore moderno di Centallo fu il primo che saltasse ne3l fosso et alcuni altri gentilhomeni et miei amici, ma tra tutti quatordeci soldati di mio fratello fecero maravigliosamente bene et io attesi a spinger inanti quelli che non andavano volontieri, et alcuni ne gittai nel fosso che non li volevano andare, et così insieme con gl'altri sguazzai il fosso non essendovi l'acqua più alta della cintura, et essendo poco meno che montato dentro mi scaporno i piedi et tornai nel fosso facendo cader doi o tre altri che mi venevano appresso, et rimontando la seconda volta essendo non più alto d'un'allabarda ritornai a cader nel fosso". La guarnigione non era numerosa e la milizia locale ritenne persa la partita sin dai primi colpi. "Li francesi combatterono bene et quelli della terra fecero poca difesa. Il primo che intrasse fu un mio servitore di Santhà il quale con un colpo di partesanagittò la sentinella nel fosso, fece benissimo un gentilhomo d'Asti chiamato il signor Antonio Anselmi, il signor Petrin Musso di Fossano, il mio Alfier Sebastiano Bava, uno dei figlioli de Monsignor di bagnolo luogotenente del castello di Nizza molto giovane, et il resto de soldati et offitiali fecero benissimo: dico che quelli che entrorno che in tutto non eravamo cinquanta, et questo luogo per dove intrassimo era non più lontano dalla porta et corpo de guardia di due passi".

Il castello non si arrese subito e continuò a resistere sino al giorno dopo, "quando una sentinella del castello cominciò a cridar: non tirate più che saremo amici, et domandorno dove io fossi e se potevano parlar meco". L'indomani le insegne del duca di Savoia svoltolavano sul castello di

Centallo[1]. Quella che era sembrata una veloce e poco sanguinosa azione militare era solo il prologo di una serie di conflitti che si sarebbero prolungati sino al 1659.

La confusione al potere, ossia le guerre di Carlo Emanuele I

Il sistema di sicurezza strategico di Filippo II venne messo in crisi proprio da quello stato cliente che avrebbe dovuto garantire la necessaria solidità. Il 30 agosto 1580 il duca Emanuele Filiberto aveva reso l'anima al Signore. Suo figlio, Carlo Emanuele I, gli era succeduto. Era un giovane di diciotto anni, pieno di energia e desideroso di trasformare i suoi stati in un reame. Intraprese pertanto un ambizioso programma politico destinato ad accompagnare l'ingrandimento territoriale dello stato che aveva ereditato. Il vecchio duca e la sua sposa avevano educato il loro figlio come un vero principe rinascimentale. La gloria ottenuta dal padre sui campi di battaglia delle Fiandre alimentò la fantasia di Carlo Emanuele I nei confronti di un ideale mondo cavalleresco e la sua ammirazione per i grandi capitani della storia. Non esitava pertanto nel corso della campagna da lui intrapresa ad esporsi in prima persona davanti al nemico, cosa che immediatamente fece proprio a Carmagnola nel settembre del 1588[2]. Letture cavalleresche e ardimento personale formarono il suo concetto di strategia: "noi andiamo dritti contro il nemico"[3]. Animato da un'ardente fede, si auto convinse del ruolo che la Provvidenza voleva fargli giocare in Europa. Lungi dall'essere uno spirito razionale e riflessivo, rafforzò i legami che già il padre aveva stretto con la Spagna sposando nel 1585 l'infanta Caterina Michela di Asburgo, figlia di Filippo II. La sua corte conobbe un'espansione ed uno sfarzo che durante il ducato di Emanuele Filiberto non si erano mai visti. Feste, ricevimenti e la creazione di grandi collezioni d'arte servivano come manifesto politico teso a celebrare la casa di Savoia e ad esaltare il suo nuovo giovane duca. Parallelamente decise di ingrandire la sua capitale, Torino, e di farne una città degna del rango regale al quale aspirava. Gli ampliamenti urbanistici della città realizzati in quel periodo sono lo specchio stesso di Carlo Emanuele I. Le vie e le piazze sono collocate in modo tale da costruire l'effetto visivo il più possibile scenografico e sfarzoso, una quinta teatrale che, a ben vedere, si appoggiava su basi non solidissime. Il duca che voleva essere re aveva i francesi a meno di 30 km dalle porte del suo palazzo in città.

Quale era l'idea del futuro per Carlo Emanuele I? L'espansione naturale del ducato era verso ovest e verso nord; Ginevra, già nelle mire paterne, il marchesato di Saluzzo, testa di ponte francese in Italia, e in generale la conquista di tutte le terre a est del Rodano, da Lione sino alla Provenza passando per il Delfinato. Queste conquiste avrebbero per lui rappresentato la massa critica sufficiente per resuscitare l'antico reame degli Allobrogi, o quello di Borgogna, in seno al quale si era formata la famiglia dei Savoia a partire dal X secolo.

Tali aspirazioni non erano fantasie di un momento, ma la convenzione di un principe che faceva quasi della propria politica un continua serie di *coups de théâtre* che avrebbero trovato difficoltà di riuscita già nell'Europa del XV secolo e in quella della fine del XVI poteva creare uno sconcerto momentaneo, se le circostanze lo avessero permesso, ma la finezza e i numerosi piani sovrapposti sui quali venivano giocate le partite diplomatiche e militari del periodo lo avrebbero presto messo in

---

[1] *Relatione della presa di Centallo fatta dal Conte Carlo Francesco di Lucerna Governatore*, lettera al duca Carlo Emanuele I del 24 novembre 1588 (BRTO, Manoscritti Militari 152). Una descrizione delle fortificazioni di Centallo è in AST, Corte, Provincie, Cuneo, Mazzo 5. Per un'immagine del castello e delle fortificazioni della piazzaforte cfr. AST, Corte, Biblioteca Antica, J-a.l.16, *Architettura Militare*, Vol. V, ff. 20v-21. Nonostante i lavori di fortificazione effettuati nella prima metà del XVI secolo, che trasformarono il castello medievale in un forte bastionato a pianta quadrata, ben due bastioni risultavano ancora costruiti in terra (BTMI, Fortezze di Piemonte, cart. 264).
[2] CAMBIANO DI RUFFIA 1840, p. 1240.
[3] *Noi andiamo dritti contro il nemico lasciando le cose su questo versante ben al sicuro*, lettera di Carlo Emanuele I al Senato di Savoia del 9 novembre 1592, ADS, B 5806.

grandissime difficoltà, cosa che puntualmente accadde ogni volta che il duca cercò di tentare la sorte sui campi di battaglia. Il lungo regno di Carlo Emanuele I vide l'instaurarsi di un periodo di confusione permanente, tra guerra e pace, ordine e disordine, un continuo movimento di eventi e guerre dove l'equilibrio era situato all'opposto del suo stesso significato, ossia nell'instabile, nel cui cono d'ombra il duca poteva sperare di sopravvivere e prosperare[4].

Ora mancava solo l'occasione per agire e mettere in atto il suo piano. Del resto il fatto di essere inserito nel sistema di sicurezza spagnolo, e di essere il genero di Filippo II, lo metteva al riparo da qualsiasi sgradita sorpresa. Alla fine degli anni ottanta del Cinquecento la situazione all'interno del regno di Francia era quanto mai caotica. Il re Enrico III, senza eredi diretti, era ormai stato completamente screditato dalla Lega Cattolica, ogni giorno sempre più potente. L'ambasciatore sabaudo a Parigi, René de Lucinge, osservando l'incendio che divampava nel regno, abbandonò ogni prudenza nello scrivere al suo signore, confermando in tutta la sua corrispondenza l'opportunità di operare una politica predatrice nei confronti di una realtà statuale ormai agonizzante, incoraggiando il duca a corrompere una nobiltà francese ormai solo dedita ai vizi[5]. I mezzi sembravano non mancare, il duca aveva i forzieri carichi d'oro e poteva richiedere i soldati spagnoli di suo suocere per un'azione sulle Alpi, purché fosse fatta passare come un'operazione finalizzata alla sicurezza del cammino di Fiandra, allora in piena attività. Tra il 1582 ed il 1588 attraversarono il ducato di Savoia e diretti nelle Fiandre 35.548 fanti e 1.800 cavalieri[6].

Ciò che il duca di Savoia allora, e la storiografia sabauda poi, compresero in pieno fu che questi soldati non erano destinati a supportare le sue imprese. Il giovane duca non era rimasto con le mani in mano. Nell'aprile del 1582 aveva organizzato un assalto a sorpresa contro Ginevra. L'operazione, basata su una rete di connivenze e fiancheggiatori che i Savoia potevano ancora impiegare in città, fallì a causa della scoperta di questa base coperta entro le mura ginevrine[7]. Tuttavia, dopo il matrimonio spagnolo, Carlo Emanuele si sentì abbastanza sicuro da proporre un assedio in piena regola impiegando l'esercito spagnolo della Lombardia e altre forze inviate in suo soccorso dal pontefice. L'assedio di Ginevra, previsto prima per il 1586 e poi nel 1587, non fu mai messo in pratica. Il confronto nelle Fiandre era salito di intensità. Tra il 1578 ed il 1585 l'armata delle Fiandre era passata da una vittoria all'altra. In particolare, l'arrivo del Duca di Parma al comando del fronte olandese era coinciso con l'apertura di una stagione di vittorie per Filippo II, le quali erano sembrate ancora più importanti e spettacolari in quanto ottenute nei confronti di una coalizione internazionale ostile a Madrid. Un'armata di ugonotti francesi comandata dal duca di Anjou, fratello di Enrico III, aveva iniziato le sue operazioni contro Parma nel 1581. Gli Stati Generali avevano deposto il re di Spagna in qualità di loro sovrano e nel 1582 gli stati di ogni provincia ancora in rivolta e non ancora occupate dagli spagnoli solennemente riconobbero Anjou quale loro signore, ad accezione dell'Olanda e della Zelanda che scelsero Guglielmo di Orange quale loro principe. Questo rapporto di forze non riuscì ad avere vita lunga. Nel gennaio del 1583 sembrava che le cose si stessero mettendo per il meglio in favore della causa dei ribelli, e infatti numerosi porti furono occupati lungo le coste delle Fiandre dalle forze di Anjou. Ma nel giugno del 1583 il duca dovette rientrare in Francia, e l'anno seguente morì. Questa assenza di leadership permise alle forze di Parma di riprendere immediatamente l'offensiva e rioccupare le città perse all'inizio dell'anno precedente. La morte di Anjou aveva lasciato come unico legittimo erede al trono Enrico di Navarra, eventualità fermamente rifiutata da tutta la Francia cattolica guidata dal duca di Guise. Filippo II approfittò immediatamente dell'occasione per indebolire il potenziale

---

[4] ROSSO 1994, in MERLIN-ROSSO-SYMCOX-RICUPERATI 1994, pp. 182-187; ROSSO 1999, in MASOERO-MAMINO-ROSSO 1999, pp. 37-79.
[5] DE LUCINGE 1994, pp. 80, 97-98. Si veda anche GAL 2007, p. 76.
[6] AGS, Estado, Legajos 585/64, 596/87, 1256/110, 1261/105, 1262/26, 54, 59; PARKER 2004, p. 237 per le truppe in transito nell'anno 1584.
[7] GABEREL 1880, pp. 43-51.

avversario, e i suoi agenti promisero al Guise i fondi necessari per levare un'armata e assistenza militare diretta da parte delle forze del duca di Parma in caso di una guerra civile. In cambio i leader della Lega Cattolica promisero di favorire e mantenere inalterati gli interessi della corona spagnola ovunque in Europa. Filippo II iniziò sin da subito a raccogliere i frutti della sua politica di appoggio ai Guise. Enrico III, preoccupato della presenza dell'armata delle Fiandre, rifiutò di ricevere i titoli che erano stati del duca di Anjou nelle Fiandre, ma addirittura venne a patti con il duca di Guise il quale, attraverso il Trattato di Nemours, cedette numerose città alla Lega, e promise di estirpare il protestantesimo dalla Francia escludendo per giunta Enrico di Navarra dalla successione al trono.

Una simile offensiva diplomatica andava anche accompagnata da una tangibile e spettacolare azione di forza sul fronte delle Fiandre e del Brabante. Al duca di Parma giunsero imponenti rinforzi sotto forma di crediti bancari e nuova truppa dalla Spagna e dall'Italia. Anversa fu la prima città a cadere, nonostante le sue nuove fortificazioni bastionate e una popolazione di 80.000 abitanti. Non di meno il 17 agosto 1585 le sue porte si aprivano al duca di Parma. Elisabetta di Inghilterra cercò a questo punto di salvare il salvabile. Inviò 7.350 soldati e un regolare sussidio in grado di coprire un quarto dei costi bellici, ma non poté impedire che gli spagnoli iniziassero tra il 1585 ed il 1586 i loro lavori di bonifica dei santuari protestanti lungo le sponde del Reno, mettendosi nelle condizioni di controllare la navigazione fluviale interna. A questo punto gli inglesi scatenarono la guerra ai convogli spagnoli in Atlantico e nei Caraibi, dichiarando *de facto* guerra a Filippo II. L'aggressione ai convogli transoceanici era una minaccia diretta al pilastro portante della monarchia spagnola, fatto che Filippo II non poteva permettere. Mentre una grande flotta era raccolta a Lisbona, nuovi e sempre maggiori rinforzi furono inviati all'armata delle Fiandre, la quale fu ridispiegata sulle coste della Manica in attesa delle navi. Tra il 1586 ed il 1587 giunsero 17.774 nuovi rimpiazzi dall'Italia, dei quali 13.579 solo nel 1587, che portarono gli effettivi dell'esercito spagnolo a oltre 60.000 effettivi, pronti a sbarcare in Inghilterra e marciare su Londra, loro dichiarato obiettivo strategico[8]. Ma bisognava fare in fretta. Garantire il rancio ad una tale massa di uomini non era affatto semplice, in particolare a partire dal 1586 quando la flotta olandese iniziò a bloccare totalmente i traffici navali in arrivo ai porti in mano spagnola. Il blocco navale impedì l'arrivo del grano dal Baltico, tradizionale area di approvvigionamento per i porti delle Fiandre e del Brabante, mentre i raccolti locali per tre anni di seguito erano andati perduti. La conseguente carestia fu una delle peggiori del secolo e decimò gran parte di quella popolazione nuovamente sotto controllo spagnolo ed in grado di garantire un sufficiente bacino di reclutamento per le operazioni in Inghilterra. Nel frattempo le superiori tattiche di combattimento navale della Royal Navy stavano dando filo da torcere alla grande *Armada* di Filippo II[9].

Il re di Spagna e i suoi generali dovevano gestire una situazione estremamente complessa: dovevano coordinare le azioni diplomatiche dei loro ambasciatori, specialmente a Parigi, i movimenti della flotta, dell'esercito del duca di Parma, l'arrivo dei necessari rinforzi e denari e, nel contempo, risolvere i problemi legati alla feroce carestia. Appare ora chiaro quanto le ambizioni del duca di Savoia e la città di Ginevra non fossero esattamente tra le priorità del re di Spagna e risulta evidente come egli non potesse in quel mentre privarsi delle truppe destinate alle Fiandre, se non dei *bisoños*, forze comunque già destinate alla Lombardia e ai suoi presidi.

Nel maggio del 1588 la guerra tra la Lega Cattolica e gli ugonotti era ripresa con rinnovata ferocia. Il Lesdiguières, risoluto ad assicurarsi il totale controllo del Delfinato e delle regioni di confine nel sudest del regno, aveva a questo punto deciso di colpire immediatamente le comunità cattoliche o che si erano schierate con la Lega e di "farle contribuire alle spese [di guerra] e perché così ha ordine dal Re di Navarra. Che quanto al Marchesato di Saluzzo, non ha per ora ordine da Navarra di

---

[8] PARKER 2004, pp. 206-207.
[9] RODRIGUEZ-SALGADO 1990, pp. 461-478.

darle fastidio"[10]. A maggio il capo ugonotto era impegnato di fatto a difendersi sia dalle forze cattoliche sia da eventuali rinforzi che questi potevano ricevere dalla Spagna e dal duca di Savoia. Il 14 agosto 1588 aveva siglato un'alleanza militare con il marchese de La Vallette, uomo di fiducia di Enrico III in Provenza, al fine di fermare "le sinistre intenzioni del signore di Guise e di quelli della sua casa"[11]. A questo punto i comandanti cattolici locali decisero di chiedere assistenza alla Spagna e ai suoi alleati, primo fra tutti il duca di Savoia. Il capitano La Cazette si recò personalmente a Torino a chiedere assistenza militare, temendo di perdere il controllo di Cesana e di Oulx. Il capitano aveva altresì avvertito il duca che Lesdiguières si accingeva a passare nel marchesato di Saluzzo e a mettere in sicurezza Castel Delfino. Naturalmente si trattava di notizie opportunamente deformate in modo da convincere l'irruento duca ad un'azione immediata[12]. Il governatore del marchesato era proprio quel marchese de La Vallette con quale il 14 agosto Lesdiguières aveva firmato un'alleanza militare destinata a garantire ad Enrico di Navarra il controllo del Delfinato e del Saluzzese. Che avesse un quadro completo della situazione o meno, Carlo Emanuele I decise di agire militarmente. Sarebbe stata la buona occasione per dimostrare di essere un valente capitano quale era stato il suo celebre padre.

Il La Cazette ottenne immediatamente 200 fanti e 50 cavalieri, anche se decise di avvalersi solo della fanteria. Tutti i capitani delle milizie a ridosso dell'area alpina tra la Val Varaita e la Val di Susa, in particolare proprio quelli della bassa valle, dovevano tenersi pronti "per soccorrere dette Valli ad ogni minimo cenno del detto Mons. della Casetta"[13]. Naturalmente tali notizie furono trasmesse, opportunamente amplificate, al governatore di Milano, il duca di Terranova, sollecitando l'invio di truppe che, a suo dire, gli erano state promesse da Filippo II. Carlo Emanuele I dichiarò che era sua intenzione occupare il marchesato di Saluzzo per garantirne la sovranità del re di Francia e per impedire che l'eresia si radicasse alla frontiera del ducato e si spargesse nella penisola. Il governatore di Milano non poteva non allarmarsi davanti ad un simile progetto. Si trattava di un territorio soggetto alla corona francese e che era considerato, sia dai cattolici che dagli ugonotti, come l'elemento tangibile di una politica di espansione italiana, accantonata ma mai abbandonata dopo Cateau-Cambrésis. In quel mentre, poi, difficilmente avrebbe potuto ottenere truppe dalla Spagna, specie dopo il fallimento dell'impresa inglese e la ripresa dell'offensiva contro gli olandesi.

Il Lesdiguières proseguiva nella sua operazione di messa in sicurezza della frontiera. A metà settembre stipulò una convenzione con i rappresentati del marchesato, in base alla quale avrebbero essi dovuto demolire entro otto giorni la fortificazione della Torre del Ponte, provvedere allo smantellamento delle difese di Castel Delfino ed eventualmente bloccare i rinforzi della milizia locale, o impedire l'arruolamento di volontari in loco in caso di un assedio di Saluzzo. Queste operazioni furono tutte riferite al duca da Geronimo Vacca, uno dei delegati saluzzesi che aveva trattato con gli ugonotti. Il nunzio papale a Torino confermò lo stato di agitazione che tali notizie portavano alla corte di Torino, dove il 23 settembre si era venuto a sapere che "detto Ladighiera vuol venire con artiglieria, con gente a cavalli a pigliare Casteldelfino, et che lo Marchesani non solo non se gli opporranno ma lascieranno fare. Il che a S.A. non piace, perchèhavendoLadiguiera quel luogo e tenendosi artiglieria, si farà padrone del marchesato ad ogni ora che vuole, con danno et disturbo grande dei suoi Stati, et che la venuta di Ladighiera sarà molto breve"[14].

[10] CHIAPUSSO 1891, p. 144.
[11] DOUGLAS-ROMAN 1878, Vol. I, *Teneur de la ligue entre le sieurs de La Vallette et de Lesdiguières*, 14 agosto 1588, pp. 84-86.
[12] PASCAL 1960, p. 144.
[13] PASCAL 1960.
[14] CHIAPUSSO 1891, pp. 145-146.

Il 26 settembre 1588 trecento ugonotti scesero a Castel Delfino, e a quel punto il duca di Savoia non si fece scappare l'occasione: il 28 settembre partì da Torino in gran segreto con circa 6.000 fanti, 700 cavalieri e una trentina di cannoni. Truppe che erano state reclutate già da qualche tempo e che furono messe in movimento in direzione di Carmagnola, mentre altri 3.250 fanti e 200 cavalieri investirono Centallo da Cuneo, e almeno 10.000 miliziani furono levati a supporto delle operazioni[15]. L'azione era stata pianificata con cura, ed il 29 cadevano in rapida successione Centallo e Carmagnola, la cui cittadella si arrese il 3 ottobre. Il 5 ottobre cadeva senza combattere Saluzzo, sgomberata dal la Fitte che aveva preso il posto di governatore del marchesato. Solo Revello ed il suo castello non avevano aperto le porte, e il governatore con l'artiglieria di Saluzzo si rinchiuse in attesa di soccorsi. Nel frattempo la milizia sabauda aveva avuto il suo battesimo del fuoco, e non si era trattato di una vittoria. Due reggimenti di milizia, composti con le leve di Racconigi, Pancalieri e Villafranca d'Asti, circa 450 uomini in tutto, erano stati messi in rotta da 180 ugonotti a Casteldelfino, con la morte di 60 uomini e la cattura dei loro comandanti, i colonnelli Biagino Bonada della Trinità e Carlo Valperga di Rivara. Carlo Emanuele I riorganizzò le sue forze, piuttosto scosse, a Sampeyre dove venne edificato un forte in terra, e proseguì l'assedio di Revello[16].

A questo punto Madrid era in allarme. La guerra nelle Fiandre proprio a settembre aveva ripreso intensità a causa della fine del blocco olandese alle coste fiamminghe. I rifornimenti di grano del Baltico incominciarono a riversarsi sui moli di Anversa, mente il duca di Parma tentava l'assalto al ridotto olandese. La mossa di Carlo Emanuele I consentiva di fatto alla Francia di reagire con la forza ad una provocazione deliberata. Colpire il ducato di Savoia significava voler colpire anche la Strada di Fiandra, che in quel momento doveva rimanere aperta a tutti costi.

Infatti il partito ugonotto francese non vedeva l'ora di interrompere il flusso, apparentemente inesauribile, di soldi e uomini che dall'Italia saliva alle Fiandre. Secondo la maggior parte dei comandanti il modo migliore per colpire le comunicazioni spagnole era un attacco in forze contro la Franca Contea. Sembra che il duca di Alençon, non ancora d'Anjou, stesse progettando una simile azione nel 1578 e nel 1582[17]. Tuttavia bloccare un corridoio strategico come quello costruito da Filippo II non era un'impresa da poco, e gli ostacoli posti dalla geografia non erano pochi: dove attaccare? Occupare una città o presidiare un ponte non dava sicurezza di una chiusura totale dei rifornimenti a nord, anche perché era sempre possibile aggirare l'ostacolo. Nel 1567 il duca Emanuele Filiberto inviò un rapporto, piuttosto interessato e carico di esagerazioni, di un possibile attacco in forze da Ginevra contro l'armata del duca di Alba. L'intento sabaudo era chiaro; dirottare l'armata spagnola contro la città ribelle. Don Fernando de Lannoy, che seguiva la marcia degli spagnoli attraverso la Franca Contea, osservava che la marcia si sarebbe svolta principalmente su un terreno montuoso e coperto di boschi e che difficilmente sarebbe stato possibile fermare questa avanzata "a meno di spendere tanti soldi"[18]. Il che voleva dire che occorreva anteporre al duca di Alba di uguale forza, cosa che Ginevra in quel momento proprio non poteva permettersi. Per riuscire in una simile impresa le forze riformate dovevano riuscire ad ottenere l'appoggio di uno stato con sufficiente potere politico e militare per creare una solida barriera lungo la "Strada di Fiandra". Sino agli anni Ottanta del XVI secolo si pensava che il luogo più adatto fosse lungo il difficile territorio dei Vosgi e dello Jura. Nell'aprile del 1584 Philippe Duplessis-Mornay, uno dei capi ugonotti, realizzò un piano strategico, intitolato *Discorso a re Enrico III sui mezzi per diminuire gli spagnoli*. Una delle sue raccomandazioni più significative riguardava proprio la "Strada di Fiandra": "Il re di Spagna non ha nulla nei suoi possessi più bello, ricco o che tiene

[15] CAMBIANO DI RUFFIA 1840, pp. 1235-1236.
[16] CAMBIANO DI RUFFIA 1840, pp. 1238-1239.
[17] ARCHIVES OU CORRESPONDANCE INEDITE DE LA MAISON D'ORANGE-NASSAU 1837-1861, Vol. VIII, Leide 1837, pp. 278-281, lettera del conte Luigi di Nassau e Guglielmo di Orange, dicembre 1573.
[18] PARKER 2004, p. 57.

maggiormente che i Paesi Bassi. Essi sono presidiati da uomini e mantenuti con i soldi inviati dall'Italia e dalla Spagna, per i quali l'unico passaggio è la Franca Contea. Se sua maestà vorrà inviare alcuni dei suoi sudditi, che possono essere indicati dal re di Navarra, essi possono catturare le migliori piazzeforti nella contea, e una sola può essere sufficiente allo scopo. Solo una città conquistata può mettere fine alle comunicazioni, se non con le più grandi difficoltà, tra i Pesi Bassi e la Spagna e l'Italia"[19].

Queste parole trovavano molti sostenitori in Francia. I convogli con i capitali messi a disposizione a Filippo II dalle grandi banche europee usavano le stesse strade delle truppe, e dopo il 1578 passavano molto vicino ai confini del regno ed erano un bersaglio molto interessante. Enrico III non aveva le risorse per simili colpi di mano, e spettò al re di Navarra, divenuto poi re di Francia con il nome di Enrico IV, occuparsi della faccenda. Nel frattempo il duca di Savoia aveva fatto di tutto per rendere il blocco della "Strada di Fiandra" qualcosa di più che non una lontanissima possibilità. Il partito ugonotto del Delfinato, saldamente guidato dal Lesdiguières, aveva le capacità di colpire l'alta Val di Susa, costringendo i contingenti spagnoli all'uso del solo Piccolo San Bernardo. Fu giocoforza necessario correre in aiuto di Carlo Emanuele I bloccato sotto la rocca di Revello, e quattro compagnie di fanteria e una di cavalleria pesante furono inviate al campo d'assedio, circa 1.000 fanti e 100 cavalieri[20]. Il castello si arrese infine il 24 novembre. Ma a questo punto una tragica ed inarrestabile spirale di guerre trascinò verso il fondo sia il ducato di Savoia che l'impianto strategico della "Strada di Fiandra"[21].

Nell'aprile del 1589 esplodeva il conflitto, abilmente fomentato dagli agenti della corona francese, tra il duca di Savoia e i cantoni svizzeri protestanti[22]. Si sarebbe trascinato sino all'11 ottobre dello stesso anno, quando venne siglata la pace tra Berna e Carlo Emanuele I. Il rischio di perdere gran parte della Savoia era stato scongiurato dal massiccio aiuto militare concesso dagli spagnoli. Il 15 luglio da Alessandria era partito un corpo di spedizione formato dal *Tercio* di Pirro Malvezzi, forte di 4.000 fanti, in pratica l'intera forza di rapido intervento presente nel ducato di Milano[23]. In questo frangente la difesa in profondità progettata da Emanuele Filiberto oltre vent'anni prima era riuscita ad esaurire in una breve ma combattuta campagna estiva le risorse dei cantoni elvetici. Tuttavia al buon successo difensivo non aveva fatto seguito alcuna iniziativa diplomatica. Tra la fine del 1589 ed il 1590 Ginevra riuscì, con il supporto degli ugonotti francesi, ad occupare il Bâtie e il Gex, mentre a maggio giunse persino ad espugnare il piccolo forte dell'Ecluse, a pochissima distanza dal vitale ponte di Gresy. Fu pertanto necessaria una nuova sistemazione difensiva del settore ginevrino, questa volta impostato sul nuovo forte di Santa Caterina a Viry[24]. Ma il controllo

---

[19] MEMOIRES ET CORRESPONDANCE DE DUPLESSIS-MORNAY 1824-1825, Vol. II, pp. 580-593, *Discours au Roy Henry III, sur le moyens de diminuer l'Espaignol, du 24 avril 1584.*

[20] "Il duca di Terranova, Governatore dello stato di Milano, essendo richiesto d'aiuto, si preparava di mandarli quattro compagnie di Spagnoli a piedi, et ducento cavai leggieri, con la compagnia d'huomini d'arme di cento lanze di che Sua Altezza è capitano, pagata dal Re di Spagna". CAMBIANO DI RUFFIA 1840, p 239.

[21] Sulle vicende della piazzaforte di Revello GAROGLIO 2010. Lo studio si segnala per l'ottimo uso di fonti cartografiche ed archeologiche, uno dei pochi lavori di MilitaryArchaeology attualmente pubblicati in Italia.

[22] La guerra tra il ducato di Savoia e i cantoni svizzeri è ben descritta con un notevole supporto di documentazione d'archivio in FAZY 1897. Per altre notizie BROSSARD 1831, pp. 301-350. nonostante la formale alleanza tra la Francia e la città di Ginevra, l'azione del duca di Savoia trovò dei sostenitori anche tra gli stessi cattolici francesi. Ad esempio REMONSTRANCEFAICTE A MONSEIGNEUR LE DUC DE SAVOYE1589, dove Ginevra è definita "Città infernale, e posseduta da spiriti maligni"(p. 4).

[23] Il contingente fu passato in rassegna a Solero il 19 maggio. Al momento della partenza molti erano convinti che tali soldati fossero "inviati per il servizio del duca di Savoia contro la città di Ginevra, che altre volte soggetta ai duchi di Savoia e di poi ribellatasi ad essi si pose in libertà, e avendo abbracciata la setta di Calvino serve di rifugio agli eretici" (GHILINI 1903, Vol. II, p. 324). In effetti dall'aprile di quell'anno la città di Ginevra e i cantoni di Berna e Friburgo erano in guerra contro il duca di Savoia (GABEREL 1880, p. 51).

[24] Carlo Emanuele I decise di costruire un forte presso il villaggio di Songy alle porte di Ginevra nel 1589. La scelta del sito fu il risultato di una mediazione tra i comandanti sabaudi e quelli spagnoli. I primi volevano fortificare un luogo "altre volte occupato da una torre detta Bastia, onde di dominava lo sbocco dell'Arve nel Rodano e si intercettava

di Gresy era troppo importante per la Spagna e in questo frangente non si poté abbandonare il duca di Savoia a se stesso. Il piano strategico per la difesa della "Strada di Fiandra" dimostrò ancora una volta la propria efficacia e un'armata di 14.000 tra ducali e spagnoli, una volta esaurita la spinta offensiva dei ginevrini, fu in grado di riprendere l'Ecluse e le province perdute entro l'estate[25].

La guerra in Provenza, nella Savoia e nel Piemonte occidentale

La difesa della Savoia e il mantenimento del marchesato di Saluzzo a questo punto avrebbero dovuto essere le scelte obbligate di Carlo Emanuele I. Lesdiguières e i suoi uomini avevano le idee ben chiare su quelle che sarebbero state le successive mosse. Già nel 1589 avevano conquistato la comba di Barcellonette ed eliminato il saliente sabaudo ad di là delle Alpi dal quale sarebbe stato possibile intercettare le comunicazioni tra Gap, Sisteron e Briançon. Lesdiguières aveva fatto assassinare l'unico alleato che Carlo Emanuele avesse nell'area, il capitano La Cazette. Una squadra di quaranta ugonotti assalì la casa di Oulx dell'ultimo capo cattolico della valle di Susa e lo trucidò. Il comandante ugonotto si era impadronito del villaggio di Pont-de Beauvoisin, il cui controllo lo metteva in grado di bloccare tutti i rinforzi che i sabaudi potevano inviare ai cattolici che ancora tenevano la città di Grenoble. Una volta assicurate le sue retrovie Lesdiguières si stava velocemente spingendo a ridosso della frontiera sabauda, pronto a lanciare incursioni contro il Piemonte in direzione della "Strada di Fiandra" come da tempo il partito ugonotto intendeva fare.

Invece nel 1590 il duca decise di intervenire direttamente con le proprie forze in Provenza. Era come tuffarsi in una palude senza fondo e le operazioni nel sud della Francia prosciugarono molte delle energie del ducato sabaudo. Per il duca poteva sembrare una ghiotta occasione per allargare sino al Rodano i propri domini, ma la realtà politica e militare del sud della Francia era qualcosa di simile ad una colata di lava in ebollizione. Le province si erano sgretolate in singoli domini cittadini, in signorie, in bande armate autonome. Frammenti di un edificio che entro il 1585 venne a ricomporsi intorno alla figura di Enrico III, ma che nel 1590 sembrava ormai sfasciato. Si tratta di una vicenda molto complessa e giocata su vari livelli, nella quale ciascuna storia ebbe il suo cronista e ogni personaggio il suo biografo. Fernand Braudel scrive come nel Mezzogiorno della Francia si fossero incrociati i destini di sei persone: quelle, opposte, del Montmorency e del duca di Joyeuse in Linguadoca; quelle del duca d'Epernon in Provenza; quella del conestabile di Lesdiguières nel Delfinato; quella del duca di Savoia dalla Provenza alle sponde del lago di Ginevra ed infine lo stesso re di Spagna, Filippo II. Ma nel nostro "grande gioco" tra le Alpi e il Mediterraneo la partita fu giocata tutta tra Lesdiguières, Carlo Emanuele I e, indirettamente, Filippo II.

---

l'adito a Ginevra: s'aggiungeva il vantaggio di potere spedire l'opera in otto giorni. Ma gli spagnoli osservano che il sito apparteneva a' ginevrini e protestando di aver ordine di recuperare il perduto ma non di andar oltre, glielo impedirono. Fu perciò mestieri di ritirarsi sotto il Monte Sion [Songy, n.d.a.]; dove si pose mano ad innalzare su una collinetta un forte di figura pentagona, e capace di 30 cannoni, mille uomini a piè e 200 a cavallo" (RICOTTI 1861-1869, Vol. III, p. 98). Il Forte dell'Annunziata a Rumilly fu disarmato e le sue artiglierie trasportate al Forte di Santa Caterina. Il sito di quest'ultima fortezza, scelto principalmente per proteggere la "Strada di Fiandra", "è situato sopra una collina, dove non ci erano altro che vigne ed alberi senza alcuna abitazione o casa, di maniera che essendo il luogo separato dal commercio delle genti, sarà bisogno pensar a farvi delle commodità, perchè ella possa esser abitata da altre genti fuori dei soli soldati, com'è risoluta anco sua eccellenza di voler fare" (Relazione dell'ambasciatore Francesco Morosini, in RAV, Vol. II, p. 139). Contrariamente a quanto affermato in AMORETTI 1973, pp. 89-129, il Forte dell'Annunziata non venne demolito. La fortezza fu visitata nel 1606 dall'ambasciatore veneto Pietro Contarini il quale la definì, insieme a quella di Montmélian, "principalissima piazza" (RAV, Vol. III, pp. 77-78). Il forte rimase in piena efficienza sino al 1630, quando venne demolito dalle armate di Luigi XIII (DUFUR-RABUT 1881, p. 89).

[25] Eventi che vennero opportunamente enfatizzati e propagandati: LA DEFFAICTE DES FORCES DE GENEVE 1590. La truppa spagnola, abituata a teatri operativi ben più difficili e a confrontarsi con avversari come i ribelli fiamminghi ed olandesi che non concedevano quartiere, non andò molto per il sottile con la popolazione svizzera e con quella delle province occupate dai ginevrini: DISCOURS VERITABLE 1590.

Nel luglio del 1590 il duca di Savoia penetrava in Provenza, su invito di una nobildonna appartenente alla Lega Cattolica, Christine Daguerre, contessa di Sault. Il 17 novembre 1590 arrivava ad Aix, dove il parlamento lo ricevette affidandogli il governo militare della Provenza, senza però accordargli la corona comitale, oggetto delle sue ambizioni[26]. Ciò che non fu allora compreso era il fatto che la Provenza non era una realtà omogenea ed unita, ed anzi esistevano "due" Provenze, ostili tra loro, con frontiere ondeggianti, confuse, sovente molto indecise: una faceva capo al parlamento di Aix, l'altra a Pertuis, capitale dei sostenitori di Enrico IV[27].

Carlo Emanuele I proseguì sino a Marsiglia e qui le fortune si fermarono. Le sue forze erano troppo sparpagliate tra Ginevra e il mare per poter essere decisive su almeno uno dei tre fronti aperti (Savoia, Delfinato, Provenza). Chi invece non perdeva tempo era il solito conestabile di Lesdiguières. Sentiva che la sua situazione politica e militare, dopo la morte di Enrico III, non poteva che migliorare rapidamente. La maggior parte della nobiltà provinciale del Delfinato aveva ormai accettato Enrico di Navarra come legittimo sovrano, e allo stesso modo il parlamento del Delfinato si era espresso in maniera favorevole al nuovo sovrano, specie a partire proprio dall'estate del 1590[28]. La mobilità ed energia di Lesdiguières erano notevoli, e cominciò subito col creare un cordone di sicurezza che tagliasse di netto le comunicazioni tra Lione e Grenoble ancora in mano alle forze della Lega. Nel settembre del 1590, mentre i sabaudi sguazzavano nel pantano della guerra civile provenzale, occupava Moirans, costruiva nuove fortificazioni a Gières e Montbonnot, circondando la capitale del delfinato. Fu una strategia pagante; Briançon, ultima roccaforte cattolica in tutto l'Alto Delfinato, si arrese dopo soli pochi giorni di assedio. Grenoble, a quel punto, era di fatto isolata. Solo uno dei consoli cittadini, e formalmente governatore della città, Charles d'Albigny, decise di resistere alle forze ugonotte. Egli credeva ancora possibile un soccorso dal duca di Savoia. Dopo una serie di tentativi andati a vuoto, la notte tra il 24 ed il 25 novembre 1590 gli uomini di Lesdiguières, grazie alla complicità di alcuni cittadini, tentarono la scalata alla città, senza riuscire nell'impresa. Tuttavia l'assenza di truppe sabaude nel teatro delfinale consentì agli ugonotti di investire la città. I pochi e tardivi soccorsi che giungevano dalla Savoia vennero intercettati uno dopo l'altro, grazie anche al possesso di Pont-de Beauvoisin. Alla fine Albigny fu costretto a cedere la città a Lesdiguières, il 22 dicembre 1590. Si trattava di una vittoria molto importante per i sostenitori di Enrico IV, in quanto ormai tutto il Delfinato risultava in loro possesso ed in grado di operare indisturbati contro il Piemonte, la Savoia o la Provenza. Per François de Bonne era la consacrazione ad eroe nazionale, e non a caso i primi libelli a stampa che lo citano espressamente sono tutti datati a dopo la conquista di Grenoble[29].

I fatti del Delfinato ebbero dirette conseguenze sulle operazioni in Provenza. Libero di collegarsi con le forze del La Valette, il 14 ed il 17 aprile 1591 Lesdiguières era giunto in Provenza e tra Esparron e Saint-Martin-de-Pallières (Sain Martin duVar) aveva inflitto ai sabaudi una disastrosa sconfitta. Non si trattò di una scaramuccia, ma di fatto della distruzione dell'armata ducale di Provenza guidata dal conte Francesco Martinengo, luogotenente generale di Carlo Emanuele I; quindici bandiere prese, cinquecento cavalieri e millecinquecento fanti uccisi o fatti prigionieri. I pochi provenzali che ancora potevano favorire la presenza del duca di Savoia nel sud della Francia persero ogni fiducia nelle sue presunte capacità militari. A peggiorare le cose le forze mobili poste a difesa della Savoia, 6.500 fanti e 1.000 cavalieri al comando di don Amedeo di Savoia, furono disfatte a Pontcharra il 18 settembre[30]. Le forze sabaudo-spagnole, che stavano fortificando la frontiera a sud del forte di Montmélian, erano convinte di godere di una certa impunità. La loro

---

[26] BOURRILLY-BUSQUET 1944, pp. 92-93;EMMANUELI 1991, pp. 18-19, 55.
[27] BRAUDEL 2010, p. 1300.
[28] GAL 2004.
[29] DISCOURS DE CE QUI S'EST PASSE EN DAUPHINE1590; ARTICLES ACCORDES SUR LE FAIT DE LA REDDITION DE LA VILLE DE GRENOBLE 1591.
[30] VIDEL 1649, p. 120.

forza numerica avrebbe dovuto metterle al riparo da qualunque sorpresa, Al contrario il solo apparire delle forze avversarie sulla piana di Pontcharra ebbe effetti devastanti, in particolare sui miliziani del duca di Savoia, circa metà delle forze impegnate, che furono i primi a sbandarsi in faccia al nemico. Le perdite tra le fila dell'armata di don Amedeo fu di 2.000 spagnoli e 2.000 italiani tra morti, feriti, prigionieri e dispersi.

Il ducato di Savoia si trovava in una situazione difficile, e la debolezza del duca di Savoia è provata dal fatto che durante l'anno 1592 l'iniziativa strategica fu costantemente in mano al nemico, il Lesdiguières fu in grado di respingere le truppe savoiarde al di là del Varo e di andare a sorprendere il duca nei suoi stessi territori nel nizzardo. Le guarnigioni sabaude, sparpagliate in Provenza, erano bloccate all'interno delle loro piazze. Una volta giunta l'estate il Lesdiguières ritornò sulle Alpi, il che permise a Carlo Emanuele I di effettuare un'altra passeggiata estiva verso la Provenza, conquistando Cannes e Antibes nell'agosto del 1592. Ma questi successi erano lungi dall'essere decisivi. La guerra ormai si svolgeva in un paese misero e le operazioni in quel teatro operativo si riducevano ad una serie di colpi di mano senza risultati duraturi.

Chi invece iniziò ad osare fu Lesdiguières. Per il 1592 pensò veramente in grande: divise le sue truppe in tre diversi gruppi, due dei quali attaccarono i sabaudi in Val di Susa, in Val Chisone. La storiografia sabauda[31], rifacendosi alle lettere del duca[32], ritenne queste operazioni un mezzo fallimento, in quanto entrambe furono respinte. In realtà sembra proprio che queste non fossero altro che due finte per mascherare il reale asse di penetrazione, la Val Luserna. Le comunità valdesi in questo caso si dimostrarono il migliore alleato del capo ugonotto, il quale non solo poté spingersi sino in pianura, ma ottenne anche una base logistica sufficientemente ampia per poter minacciare il Piemonte[33]. Perosa Argentina, isolata, cadde il 2 ottobre, così come il forte del Mirabocco, Bricherasio[34] e, dopo un assedio durato dal 17 novembre al 6 dicembre, anche Cavour ed il suo castello.

A questo punto divenne necessario per la Spagna sostenere direttamente il duca. Nel 1593 gli spagnoli inviarono altri 3.000 rincalzi a Carlo Emanuele I il quale fu in grado, anche grazie ai sussidi in denaro che gli furono concessi e alla conseguente levata di nuovi reggimenti, di formare il primo nucleo di un nuovo esercito per un totale di oltre 4.000 soldati svizzeri a sua disposizione a partire da giugno. Il duca di Savoia aveva ormai ai suoi ordini circa 10.000 uomini che gli permisero di ricostruire la forza mobile necessaria per fermare l'avanzata francese verso Saluzzo e Torino e di lanciare alcune offensive di carattere locale come, ad esempio, la tanto celebrata conquista del castello di Exilles del 26 maggio. Il tentativo di mettere in sicurezza l'alta val di Susa andò invece incontro al disastro di Pont Ventoux del 7 giugno. dove l'esercito di Rodrigo de Toledo venne messo in rotta e il capitano generale dell'esercito spagnolo in Piemonte ucciso in combattimento.

Il 31 agosto 1593 si era alla fine giunti ad una tregua d'armi: Lesdiguières non aveva sufficienti forze per riuscire ad interrompere la "Strada di Fiandra" e a rioccupare il marchesato di Saluzzo, mentre il duca di Savoia non aveva abbastanza forze per recuperare immediatamente e contemporaneamente Cavour e Bricherasio.

---

[31] AMORETTI 1984-1988, Vol. I, p. 160.

[32] ADS, B 5806, lettera di Carlo Emanuele I al Senato di Savoia, 9 novembre 1592.

[33] Il sostegno offerto dalle comunità valdesi alle operazioni di Lesdiguières in Piemonte nel corso delle guerre tra il 1588 ed il 1659 è sempre stato fermamente respinto dalla storiografia valdese, come ad esempio MOLNAR-HUGON 1974, Vol. II, pp. 54-58. In realtà appare evidente che il clima di repressione religiosa instaurato da Emanuele Filiberto e riproposto da Carlo Emanuele I fosse il principale alleato della causa ugonotta tra i sudditi sabaudi di fede riformata (JALLA 1936).

[34] BOLLEA 1907, pp. 317-400.

Disastri militari

La tregua sulle Alpi durò sino alla fine del 1594, quando il duca di Savoia fu in grado di riconquistare Bricherasio (23 ottobre) mentre Lesdiguières rioccupava il castello di Exilles (22 gennaio 1595). Senza un supporto diretto dalla Corona il capo ugonotto non era in grado di mantenere le sue conquiste piemontesi e la piazza di Cavour veniva ripresa dai sabaudi il 2 maggio 1595. Carlo Emanuele fu così libero di proseguire con la riconquista del forte di Mirabocco, mentre la comunità valdese fu costretta a riconciliarsi con il duca[35].

I rapporti di forza sembravano in quel momento essere tornati a vantaggio delle forze sabaudo-spagnole, come si può vedere dalla seguente tabella[36]:

Stima delle forze contrapposte nel 1595					
Regno di Francia			Ducato di Savoia		
	Fanteria	Cavalleria		Fanteria	Cavalleria
Borgogna	3.000	500	Armata spagnola in Piemonte	4.000	500
Ornano, Lione, Forez e Delfinato	2.000	300	Rinforzi spagnoli in Lombardia	4.000	500
Forze a disposizione di Lesdiguières	6.000	800	Milizia del Piemonte	2.000	1.200
Provenza	2.000	300	Milizia della Savoia	2.000	800
Leve previste nel Vivarais	3.000	300	Leve previste in Piemonte	4.000	-
Leve previste in Linguadoca	3.000	300	Leve previste in Savoia	2.000	-
Totale	19.000	2.500		18.000	3.000

Lesdiguières aveva a sua immediata disposizione 8.000 uomini e 1.100 cavalieri, con i quali doveva tenere a bada da 8.000 a 12.000 fanti sabaudi e spagnoli e 3.000 cavalieri, senza tenere conto di eventuali ulteriori soccorsi spagnoli dalla Lombardia. I rapporti di forza erano sempre più sfavorevoli al comandante ugonotto quando, per sua fortuna, la Lega Cattolica incominciò rapidamente a sfaldarsi e a crollare davanti alle iniziative politiche e militari di Enrico IV, che nel frattempo aveva abiurato la fede protestante per quella cattolica. Una tregua venne infine siglata nell'estate del 1595. Trattative di pace furono avviate tra Francia e ducato di Savoia prima a Susa nel luglio del 1596, al seguito delle quali avvenne un incontro ufficiale con l'ambasciatore di Enrico IV nell'ottobre del 1595. Il re di Francia, tramite la voce di Sillery, sperava con una pace di compromesso di staccare il ducato di Savoia dall'alleanza con la Spagna che era ancora vincolata dal trattato di Groenendal. A sua volta Carlo Emanuele I puntava ad ottenere il pieno riconoscimento della sua giurisdizione su Saluzzo e il marchesato.

Le pressioni da una parte e dall'altra per la rottura delle trattative di pace erano enormi. In particolare soffiavano sul fuoco della guerra pressoché tutte le corti italiane che con l'appoggio del nuovo pontefice, Clemente VIII, cercavano di indebolire soprattutto la monarchia spagnola. Venezia per prima aveva accolto già nel 1590 l'ambasciatore di Enrico IV. Il granduca di Toscana finanziava direttamente il re di Francia, i cui debiti non tardarono così a raggiungere una cifra

---

[35] GILLES 1644, pp. 301-311.
[36] I dati sono estrapolati da: AST, Corte, Materie Politiche per rapporto all'Estero, Negoziazioni con la Spagna, Mazzo 1; GHILINI 1903, Vol. II, p.338. Già nel gennaio del 1594 furono concentrate ad Alessandria ingenti forze militari destinate al fronte della Savoia. Ben 23 nuove compagnie furono inviate presso la piazzaforte, delle quali 6 furono alloggiate in città, mentre le altre nella campagna, pagate con soldi della comunità.

stellare[37]. Il creditore prese dei pegni, naturalmente, occupò il castello d'If e le isole Pomègues, vicino a Marsiglia. Il matrimonio di Maria de' Medici con Enrico IV, qualche anno dopo, fu concluso per altri motivi, ma anche in ragione di quel debito. Inoltre dal 17 gennaio 1595 il re di Francia era ufficialmente in guerra contro la Spagna di Filippo II[38].

Nuovamente la Spagna gettò la parte migliore delle sue forze ai confini dei paesi Bassi, dove vennero riportati immediatamente grandi successi, grazie alle conquiste in breve tempo di Cambrai, Doullens, Calais, e poi Amiens, quest'ultima espugnata di sorpresa l'11 marzo 1597. Ma il problema era di mantenersi nelle piazze conquistate, di farvi vivere, senza difficoltà e senza agitazioni, guarnigioni e popolazioni civili come già nel 1595 spiegava un "avviso" diretto al conte di Fuentes[39].

La presa di Amiens aveva aperto le porte della valle della Somme e, poco oltre, c'era Parigi. Enrico IV decise a quel punto di riprendere la città. Ne nacque una febbrile rincorsa alla ricerca di mezzi e di alleati per procurarsi i denari necessari. L'Inghilterra, in guerra con la Spagna dal 1596, e le Province Unite fornirono i finanziamenti necessari, oltre ad un corpo di spedizione di 4.000 uomini. Amiens fu presa il 25 settembre 1597, dopo un assedio di sei mesi e un tentativo di soccorso da parte spagnola fallito a nove mesi dalla sua resa. Si trattava di una vittoria importante per Enrico IV, ottenuta al prezzo di distruggere l'armata reale, che al momento del suo ingresso in Amiens riconquistata non era più uno strumento di guerra credibile. Fortunatamente per lui gli spagnoli stavano ancora peggio, in quanto la bancarotta del 1596 non aveva permesso loro di recuperare le perdite. Anzi, ogni ingranaggio della macchina militare sembrava bloccato. L'essenziale base logistica di Milano sembrava paralizzata e i trasporti di truppe funzionavano male. Tra il 1593 ed il 1595 non era transitato nemmeno uno spagnolo lungo la "Strada di Fiandra". Nel 1596 si era riusciti a far transitare un'armata di 8.000 fanti e 636 cavalieri, ma nel 1597 avevano attraversato il ducato di Savoia appena 4.000 uomini[40]. Dopo di che ogni invio di truppa fu di fatto impossibile. Non si riuscivano a trovare i soldi per reclutare nuovi soldati, al punto che venne presa in considerazione l'idea di impiegar la truppa imbarcata sul naviglio da guerra. Alla fine furono trovati i soldi e gli uomini, ma la "Strada di Fiandra" non era più percorribile.

Mentre Filippo II cercava in tutti i modi di recuperare uomini e mezzi per una nuova armata da spedire nelle Fiandre, o almeno soccorrere in maniera efficace il duca di Savoia[41], Enrico IV aveva tra i suoi sudditi degli "imprenditori della guerra" che combattevano al posto suo. Si trattava del solito Lesdiguières, il quale in questo frangente fu in grado di aggredire direttamente la "Strada di Fiandra", interrompendo ogni transito diretto a nord attraverso la Savoia. Tra giugno e agosto riuscì smantellare la forza mobile di difesa tramite gli scontri campali di Chamousset e di Molettes[42]. Le vittorie gli consentirono la presa di fortBarreaux, una fortezza fatta costruire dal duca di Savoia a poca distanza da Montmélian per ampliare le difese delle comunicazioni tra il Moncenisio e Chambéry[43]. Il sistema difensivo sabaudo, o ciò che ne restava, consentì alle forze sabaude una controffensiva limitata in Maurienne, dove venne preso nel marzo del 1598 il castello della

---

[37] BRAUDEL 2010,p. 1312.
[38] Su questa fase del conflitto vedi ZELLER 1888.
[39] AN, K 1599. Avviso al conte di Fuentes, 12 marzo 1595.
[40] AGS, Estato, Legajo 611/15, 1283/36.
[41] Furono alla fine levate truppe sufficienti per ricostruire il gruppo di forza mobile per la difesa della Savoia. A giugno vennero levate in Alessandria 3 compagnie di fanteria italiana, due delle quali furono inviate in Savoia. GHILINI 1903, Vol. II, p. 349. A giugno furono levate tre compagnie di fanteria italiana sotto il comando del Capitano Camillo Lanzavecchia per combattere in Portogallo, ed altre due, Ortensio Turchi e Bartolomeo Sardi, destinate al fronte della Savoia. Tali forze furono distrutte il 19 luglio a Camousset e, soprattutto, a Molettes il 14 agosto. GHILINI 1903, Vol. II, p. 350.
[42] Sulle due battaglie GOMANE 2000; SOMMAIRE RECIT DES PROGRES DE L'ARMEE 1597.
[43] BRIEF DISCOURS DE LA PRISE 1598.Per una veduta del forte in epoca sabauda AST, Corte, Biblioteca Antica, J-a.l.15, *Architettura Militare*, Vol. III, f. 53; Carte Topografiche, Barraux, 15.D.I. rosso.

Charbonnière, collocato tra Aiguebelle e St. Jean de Maurienne. In quel frangente il colpo inferto a Lesdiguières non fu grave tanto per la perdita del forte in sé, la Savoia era ormai aperta alle armate francesi, quanto per la cattura di una buona parte dello stato maggiore e degli ufficiali più capaci dell'armata delfinale, tra i quali Charles de Crequy, circondati e presi prigionieri nei pressi di St Jean de Maurienne insieme ad altri 19 ufficiali mentre tentavano di soccorre la piazza[44].

Il 20 luglio 1598 fu siglata una tregua d'armi, la quale venne rispettata sino alla chiusura delle trattative ufficiali avvenute a Vervins, con la firma della pace stipulata il 2 maggio 1598, ratificata da Enrico IV il 5 giugno[45]. Fu l'ultimo atto di sovrano di Filippo II; il 15 settembre il re di Spagna moriva. Carlo Emanuele I cercò in seguito a questa pace di chiarire con il re di Francia la sua posizione rispetto al marchesato di Saluzzo e tentò di conservare i territori conquistati. Si recò personalmente a Parigi alla fine del 1599[46], primo principe straniero a far visita ad Enrico IV, e il 27 febbraio 1600 siglava il trattato di Parigi, in base al quale poteva tenersi il marchesato in cambio di una cessione di terre (Bresse, Barcelonette, la Valle Stura, la bassa Val Chisone da Perosa sino a Pinerolo), oppure restituire il tutto al re di Francia. L'offerta era provocatoria, in quanto le cessioni erano troppo gravi e troppo importanti perché fossero accettate dal duca.

Segnale della scarsa fiducia nei confronti di Carlo Emanuele fu il celebre scambio di cortesia tra il ministro delle finanze di Enrico IV, Maximilien de Béthune, duca di Sully, ed il duca stesso in occasione della sua permanenza a Parigi. Durante la visita al nuovo Arsenale, gestito da Sully in persona, furono messi ben in vista venti nuovi pezzi d'artiglieria d'assedio, mentre fervevano i lavori di preparazione per la fusione di altri venti cannoni. Il duca chiese che cosa i francesi volessero fare con tutta quell'artiglieria. La risposta di un sorridente Sully fu la seguente: "*signore, gli rispose, serve per prendere Montmélian*. Il duca, senza dare a vedere che tale risposta l'aveva un po' sconcertato, mi domandò con un tono piacevole e familiare, se io l'avessi mai vista [la fortezza di Montmélian, *scil.*], e dal momento che io gli risposi di no, "*non sono affatto sorpreso*, egli rispose, *che abbiate detto così. Montmélian è imprendibile*. Risposi con un tono simile al suo, che non gli consigliavo di costringere un giorno il re a tentare una simile impresa, poiché io credevo di essere certo di far perdere a Montmélian il titolo di imprendibile"[47].

Alla fine Carlo Emanuele I in realtà protestò ancora una volta la restituzione di Saluzzo, al punto che Enrico IV si sentì autorizzato ad attaccarlo nell'agosto del 1600, "per aver ragione del marchesato di Saluzzo, da lui preso e usurpato alla corona di Francia"[48].Questa volta le operazioni belliche presero una piega ben diversa dal solito. Le recenti sconfitte avevano distrutto il gruppo mobile che poteva garantire la tenuta della difesa della Savoia, mentre la Spagna si mise in moto per trovare le truppe necessarie per evitare un tracollo generale. Vennero levate nuove compagnie di fanteria e inviate in Piemonte altre unità anziane già addestrate per le Fiandre, per un totale di 8.000 uomini[49].

---

[44] RELATIONE DEL SEGUITO NELLA IMPRESA 1598.

[45] La firma fu apposta a Parigi; AN, K 1602. Il testo della pace fu diffuso tramite testi a stampa: ARTICLES ACCORDÉS ENTRE LE DEPUTÈS DU ROY 1599; CONGRATULATION A LA FRANCE 1598.

[46] L'arrivo del duca di Savoia a Parigi venne celebrato anche per mezzo di appositi opuscoli quali L'ALLEGRESSE DE LA FRANCE 1600.

[47] MEMOIRES DE SULLY 1788, Vol. II, p. 557.

[48] DECLARATION ET ORDONNANCE DU ROY 1600.

[49] Il governatore di Milano, Fuentes, il 9 settembre 1600 si incontrò ad Asti con il duca di Savoia per pianificare la successiva campagna. Tutta la truppa veterana, *piccole compagnie di veterani*, disponibile nel ducato di Lombardia fu trasferita in Piemonte mentre nuove unità vennero nel frattempo levate e concentrate nella piazzaforte di Alessandria. Si trattava di fanteria tedesca e delle compagnie di fanteria italiana di Luigi Trotti, Paolo Antonio Lanzavecchia, Giovanni Angelo Merlani, Flaminio Firuffini, Bartolomeo Sardi. GHILINI 1903, Vol. II, pp. 371-372.

Durante questa campagna, solitamente poco celebrata e studiata rispetto a quella del 1597, assistiamo da parte francese ad un cambio di strategia[50]. Difficilmente gli avversari avrebbero ancora una volta rischiato una battaglia con le forze mobili di difesa a loro disposizione, per la semplice ragione che la Spagna non aveva più uomini e soldi per altri rinforzi. Ciò nonostante una volta esaurita l'iniziale spinta offensiva, questa forza poteva costituire un grave problema, specie se si fosse appoggiata sulla rete di fortezze alla moderna disseminate sul territorio e i numerosi castelli posti a sbarramento delle strade. L'inferiorità tattica della fanteria regolare francese, più simile a bande di predoni che ad un organizzato corpo militare a causa della lunga serie di guerre civili, era compensata dalla presenza di eserciti "privati" altamente addestrati e motivati, come quello di Lesdiguières. Tuttavia tra il 1595 ed il 1600 Enrico IV ed il suo ministro Sully cercarono di ricostruire una forza di fanteria modellata sul modello spagnolo[51], ma l'Arma che maggiormente aveva migliorato le proprie capacità operative era l'artiglieria. Nel 1599 Sully, che aveva non solo l'incarico di Soprintendente delle Finanze, ma anche quello di Gran Mastro d'artiglieria e Soprintendente delle Costruzioni e delle Fortificazioni, si era installato nell'Arsenale di Parigi. Aveva trovato una struttura in pessime condizioni; egli raccontò di un edificio in "uno stato deplorevole, e decisi di soggiornare nello stesso per poter sovrintendere alla sua ricostruzione, nonostante il fatto che questo castello fosse mal costruito, privo di ogni cosa, e senza alcuna comodità. Gli affari dell'artiglieria erano ancora peggiori. Cominciai con il riformare gli ufficiali di questo corpo, che non avevano la minima idea di cosa fosse il loro mestiere, e che non erano che dei valletti dei Soprintendenti della giustizia e della finanza. In un solo colpo ne cassai circa cinquecento". In particolare venne abolito il sistema di acquistare artiglieria da fonditori privati, ma tutti i semilavorati e le materie prime dovevano confluire nell'arsenale parigino, dove sarebbero state fuse le canne in base alle esigenze dell'armata reale: "mi abboccai in seguito con i commissari per il salnitro; e fissai con loro i termini per una fornitura considerevole di polvere, che feci vedere al re. Trattai allo stesso modo con i proprietari delle grosse forge, per il ferro degli affusti, delle bombe, eccetera; con i mercanti stranieri, per il metallo [intende l'acquisto di lingotti di bronzo, n.d.a.], con i carradori e i carpentieri, per i lavori in legno necessario ai disegni che avevo preparato"[52]. Entro il 1605 furono costruiti non meno di 400 pezzi d'artiglieria, 200.000 palle di cannone e stoccate 4.000.000 di libbre [8.179 tonnellate] di polvere da sparo. Inoltre Sully fece circolare tra i suoi artiglieri un manoscritto intitolato *Instruction d'Artillerie* nel quale venivano indicati i principi tattici in base ai quali si dovevano scegliere le collocazioni delle batterie di assedio e in quali occasioni fosse meglio colpire le cortine piuttosto che le facce dei bastioni. Tutto era finalizzato ad una sola operazione, l'assedio delle piazze sabaude[53].

L'esercito di Enrico IV attaccò simultaneamente sia la Bresse che la Savoia per mettere fine a "questa lunga e fastidiosa guerra"[54]. Il 12 agosto Bourg-en-Bresse veniva conquistata di sorpresa, ma la cittadella di San Maurizio riuscì a difendersi. Tuttavia era troppo lontana per poter essere soccorsa con successo, a meno di rifornirla dalla Franca Contea con truppe spagnole. Enrico IV decise di porla sotto blocco. Altrove le nuove tattiche messe in atto da Sully distrussero completamente il dispositivo di difesa sabaudo prima ancora che questo potesse funzionare. Caddero senza resistenza Chambéry e Miolans, pochi giorni di combattimento furono necessari per aver ragione delle fortificazioni di Conflans e di quella di Charbonnière. Rimanevano ancora da conquistare le fortezze bastionate della Savoia. Le nuove tattiche di assedio e quegli stessi materiali d'artiglieria che aveva mostrato al duca meno di anno prima consentirono a Sully, dopo poche set-

---

[50] Per fortuna esiste un'importante eccezione con ROTT 1882.
[51] Nel 1600 il sistema era ancora in embrione, ed all'inizio della campagna del 1600 il re di Francia fu costretto a chiedere la levata delle milizie delfinali. Furono in tutto levati 1064 uomini, metà armati di "moschetto di calibro [ciè del calibro stabilito dalle ordinanze regie, n.d.a.], e metà con archibugi da guerra". LETTRES PATENTES DU ROY 1600.
[52] MEMOIRES DE SULLY 1788, Vol. II, p. 553.
[53] MEMOIRES DE SULLY 1788, Vol. II, p. 554.
[54] DE LUCINGE 2006, p. 20.

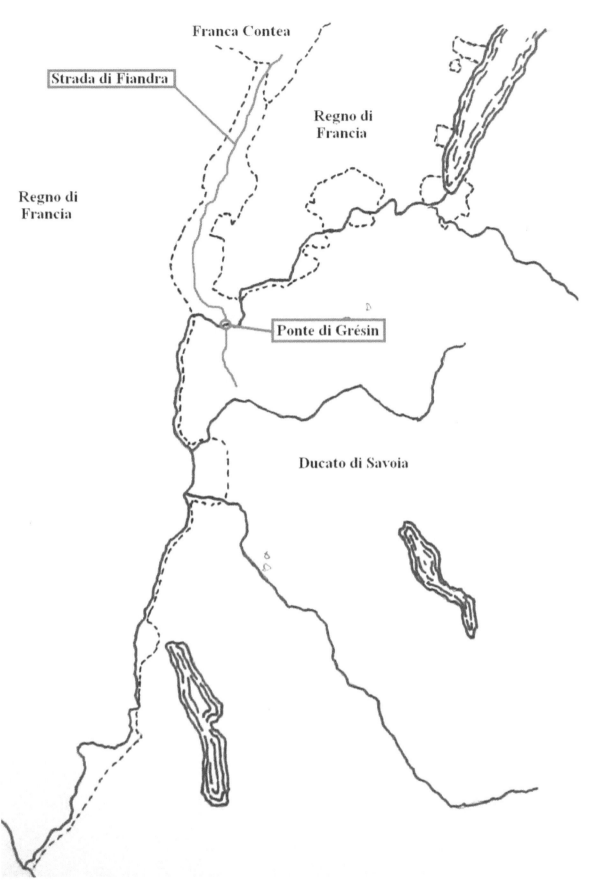

Fig. 1. La frontiera sabauda dopo il trattato di Lione del 1601. Oltre che il Bugey, la Bresse e Gex, anche la sponda sinistra del Rodano venne ceduta al Regno di Francia. Solo una sottile striscia di terra metteva in contatto il ducato di Savoia con la Franca Contea (grafica Cerino Badone)

127

timane di assedio, di aver ragione del forte di Montmélian, che si arrese il 14 ottobre, e di quello d Santa Caterina a Viry, che fu preso il 4 dicembre.

A questo punto era necessario per gli spagnoli intervenire direttamente. La sconfitta di Carlo Emanuele I aveva di fatto provocato la perdita del controllo sulla "Strada di Fiandra". La situazione era, militarmente parlando, assai più grave nel 1600 che non nel 1597, in quanto l'intero sistema difensivo era saltato e sia la valle dell'Arc che quella dell'Isère erano ormai perse. Si trattava di una sconfitta netta, alla quale seguì il trattato di pace di Lione del 17 gennaio 1601[55].

Cambi di rotta

La storiografia italiana ha stranamente poco considerato l'importanza della "Strada di Fiandra" nel corso delle trattative che portarono alla pace di Lione. In gioco non erano solamente due province che passavano di proprietà da un piccolo ducato italiano ad una grande potenza, ma l'intero sistema di sicurezza spagnolo che veniva messo in crisi. Si può dire che il tutto ruotava su due elementi imprescindibili: Saluzzo e la strada. I delegati che dovevano discutere a Lione i termini ultimi si trovarono dinnanzi alla scelta del duca di Savoia di non lasciare margine di trattativa sulla cessione del marchesato di Saluzzo, mentre il nuovo re di Spagna Filippo III si rendeva perfettamente conto che la perdita della Bresse e del Gex avrebbe chiuso definitivamente le comunicazioni con le Fiandre: oltre trenta chilometri di strada separavano le frontiere della Franca Contea da quelle nuove della Savoia. I delegati proposero una nuova via strategica alla Spagna, una via che partendo da Milano doveva sfruttare il Passo del Sempione, Martigny, Losanna e scendere a Pontarlier nella Franca Contea. La proposta però fu rigettata dai rappresentanti della città di Ginevra, i quali si vedevano minacciati a ovest dai sabaudi e a est dalla nuova rotta strategica spagnola. Il delegato ginevrino, François de Chapeaurouge, "poté vantarsi di aver migliorato a profitto della patria il testo del trattato di pace. Era stato convenuto di lasciare agli Spagnoli la strada militare che utilizzavano in precedenza per portarsi in Italia e nella Franca Contea. Secondo un primo progetto, questa strada doveva passare alle porte di Ginevra. Chapeaurouge, avvertito, corse da Rosny [Sully, n.d.a.] e Sillery [Nicolas Brûlart de Sillery, n.d.a.] che, presentandogli due carte del paese molto ben fatte: "Mostraci se possiamo passare in Borgogna senza passare per le terre di Berna", gli dissero. Chapeaurouge rispose loro: "Sì". Sapeva bene che si trattava della strada degli Spagnoli. "Vi prego, aggiunse, di considerare il danno che volete fare a Berna, mettendoli alle nostre porte. Allora gli dissero: Mostraci un altro passaggio più comodo". E fu quindi l'ambasciatore di Ginevra Chapeaurouge che tracciò l'itinerario di Grésin-Chésery, che gli Spagnoli impiegarono per tanto tempo per passare dall'Italia in Fiandra"[56].

Il Trattato di Lione del 17 gennaio 1601 fece proprie le idee di Chapeaurouge: il duca di Savoia si tenne Saluzzo ma cedette alla Francia tutti i territori ad ovest del Rodano ad eccezione della Valle di Chérezy collegata alla Franca Contea tramite il ponte di Grésin. Ma come già nel 1882 Eduard Rott aveva intuito nei suoi studi sulle guerre alpine, la concessione del passaggio di Grésin era un fatto del tutto aleatorio e, da un punto di vista militare e diplomatico[57], per la Spagna la pace di Lione fu una vera e propria sconfitta, peggiore sul medio periodo di quella subita dall'Inghilterra con l'*InvencibleArmada*. Le clausole della pace costringevano gli spagnoli ad impiegare una sola valle ed un solo ponte. Quindi sia le strutture della passerella che le strade di accesso dovevano

---

[55] La pace fu celebrata come una grande vittoria in Francia e come tale celebrata per mezzo della carta stampata: DECLARATIONDUROY 1601; ORAISONPANEGYRIQUE 1601. Non mancarono anche volumetti denigratori dedicati allo sconfitto, il duca di Savoia: PROGNOSTICATIONFAICTEAUDUC DE SAVOYE 1600; L'ORACLE DE SAVOYE1600. Naturalmente le stampe dell'*Oracle* e della *Prognostication* sono entrambe del 1601.
[56] DE CRUE 1901, p. 274.
[57] ROTT 1882, p. 77.

essere risistemate ed allargate. Infine era a tutti chiaro che la strada poteva essere bloccata a piacimento dal re di Francia. Ancora oggi raggiungere il ponte di Grésin non è semplice. Occorre per prima cosa arrivare al villaggio di Eloise, posto su un altipiano a 508 m di quota. Da qui la strada con tre tornanti scende sino a quota 350 raggiungendo il ponte. Oggi la struttura è una passerella in metallo che ha sostituito la precedente struttura lignea, già frutto di rimaneggiamenti ottocenteschi, distrutta nel 1944. Superato il corso d'acqua la strada torna ad arrampicarsi lungo la riva destra del fiume sino ai 499 metri di Grésin. Ciò che sorprende è l'estrema pendenza del cammino che porta alla passerella pedonale e il fatto che basta porre poche centinaia di uomini, anche 3/400, appoggiati ad una fortificazione campale per rendere impossibile il cammino. Il ponte poi poteva essere distrutto in qualsiasi momento, poiché in origine non si trattava d'altro che di "travature malandate ricoperte da rami d'albero e terra. Non possono passare vetture; è ugualmente pericoloso passare a cavallo. È inconcepibile che gli abitanti della zona, per i quali il ponte è estremamente utile, non lo sistemino in maniera migliore"[58].

Fig. 2. Il ponte di Grésin. Alla foto aerea zenitale è stata sovrapposta la carta dell'IGN francese per evidenziare le curve di livello e la difficile strada di accesso al ponte (grafica Cerino Badone)

Filippo III inaugurò la nuova strada inviando 2.000 spagnoli e 6.000 italiani nelle Fiandre al comando di Ambrogio Spinola già nel 1601. Erano quattro anni che nessun esercito spagnolo percorreva il cammino verso nord, e le uniche difficoltà incontrate furono la sistemazione della strada lungo le ripide rive del Rodano e della passerella pericolante del ponte. Nel 1602 avvenne ciò che i generali del re di Francia temevano maggiormente. Spinola, nel luglio di quell'anno, stava conducendo una seconda armata di 8.759 italiani nelle Fiandra[59], quando trovò il ponte di Grésin bloccato dalle truppe di Enrico IV. Temendo una partecipazione armata spagnola alla cospirazione

[58] *Description de la Perte du Rhone, et d'une partie de son Cours depuis le Fort de l'Ecluse jusq'au Détroit de la Glière*, in MALTE-BRUN 1808, Vol. IV, p. 88.
[59] BERGER DE XIVREY-GAUDET1872, Vol. VIII, pp. 835, 839-842, 845-855, 856-858.

del maresciallo di Biron, il re di Francia aveva deciso di interrompere "la Strada di Fiandra". Le truppe italiane rimasero pazientemente accampate in Savoia sino quando fu concesso loro libero transito, ma solo dopo un lungo lavoro di diplomazia. Non solo fu una notevole perdita di tempo, ma le forze francesi rimasero a breve distanza dalle truppe di Spinola sino a quando queste giunsero nel Lussenburgo, a chiara dimostrazione che in ogni momento la loro marcia poteva essere fermata[60].

La "Strada di Fiandra", così come era stata pensata da Filippo II, era stata distrutta a Lione nel 1601 e non poteva funzionare così come aveva fatto per tutta la seconda metà del XVI secolo. Il cammino era totalmente esposto alle azioni belliche della Francia. Se la Spagna voleva continuare a combattere nelle Fiandre doveva trovare un'alternativa valida alla traballante passerella di Grésin. Per il momento non si poté far altro che rinforzare l'alleanza con il duca di Savoia, il quale ne approfittò subito per tentare di occupare con un assalto a sorpresa Ginevra, senza per altro riuscirvi[61]. Fanteria spagnola fu inviata a presidiare vari centri in Maurienne e in Tarantaise; 4 compagnie furono dislocate ad Annecy e Montmélian, 3 a Rumilly, 2 a St. Jean de Maurienne. Sotto la protezione di questo schermo di truppe, i rinforzi per le Fiandre continuarono ad affluire e a raggiungere il nord. Nel 1603 passarono attraverso la Savoia 2.500 spagnoli e 1.200 italiani, nel 1605 transitarono altri 6.000 italiani, seguiti nel 1606 da 3.000 spagnoli[62]. Ma la minaccia francese spinse gli spagnoli a cercare delle alternative.

Fig. 3. Veduta attuale del ponte e della valle del Rodano (Foto Cerino Badone)

[60] AGS, *Contaduria Mayor de Cuentas*, 2a/87.
[61] FAZY 1902; DOCUMENTS SUR L'ESCALADE DE GENEVE 1903.
[62] AGS, Estado, Legajo 1294/170; PARKER 2004, p. 238.

Finale e la Valtellina

Dopo Lione la strategia spagnola cambiò radicalmente, almeno per l'Italia. Mentre i militari cercavano una nuova strada appare evidente, con il senno del poi, che le nuove rotte strategiche dovevano percorrere quasi esclusivamente territori spagnoli ed evitare l'attraversamento di stati clienti di dubbia tenuta.

Per prima cosa occorreva trovare un porto dove far sbarcare in tutta sicurezza le proprie truppe in alternativa al porto di Genova. Nel 1571 il duca di Alburquerque, governatore dello Stato di Milano, aveva dato ordine di inviare alcune compagnie di fanteria perché occupassero Finale ed il suo marchesato, a causa delle continue rivolte locali e del timore di un'occupazione francese. Nel 1573 la guarnigione spagnola era stata ritirata per far posto ad una imperiale di 600 soldati tedeschi. Si trattava però di una occupazione delegata, in quanto la gestione militare del presidio fu assunta dal governatore di Milano, al punto che anche il soldo della truppa era a carico della casse spagnole[63]. Non di meno nuovi territori vennero occupati, come Millesimo e Serravalle Scrivia, dove le truppe spagnole, provenienti dalla guarnigione di Alessandria entrarono nel 1577 e nel 1579[64]. Seguirono nel 1583 le occupazioni dei feudi di Cairo Montenotte e di Spigno Monferrato, che di fatto creavano un collegamento quasi continuo con la costa. Madrid non si fidava di Genova, e i sospetti nei confronti della repubblica furono sempre continui. Anche se l'alleanza venne più volte rinnovata e la libertà genovese garantita, nonostante la posizione subordinata (ma era naturale che fosse così data la potenza spagnola) rispetto all'assetto del 1528, anche se a partire dal 1583 l'utilizzo del porto per lo sbarco di contingenti armati stranieri era di fatto precluso agli eserciti spagnoli. La repubblica di Genova doveva impegnarsi a consentire alle forze spagnole l'utilizzo del suo territorio e a non avviare alcune relazione diplomatica con le potenze straniere, in particolare con la Francia. La repubblica era di fatto un altro degli stati clienti spagnoli posti a difesa dello stato di Milano da un eventuale attacco da occidente, come del resto lo erano i ducati di Savoia e di Monferrato[65]. Del resto la presenza di numerosi reparti, in armi e particolarmente ostili, in transito attraverso il territorio ligure, suscitarono presso i genovesi numerosi apprensioni, che non mancarono di far sapere a Madrid.

La paura di un'aggressione spagnola aumentò al tempo della ribellione del 1575 quando i "nuovi nobili" e i ceti popolari al potere videro nella presenza di soldati spagnoli a Savona la conferma dei timori che volevano Filippo II in procinto di occupare Savona con la scusa di intervenire nelle questioni locali a difesa dei "vecchi nobili". Preoccupazioni e perplessità segnarono i rapporti tra Madrid e Genova sino al 1598, specie quando giunse la notizia che erano state aperte le trattative tra il connestabile di Castiglia e l'ultimo marchese del Carretto e con i suoi eredi per l'annessione del marchesato di Finale ai domini della Spagna. L'occupazione fu portata a termine nel corso del 1602, nel corso del cambio strategico effettuato dagli spagnoli in Italia, che vedremo nei suoi dettagli generali più avanti. I 900 uomini al comando di don Pedro de Toledo e del conte Ruggero Marliani, grazie agli accordi presi con la guarnigione tedesca, si impadronirono facilmente del porto e delle fortificazioni. Il tutto fu vissuto con estrema preoccupazione da Genova, che mise subito in cantiere nel 1618 la costruzione di un forte a Vado per proteggere, o interdire, la baia da qualsiasi naviglio non gradito. L'avvertimento nei confronti della Spagna era chiaro, ma nel 1619 l'annessione formale di Finale alla corona di Filippo III divenne ufficiale grazie all'investitura imperiale. Genova a questo punto oscillò tra una politica favorevole alla corona spagnola sino al 1631, quando iniziò a tenere un atteggiamento maggiormente equidistante tra Spagna e Francia sino 1659, quando divenne decisamente ostile alla Spagna. Tuttavia le nuove fortificazioni alla moderna erette a Finalborgo e Finalmarina a partire dal 1642, unitamente all'occupazione preventiva del

[63] RIZZO 2009, p. 80.
[64] Si trattava della compagnia di Odoardo Lanzavecchia. GHILINI 1903, Vol. II, p. 300.
[65] GRENDI 1987, pp. 173-223.

territorio intorno a Savona, garantirono alle flotte spagnole sempre uno scalo sicuro e lo sbarco di truppe destinate ai teatri operativi italiano, fiammingo e tedesco non venne mai messo in discussione[66].

Molto più elaborata, complessa e sanguinosa fu la messa in sicurezza dei passi alpini. Nel 1604 il conte di Fuentes era riuscito a persuadere i cantoni elvetici a riaprire i negoziati della pace del 1587 allo scopo di ottenere delle aperture per i transiti militari[67]. La diplomazia spagnola riuscì ad incassare il permesso degli svizzeri, e nell'autunno del 1604 per la prima volta 2.000 soldati della corona valicarono il San Gottardo diretti nelle Fiandre[68]. Nel 1605 altri 2.887 spagnoli usarono la strada del San Gottardo[69], mentre 6.000 fanti italiani impiegarono il ponte di Grésin. Allo stesso modo lo spostamento verso nordest della rotta strategica spagnola per le Fiandre pose in essere la questione della Valtellina, il cui solco vallivo permetteva una comunicazione diretta con il Tirolo imperiale. Nel 1593 era già stata ottenuta una concessione di transito delle leghe grigione. Tuttavia del dicembre del 1601 e nel 1603 sia la Francia che Venezia ottennero un simile permesso[70]. Nell'ottobre del 1603 il permesso di transito alle truppe spagnole venne revocato, obbligando il conte di Fuentes a fortificare la frontiera con la Valtellina, costruendo una nuova fortezza su una collina morenica alla fine della valle a Colico[71]. Nel 1607 l'invio di truppe veneziane nell'area aveva provocato una feroce rivolta popolare cattolica, alla quale era seguito il tentativo spagnolo di occupare militarmente l'area. I signori dei Grigioni riuscirono a ristabilire l'ordine. Ma per la Spagna era divenuto ormai vitale trovare un'alternativa al passaggio di Grésin. Nel 1605 il duca di Savoia aveva rifiutato di concedere il transito alle truppe dirette nelle Fiandre previo pagamento anticipato dei costi di alloggio. Due anni dopo rifiutò comunque il passaggio, firmò un trattato con Enrico IV nel 1610 e, tra il 1613-1615 ed il 1616-1617, combatté due guerre al fianco della Francia per il controllo del Monferrato e il controllo delle rotte Finale-Alessandria-Milano[72].

Lo scoppio della rivolta in Boemia del 1618 costrinse gli Asburgo a cercare una soluzione pratica perché fosse trovato al più presto un corridoio strategico di comunicazione tra l'Impero e la Spagna, e uomini e denari potessero liberamente circolare in entrambi i sensi. La soluzione, praticissima, fu trovata nel 1620. L'armata spagnola e quella imperiale chiusero l'alta e la bassa Valtellina mettendo un cordone di sicurezza al Forte di Fuentes e al passo dello Stelvio, mentre i cattolici della valle massacrarono circa 600 protestanti, principalmente a Bormio[73]. A quel punto 4.000 uomini tra imperiali e spagnoli occuparono i principali punti della valle, e costruirono un forte a Bormio, stendendo nel frattempo dettagliate carte della zona[74]. Era stata aperto un corridoio ideale tra Milano e Vienna, che permise anche un'apertura verso nordest. Attraverso Domodossola, il passo del Sempione, Losanna, Besançon e Verdun era possibile giungere nelle Fiandre e rifornire l'armata che stava operando in quel teatro[75]. Collacando in guarnigione 4.300 soldati nei Grigioni, 3.600 in Alsazia e 5.000 nel Palatinato la Spagna aveva gettato i pilastri per una nuova "Strada di Fiandra"

---

[66] Sulla presenza militare spagnola a Finale e le vicende della guarnigione MAFFI 2007b, p. 150.

[67] HANSELMANN 1971.

[68] PARKER 2004, p. 268.

[69] AGS, Estado, Legajo 1294/30.

[70] CERESOLE 1890. Sui trattati bilaterali tra le Leghe Grigie e la Francia, la Spagna e la Repubblica di Venezia ROTT 1881; BORROMEO 1998.

[71] Sul forte di Fuentes GIUSSANI 1905.

[72] La Prima Guerra del Monferrato vide la pubblicazione di innumerevoli volumi, destinati a giustificare o celebrare le operazioni sul campo. PAGANI 1613; RISTRETTO DEL DISCORSO 1614. Sull'aumento della tensione tra le comunità del ducato di Savoia e quelle del Monferrato BATTISTONI-LOMBARDINI 2007, pp. 89-134.

[73] FRIGG 1982, pp. 43-85.

[74] L'unica carta della Valtellina reperibile a Simancas risale al 1579: AGS, MPD, 09,053. Carte più dettagliate, risalenti alla prima metà del XVII, nelle quali il Forte di Fuentes risulta già operativo, sono in AST, Corte, Biblioteca Antica, J-a.l.13, *Architettura Militare*, Vol. I, ff. 66, 68, 85. Tutte e tre le carte dimostrano come la strada seguita dalle truppe spagnole per raggiungere la Valtellina fosse quella orientale.

[75] Per l'uso dei passi svizzeri RIZZI 1998.

alla quale si era ora aggiunta anche la comunicazione diretta con l'Impero[76]. Davanti alle proteste francesi e veneziane per questa azione, nel 1622 le truppe spagnole, ufficialmente sostituite ma in realtà solo affiancate, lasciarono la valle a quelle pontificie. Già nel 1624 avvenne il primo serio attacco alla nuova via strategica spagnola.

Negli anni successivi i nemici della Spagna avrebbero operato in Italia con il preciso intento di distruggere questa rete di comunicazioni strategiche, sia nel suo segmento meridionale da Finale a Milano, sia in quello alpino.

Descrizione della Strada di Fiandra dal golfo di Genova ai passi svizzeri

Per passare dalla riviera di Finale al Piemonte meridionale era giocoforza necessario sfruttare la valle Bormida di Spigno. Si trattava della via più diretta, e comoda, tra Alessandria, il nodo stradale tra il mare e le Alpi, e gli approdi finalesi. La strada da percorrere prima di raggiungere Alessandria era di 130 km[77].

Itinerario da Finale ad Alessandria		
Tappa	Caratteristiche delle singole tappe	Lunghezza
Finale – Rialto	La strada originaria lasciava il borgo di Finale lungo il Torrente Pora, raggiungendo prima Calice Ligure, quindi Rialto, proprio sotto il Passo del Melogno	15 km
Rialto – Bormida	Il cammino, contrariamente a quanto avviene oggi, saliva da Rialto al Passo del Melogno. Si tratta di un passo posto a quota 1.028, proprio a in vista del Mar Mediterraneo; pertanto la sua percorribilità era di fatto garantita tutto l'anno. Il marchesato di Finale controllava totalmente il valico e parte dell'alta Val Bormida sino quasi alle porte di Cairo.	10 km
Bormida – Cairo	Il cammino seguiva la riva sinistra della Bormida di Pallare sino al nodo stradale di Carcare. Di qui si proseguiva sino a Cairo [attuale Cairo Montenotte]. La strada si manteneva costantemente sulla riva sinistra del fiume, entro i confini del feudo di Cairo, occupato dalla Spagna sin dal 1583. Erano possibili tappe intermedie a Carcare e Fornelli.	26 km
Cairo – Spigno (Monferrato)	A Cairo era possibile superare la Bormida su un ponte e proseguire il cammino lungo la sponda destra del fiume. La strada rimaneva questa sino all'altezza di Dego, dove si biforcava. A seconda delle esigenze e della situazione si poteva scegliere la variante di Piane Crixia. Erano previsti dai tre ai quattro guadi (a seconda della posizione del fiume dopo le piene invernali) per raggiungere infine Spigno. Durante l'inverno, proprio a causa delle piene della Bormida, era consigliabile la variante alta del cammino, che proseguiva lungo il cammino di cresta sulle colline che dominavano il corso del fiume sulla riva destra, passando da Montaldo (Montaldo di Spigno), eventuale posto tappa, per scendere sino a Spigno	23 km
Spigno – Acqui Terme	Dopo Spigno la strada si snodava nei territori del ducato di Monferrato per circa 35 km. Da Spigno sino a Ponti erano possibili ben tre varianti di strada, tutte e tre parallele, sulla riva sinistra, sulla riva destra della Bormida e, in	29 km

---

[76] "Gli spagnoli sono ora in grado di camminare da Milano a Dunkirk sui loro beni e possessi, una congiuntura terribile secondo la mia opinione" (SIR HENRY WOTTON 1907, Vol. II, p. 221).

[77] Per la ricostruzione della strada cfr. AGS, MPD 06,030; ASMI, Fondo Belgioioso, cart. 261, doc. 146; GIANA 2007, pp. 57-84; TESTA 2003; TICINETO 1999.

	aggiunta, una variante alta per Montechiaro (Montechiaro Alto). A Ponti i tre segmenti si riunivano in un unico cammino che si separava all'altezza di Terzo. Spesso veniva preferito il posto tappa di Strevi (7,6 km oltre) rispetto ad Acqui.	
Acqui Terme – Alessandria	Parte terminale del cammino. Raggiungendo Alessandria da sudest non era necessario superare alcun fiume, per cui il percorso era per lo più una semplice marcia di trasferimento di pianura.	35 km
Terzo – Alessandria	La variante sulla riva destra della Bormida era consigliabile nel caso in cui forze ostili fossero in grado di colpire indisturbate lungo tutta la riva sinistra della Bormida, come effettivamente avvenne in più riprese durante le Guerre del Monferrato e la guerra Franco-Spagnola del 1635-1659. Posti tappa potevano essere collocati a Visone, Rivalta Bormida, Castelspina e Castellazzo Bormida.	45 km
Note	Percorso molto pericoloso tra Spigno e Acqui Terme in quanto il territorio rendeva possibili imboscate e blocchi stradali, come fu dimostrato l'8 settembre 1637 con la battaglia di Mombaldone, dove una colonna spagnola fu messa in rotta dall'armata congiunta franco-sabauda. Non di meno era possibile coprire la distanza con tre/quattro giorni di marce forzate in caso di necessità. Alessandria, dal 1575, era sede di un ospedale militare precedentemente ospitato ad Asti.	Lunghezza totale: 138 km

Il primo problema da risolvere era appunto l'approdo. Finale non era, e non è, un buon porto di mare. La costa è quasi rettilinea e non dava garanzie di sicurezza alle unità navali di grande pescaggio durante il mare agitato. Assai meglio erano i porti di Vado e, in assoluto, di Savona, anche se nessuno dei due poteva competere con le comodità e la funzionalità di porti come Genova e La Spezia. Non a caso progetti e iniziative finalizzate a migliorare il porto di Finale si sprecarono, ma in concreto poco o nulla, a parte le fortificazioni di Finalmarina e Finalborgo, venne realizzato[78].

Tuttavia, nonostante l'impegno e le energie profuse per assicurarsi il porto di Finale, Vado, Savona e Voltri rimasero gli approdi più sfruttati. Le ragioni dipendono da ragioni navali, prima ancora che di comunicazioni terrestri. Tra il 1604 ed il 1659 avvennero non meno di 56 sbarchi di truppe sulla riviera ligure, dei quali 31 a Savona (81.392 uomini sbarcati), 9 a Finale (con altri otto sbarchi ripartiti tra Finale e Savona, per un totale di 30.881 uomini messia terra), 8 a Voltri (16.100), 4 a Porto Venere (6.554), 2 a Genova (6.405), 2 a Sampiedarena (3.236). Secondo le capitolazioni del 1634 stipulate da don Francisco de Melo e la Repubblica, era concesso alla Spagna il diritto di sbarco, in particolare a Voltri e Vado nella rada di Savona. In cambio l'ambasciatore spagnolo era tenuto a comunicare la cifra esatta dei soldati in arrivo, in modo da concordare i percorsi da seguire, i posti tappa e gli alloggiamenti[79].

I commissari della repubblica di Genova avrebbero scortato i reparti principalmente secondo queste tre rotte:
- per i reparti messi a terra a Savona si doveva marciare verso Cairo Montenotte attraverso il colle di Cadibona (31 km di strada, e poi 87 sino ad Alessandria);
- nel 1611 venne occupato il castello ed il paese di Sassello. Tale posizione permetteva di mettere in sicurezza l'area centrale compresa tra Savona e Voltri ed apriva i transiti attraverso il passo del Giovo (516 m) lungo la Valle dell'Erro sino ad Acqui (percoros totale di circa 60 km);

---

[78] AGS, MPD 06,024; 09,004. Pianta delle fortificazioni di Castel Govone e della Marina di Finale.
[79] MAFFI 2007b, p. 132.

-   per i reparti sbarcati a Voltri occorreva superare il Turchino, proseguire su Campo Ligure, Ovada, Rocca Grimalda, Predosa, Casal Cermelli e infine Alessandria (75 km). Si trattava tra tutti del percorso più veloce e sicuro tra la riviera e il ducato di Milano.

Solo a partire dagli anni quaranta del Seicento, Finale divenne il principale porto spagnoli in Liguria. Non fu un caso, dal momento che a partire dal decennio precedente cominciò a farsi sentire la pressione diplomatica su Genova da parte della Francia, anche attraverso frange del patriziato cittadino favorevoli a Parigi, che iniziarono a contestare il passaggio di truppe a Savona e a Voltri, al punto che alla fine i due approdi vennero abbandonati a favore di Finale; quest'ultima, se da un lato costringeva i reparti ad una rischiosa marcia di avvicinamento al ducato di Milano, dall'altro permetteva alla monarchia di non dover chiedere il transito a nessuno, eccezion fatta per il ducato di Monferrato.

L'altro punto nodale della strada che conduceva in Valtellina e ai passi svizzeri era il superamento del Lago di Como. Collocato in un profondo solco glaciale a forma di Y rovesciata è posto proprio in corrispondenza tra la città di Milano e la Valtellina, ed ancora oggi rappresenta uno dei principali problemi di viabilità. Nel XVI secolo le strade dirette a nord dovevano arrivare in quella zona, il quanto l'alternativa era portarsi al passo dell'Aprica nel territorio controllato da Venezia. Parker suggerisce un cammino lungo la sponda occidentale del lago sino a Gravedona, dove poco dopo la strada si biforca per raggiungere o il passo dello Spluga, oppure lo Stelvio attraverso la Valtellina.

Tuttavia l'archivio di Simancas, e le ricognizioni archeologiche effettuate nel corso delle ricerche per questo lavoro, hanno dimostrato che esistevano ben quattro alternative:
a) Ipotesi di Parker. Passando da Como c'era la possibilità di sfruttare l'antica strada romana diretta ai passi alpini che correva lungo la sponda occidentale toccando Gravedona, per un totale di 50 km

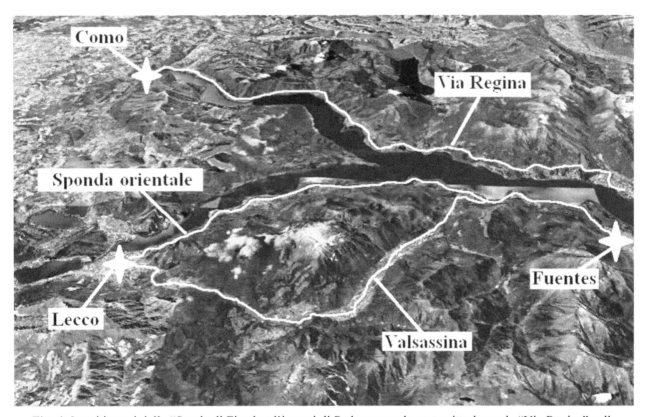

Fig. 4. I tre itinerari della "Strada di Fiandra; l'ipotesi di Parker prevede un tragitto lungo la "Via Regina" sulla sponda occidentale del lago. Quindi una seconda ipotesi prevede il transito sulla sponda occidentale. Infine la documentazione raccolta nel corso di questa ricerca e le ricognizioni sul terreno rivelano l'utilizzo del corridoio della Valsassina per le comunicazioni tra Lecco, Fuentes e la Valtellina, in modo da evitare le strade impervie del lungolago ed il massiccio delle Grigne (grafica Cerino Badone)

di strada da coprire tra Milano e Como e circa 60 km tra Como e Sorico, estrema propaggine settentrionale del Lago Lariano[80];

b) Ipotesi della sponda occidentale. Nonostante la presenza dei massicci della Grigna e del Monte Legnone, la via occidentale era la strada più diretta per raggiungere la Valtellina, era lunga appena 41 km. Tuttavia Lecco distava ben 60 km da Milano, ma possedeva un ponte fortificato sull'Adda che consentiva l'attraversamento del fiume in tutta sicurezza[81];

c) La navigazione fluviale. In realtà l'ipotesi più plausibile sembra essere quella della navigazione fluviale con partenza dal porto di Como e sbarco in corrispondenza del Forte di Fuentes, allo sbocco della Valtellina sul Piano di Spagna. La città di Como, dotata di ben tre porti fluviali, era in grado di consentire il transito a un contingente militare di medie/grandi dimensioni, sfruttando i porti lacustri di Bellagio, Menaggio e Gravedona. Inoltre, né le strade della riva occidentale, né quelle orientali consentono il transito di artiglieria, se non di calibri inferiori alle 4 libbre. Solo la navigazione lacu-

Fig. 5. Il Forte di Fuentes visto dal Piano di Spagna. Basta osservare la collocazione delle rovine della fortificazione, smantellata nel 1796, per rendersi contro che questa non poteva assolutamente sbarrare alcuna strada. La sezione della bassa Valtellina in questo punto è di circa 4 km di larghezza. Un'enormità, se la si paragona con i soli 160 metri di Exilles. Non solo, ma l'unica strada che effettivamente potrebbe (o dovrebbe) controllare, quella che da Colico sale verso Sondrio, si trovava nel XVI secolo ad oltre 1.500 metri di distanza. Il che significa che i cannoni del forte non avrebbero mai potuto colpire con efficacia un esercito in marcia verso Milano. Si tenga poi conto che esistevano strade più defilate, anche sulla riva destra dell'Adda. In realtà appare evidente che il forte controlli meglio l'Adda che non i cammini terrestri. Il fiume, ed il lago che si trova a poche centinaia di metri, erano la comunicazione più sicura con il resto del ducato di Milano (Foto Cerino Badone)

[80] Parker 2004, p. 62.

[81] AGS, Estado, Legajo 01917, *Relaciónreferente a la liga de losgrisones, fuerte de Fuentes y descripción de su sitio; Consulta del Consejo de Estado, Madrid, 19 de abril de 1617; y memoria de algunasconsideracionessobre la demolición del fuerte...*, Lucerna, 22 de febrero de 1627; AGS, MPD, 38, 087.

stre e fluviale avrebbe potuto agevolmente consentire il trasporto di una notevole quantità materiali; d) La Valsassina. Piegata ad arco verso oriente, il solco della Valsassina permetteva ai transiti diretti o provenienti dalla Valtellina di aggirare lo sbarramento opposto dalle bastionate della Grigna. Pur essendo un tragitto di 58 km di lunghezza, a tratti molto difficile, specie nella bassa valle, caratterizzata da fianchi molto dirupati, spesso rocciosi e strapiombanti, Non di meno fu questa la strada seguita dai contingenti imperiali durante la loro calata in Italia nel 1629 per raggiungere l'assedio di Mantova.

Quando si percorrono le sponde del lago di Como, e il suo ramo verso Lecco, la prima cosa che immediatamente risulta chiaro è che la strada rivierasca non può essere particolarmente antica. La roccia delle rive, spesso a strapiombo sulle acque lacustri, è stata scavate a colpi di mina, i cui segni sono perfettamente riconoscibili. Le vie di comunicazione originarie, molto più alte, si sono in parte conservate, e sono tutte assimilabili come difficoltà di percorso ad una mulattiera alpina, con tutti gli oneri di manutenzione e gestione che abbiamo già visto per l'attraversamento delle Alpi occidentali. L'ipotesi avanzata da Parker non regge davanti ad una ricognizione sul terreno. La strada sulla riva occidentale da lui proposta doveva superare sia le bastionate rocciose dei Monti Nava (Sasso Martino e Sasso Rancio), di difficile percorribilità e impossibili per il traffico ruotato, sia di carri che di artiglierie, anche di piccolo calibro. Inizialmente avevo ritenuto più plausibile un utilizzo della sponda orientale, ma il massiccio della Grigna presenta difficoltà del tutto simili a quelle della sponda opposta[82]. Respinte dalla prova archeologica entrambe le ipotesi, non rimane che tornare in archivio.

Nel 1606 venne decisa da Madrid la costruzione di una strada che mettesse in comunicazione Milano con il Piano di Spagna ed il cantiere del Forte di Fuentes, che era stato iniziato nel 1604. L'ingegnere e topografo Emanuele del Pozzo ebbe l'incarico di "visitare i cammini che da Como e da Lecco vanno al detto forte". Venne in seguito ordinata la costruzione di una strada che da Como correva lungo la sponda occidentale, ma le comunità raggiunte dall'avviso della contribuzione si opposero con un memoriale al governatore, proponendo la strada sull'altra costa. A Tolomeo Rinaldi, ingegnere camerale, e Gaspare Balduini, ingegnere delle fortezze, venne richiesto allora di trovare la strada migliore, più breve e meno dispendiosa per le comunicazioni tra Colico e Milano. Il Rinaldi compiva una visita di ispezione alla cosiddetta "Via Regina", l'antica strada romana sulla sponda occidentale del Lago di Como. L'ingegnere effettuò un lavoro scrupoloso, percorrendo e misurando la strada e annotando quali lavori sarebbero occorsi per renderla transitabile alle bestie da soma e ai cavalli. In alcuni settori sarebbe stato necessario spaccare la roccia, specie nei pressi di Sasso Rancio, per evitare brusche salite e discese, oltre a sistemare o costruire dei ponti a Breggia, Dongo e Gravedona, con problemi di sbocco per i torrenti. La spesa complessiva venne valutata in 210.000 lire. Per passare con mezzi a ruota era poi necessario realizzare una strada nuova a monte di Tremezzo e Girante, con l'aggravante di finire nelle paludi nella zona settentrionale del lago, a meno di non costruire un porto a Gera, con un allungamento dei tempi del tragitto.

Fu controllata l'alternativa sulla sponda opposta. Da Colico a Dervio si riusciva a spender poco sempre per il passo di un cavallo o di una bestia da soma. Tra Dervio e Bellano se si volevano evitare le salite, i lavori da compiere erano più imponenti. Da Bellano, tralasciando la vecchia strada della riviera, troppo ardua e pericolosa, si poteva usare la via della Muggiasca, con un ponte al Portone, e uscire a Cortenova in Valsassina da cui si andava agevolmente in piano tenendo la sinistra del Pioverna fino ai Forni di Introbio, dove occorreva scavare pareti di roccia per allargare il cammino e, più avanti, con qualche restauro, usare una strada in parte nuova e comunque agevole fino a scendere a Lecco. Il costo era di 82.090 lire, spesa che si poteva ridurre con l'impiego di corvées.Era dunque questa la soluzione che venne caldeggiata a Madrid, il cui costo doveva essere

---

[82] Per una descrizione topografica della strada lungo la riva occidentale del Lago di Como, la cosiddetta "Strada Regina", Marcarini 2005.

accollato alla Camera, ma che trovò totale disapprovazione in Valsassina. Se le comunità comasche tiravano il fiato, quelle della riva orientale temevano il rischio di vedersi accollare le spese di costruzione e gestione della nuova strada.

Le relazioni giunte dalla Lombardia fecero propendere il governatore per il percorso della Valsassina, lungo il quale furono fatti alcuni aggiustamenti e venne soprattutto ripristinato il ponte tardomedievale di Lecco. L'onere della manutenzione e del miglioramento delle strade fu affidato alle comunità. Nel 1633 fu ordinato al comune di Dervio di accomodare il suo tratto di strada per la cavalleria diretta in Alsazia (Compagnia Balosso), sotto la pena che "verrà fatto sostare e mantenere in comune il detto corpo oltre il pagamento dei danni". A partire dal 1610 iniziarono a transitare regolarmente truppe spagnole in direzione delle Fiandre o del presidio di Fuentes[83].

Effettivamente la strada della Valsassina è assai più facile di quella rivierasca. Le uniche due difficoltà sono rappresentate dalla salita del Torrente Pioverna e dalla discesa del Colle di Balisio (723 m), che immette dalla valle direttamente da Lecco dopo un dislivello negativo di 523 metri. Questa via di comunicazione dimostrò, nonostante le difficoltà di un territorio tipicamente prealpino, di essere in grado di supportare la marcia di eserciti di grandi dimensioni. Alla fine di agosto del 1629 il conte Serbelloni giunse a visitare la strada "di Colico et di Valsasena, acciò la cavalleria alemanna, quando verrà l'occasione, possa passare facilmente per terre a Mandello et di là a Lecco, cove sta preparando un ponte"[84]. Il 12 settembre l'esercito imperiale era già a Lecco per un totale di 25.000 uomini e 15.000 civili al seguito. La nuova strada funzionava perfettamente. Ora si trattava di difenderla.

---

[83] Fondamentale per la ricostruzione della strada da Milano alla Valtellina GIUSSANI 1905 e la serie di documenti citati nel suddetto testo, conservati in archivi privati, di primaria importanza: *Relazione del conte Baldassarre Biglia al Conte di Fuentes, intorno alle strade che dallo Stato di Milano conducono nei Grigioni, Domaso, 31 agosto 1603*,pp. 99, 390-392; *Relazione dell'ingegnere Tolomeo Rinalsi, intono al progetto di una nuova strada da Milano al forte di Fuentes, percorrendo la sponda occidentale del Lario, o la orientale, o la Valsassina, Milano, 29 novembre 1606*, pp. 394-398; *Ricorso dei Valsassinesi al Conte di Fuentes, per impedire che la nuova strada da Milano al forte di Fuentes passi attraverso la Valsassina, 1606*, pp. 398-401.
[84] TADINO 1648, p. 17.

CAPITOLO 3

La via di Francia

Il testo di Geoffrey Parker *The Army of Flanders and the Spanish Road 1567-1659* ha focalizzato l'attenzione sui corridoi strategici spagnoli e sull'impianto logistico necessario alla monarchia spagnola per mantenere in efficienza l'esercito delle Fiandre pur non possedendo la superiorità navale nella Manica e al largo della costa olandese. Eppure gli spagnoli non furono i soli a costruire vie strategiche finalizzate a rifornire eserciti operanti in fronti lontani migliaia di chilometri dalle loro basi più avanzate. Il regno di Francia già al tavolo delle trattative di "Cateau-Cambrésis, nella necessità di dover rinunciare al ducato di Savoia, era riuscito a mantenere il possesso del marchesato di Saluzzo, una testa di ponte verso l'Italia. Al pari di Filippo II e del duca d'Alba, anche i capitani di Enrico II costruirono una loro strada per una futura invasione dell'Italia, qualora se ne fosse presentata l'occasione".

Il saliente di Saluzzo

La Francia rimase di fatto in guerra con il duca di Savoia ininterrottamente dal 1588 al 1601 per il possesso del Marchesato di Saluzzo. Un simile accanimento si deve a varie ragioni: la miopia diplomatica di Carlo Emanuele I, l'abilità speculativa di Enrico IV e l'importanza strategica di Saluzzo per la Francia. Dopo il 1559, con grande sconforto del maresciallo Brissac, il ducato di Savoia era stato abbandonato dai francesi per essere restituito al duca di Savoia. Alla Francia rimaneva però Saluzzo, che non era, militarmente parlando, un patrimonio trascurabile. Già uno degli ingegneri militari del duca di Savoia, Gabrio Busca, così si esprimeva riguardo l'importanza del territorio del saluzzese: "non per altro fanno tanto capitale, i Francesi del marchesato di Saluzzo se non perche è frontiera contro il Piemonte Liguria, e Lombardia, il quale guardandoli molte entrate nel Delfinato, e Provenza, gli fà posto si caro per far massa di gente, e correre adosso a queste parti"[1].

Direttamente o indirettamente grazie al possesso di Saluzzo, la Francia poteva controllare due dei principali passi delle Alpi Occidentali, il Colle dell'Agnello (2748 m), già parte della Castellata, e il Colle della Maddalena (2996 m). In Valle Stura di Demonte i feudi di Roccasparviera e Demonte permettevano di vigilare sui transiti che impiegavano quest'ultimo passo. L'importante centro abitato era situato a 65 km dal più vicino centro francese oltre il confine occidentale. Tenendo conto che la comba di Barcelonette era di fatto indifendibile per i duchi di Savoia in caso di guerra contro la Francia, la distanza scendeva a 42 km, un giorno di marcia forzata. Mentre si trovava totalmente entro i confini del Delfinato anche il Colle del Monginevro (1854 m).

Le comunicazioni tra Torino e Cuneo erano presidiate dai feudi, sempre legati al marchesato di Saluzzo, di Centallo e Carmagnola, entrambe piazzeforti fortificate "alla moderna"[2]. Non solo, ma il Brissac aveva fatto di Carmagnola l'arsenale delle armate francesi destinate ad operare in Italia. In città erano state immagazzinate ben 400 bocche da fuoco di tutti i calibri, destinate a costituire il

---

[1] BUSCA 1619, p. 36.
[2] Per le fortificazioni di Centallo cfr. AST, Corte, Biblioteca Antica, J-a.l.17, *Architettura Militare*, Vol. V, ff. 20v-21. Maggiori informazioni sono disponibili per Carmagnola: BRTO, Manoscritto Militare 177, f. 26; BTMI, Fondo Belgioioso, Fortezze di Piemonte, cart. 264.

parco d'artiglieria per una futura invasione del ducato di Savoia e di quello di Milano[3]. Avere queste armi già in Piemonte significava semplicemente non doverle trascinare sulle Alpi ancora una volta. Questa massa di armamenti si trovava a meno di 30 chilometri da Torino, e a poco più di 50 km da Asti. Non fu un caso che uno dei primi obiettivi di Carlo Emanuele I, una volta decisa l'occupazione di Saluzzo, fosse quello di prendere possesso dell'arsenale di Carmagnola.

Come già aveva intuito Gabrio Busca, da Centallo e da Carmagnola si potevano colpire non solo Torino, ma anche l'alto ed il medio corso del Tanaro e proseguire sino ad Asti ed oltre. Da Alba in avanti il fiume diventava navigabile consentendo il trasporto di treni d'artiglieria più pesanti e dei rifornimenti in grandi quantità e relativa sicurezza. Allo stesso modo era possibile minacciare direttamente gli approdi liguri utilizzati dalla Spagna. Tutte manovre già sperimentate con successo durante le campagne nella prima metà del XVI secolo dalle armate del maresciallo Brissac. Nel 1572, con Pinerolo e Savigliano ancora in mano ai francesi, il governatore di Milano fece pressioni sulla corte dei Gonzaga perché Alba fosse fortificata con opere bastionate, arrivando a fornire il necessario *know how* necessario per la realizzazione di una fortezza di grandi dimensioni. Inoltre il territorio di Saluzzo era abbastanza vasto perché un'armata destinata ad operare nella Pianura Padana potesse prendervi i quartieri d'invero senza essere costretta a rientrare al di là delle Alpi. Il ricordo delle Guerre d'Italia, con i gigliati ancora saldamente ancorati alla realtà piemontese, non era affatto tramontato nelle menti dei militari francesi.

La seconda alternativa era la calata in Italia attraverso il passo del Monginevro. Aperto tutto l'anno, il valico era protetto ad est dal castello di Exilles, mentre sull'altro versante la città di Briançon era situata presso l'alto corso della Durance. Il solo problema di questo passo era il fatto che si trovava a circa 100 km dai più forniti arsenali francesi della zona. Questo significava che un'armata doveva essere prima assemblata nei dintorni di Grenoble, quindi messa in movimento verso ovest attraverso la valle della Romanche e guadagnare la valle dalla Durance attraverso il passo del Lautaret. Non si trattava di un percorso particolarmente impegnativo, ma era pur sempre una marcia di oltre 100 km prima di raggiungere il passo del Monginevro.

Le vie di Francia

Sino agli inizi del XVII secolo il sistema stradale francese era organizzato come quello spagnolo, e la manutenzione era delegata alle singole comunità. Le guerre di religione del XVI secolo portarono le infrastrutture stradali in uno stato di totale abbandono. Nel Delfinato, ad esempio, i grandi *chemins* che mettevano in comunicazione Lione, Ginevra, Grenoble e la Provenza erano stati in più punti erosi dai lavori agricoli, i quali si spingevano sempre più a ridosso del battuto stradale sino, in alcuni casi, a cancellarlo del tutto. Le vie di transito erano ritenute soddisfacenti per la Savoia, ma del tutto pericolose, *mèchant chemins*, nel Delfinato ed in Provenza, come in molti altri luoghi della Francia. La distruzione della rete stradale poteva essere un vantaggio in un periodo di torbidi, ma dopo il Trattato di Lione il nuovo potere centrale pretendeva ordine, velocità e sicurezza nell'ambito delle comunicazioni. Enrico IV, che tanto aveva contribuito a distruggere la "Strada di Fiandra", sapeva molto bene quanto fosse importante il disporre di una rete stradale in perfetta efficienza, sia per ragioni di ordine commerciale, sia militare. Non a caso creò la carica di *Grand Voyer* e la affidò al capace Sully, nel 1599. Non era un caso che tale mansione fosse affidata al

---

[3] Erano state radunate da tutte le piazze evacuate dai francesi intorno ad un primo parco d'artiglieria del Brissac. Sull'arsenale di Carmagnola e sul suo impiego BRUNET 1842, Vol. I; SALUZZO 1818, Vol. II, p. 151. Due dei cannoni di Carmagnola sono ancora esistenti presso il Museo Storico Nazionale d'Artiglieria di Torino. Si tratta due colubrine francesi fuse una sotto il regno di Francesco I (Inv. 42 P35) e l'altra per conto di Enrico II (Inv. 48 P41). Sull'organizzazione di un arsenale del periodo vedi FURTTENBACH 1630. Si tratta di un'opera importante per comprendere come fosse organizzato e gestito un arsenale della prima metà del XVII secolo.

Gran Mastro di Artiglieria; lungo le strade avrebbero dovuto passare i traini di artiglieria, e Sully era incaricato di selezionare e restaurare le migliori strade utili per la strategia militare dello Stato. Il ministro centralizzò i finanziamenti destinati al ripristino del sistema viario e creò degli ispettori locali scelti in ciascuna provincia tra ufficiali locali, spesso reclutati negli uffici della tesoreria di Stato. Nel Delfinato il ministro affidò la carica di ispettore al solito Lesdiguières, il quale aveva un'idea molto chiara di quali fossero le strade più importanti.

Il comandante ugonotto decise di concentrarsi sulle comunicazioni dirette verso i passi alpini e dispose che queste fossero rimesse in sesto in modo tale che potessero supportare il transito delle artiglierie e permettere un maggiore movimento al commercio per il "bene e l'utilità pubblica"[4]. A partire dal 1603 un ufficiale *Voyeur des Chemins* e un commissario furono incaricati di ispezionare i lavori della provincia, così come accadeva in altri luoghi lungo tutta la Francia, al fine di stabilire quali fossero i segmenti stradali che necessitavano delle riparazioni più urgenti. Dal 1611 la tesoreria dello Stato elargiva a tale commissione una cifra pari a 6.000 lire per i lavori di manutenzione ordinaria e straordinaria delle strade. Infine dal 1620 i pedaggi su ponti e strade confluivano direttamente nella cassa destinata ai lavori sulle vie di comunicazione del regno di Francia. Dove i lavori non proseguivano con la desiderata velocità, i governatori locali potevano imporre alle comunità un impegno diretto nei cantieri. Lesdiguières semplicemente ordinava al suo corpo di guardie a cavallo di sollecitare le comunità locali perché i lavori fossero terminati il prima possibile. Nel 1610 la sua compagnia privata di archibugieri a cavallo continuò a battere le strade da Grenoble a Château-Dauphin passando per il Champsaur, Embrun e Briançon per verificare che il cammino fosse stato allargato dagli originari 15 piedi (4,77 m) alle richieste 3 tese (5,85 m)[5].

Quindi, esisteva il problema dell'attraversamento dei fiumi, in particolare nella zona di Grenoble, dove alla fine del XVI secolo erano concentrate le principali forze del Lesdiguières. L'unico ponte di Grenoble fu distrutto durante l'assedio del 1590, e venne ricostruito nel 1603 grazie alle 50.181 lire date dalle casse reali. Divenne una sorta di simbolo del potere di Enrico IV nel Delfinato, tanto che su di esso venne sistemato un orologio e una serie di statue lignee policrome raffiguranti il sovrano in veste di Ercole.

Una serie di fiumi, in particolare il Drac, chiudono con il loro greto da nord a sud il cammino verso l'Italia. Si rese necessaria la costruzione di una nuova serie di ponti, a Clelles e a La Mure. Ma il ponte per eccellenza divenne quello di Claix, le cui vicende ben rappresentano le modalità di gestione della "Strada d'Italia" da parte dei governatori francesi[6]. Dopo l'ennesima alluvione e l'ennesimo ponte cancellato dalla furia delle acque, il 10 novembre 1607 le comunità locali richiesero la costruzione di un nuovo ponte. In particolare si rivolsero al Consiglio di Stato per ottenere il permesso di procedere alla raccolta dei fondi, stimati in 11.400 lire, per dare inizio ai lavori[7]. Il 21 novembre il Consiglio di Stato si pronunciò favorevolmente sulla richiesta. Ma nel frattempo era stato fatto presente, probabilmente dallo stesso Lesdiguières nella sua veste di governatore del Delfinato e signore di Claix, l'importanza di tale ponte. Pertanto la comunità di Claix fu costretta a sottostare a delle precise disposizioni dettate dal potere centrale e da quello, ancora più presente e vincolante, del governatore. Questo divenne di fatto il proprietario del ponte, in quanto ebbe la possibilità di riscuotere un pedaggio. Le comunità che potevano impiegare a

---

[4] *Ordonnance du 25 mars 1611*, citata in DOUGLAS-ROMAN 1881, Vol. II, p. 6.

[5] DOUGLAS-ROMAN 1878, Vol. I, p. 531, *Commission donnée au capitaine Lagier, Grenoble, 1er avril 1610*.

[6] Si tratta di una costruzione piuttosto imponente, con un'apertura d'arco di 46 metri, mentre l'impiantito stradale corre a 16 metri dalla superficie dell'acqua. Sulle vicende del ponte e la sua costruzione, oltre alla documentazione d'archivio qui presentata, BEZEGHER 1986.

[7] ADI B 3397, *Arrêt du Conseil d'Etat rendu sur la requête des riverains du torrent du Drac, leur concédant l'autorisation de construire un pont sur ledit torrent à la place où se trouvent actuellement le bac et le port de Claix et de lever une somme de 11400 livres pour faire face aux frais de la nouvelle construction à condition de ne demander ladite contribution qu'à ceux qui voudront bien y consentir et d'indemniser les propriétaires du Bac.*

proprio vantaggio il passaggio sul Drac dovevano fornire un elenco dettagliato del loro stato fiscale e stabilire la quota della loro spesa. Non di meno la corona mise a disposizione del signore di Claix (Lesdiguières) 6.000 lire per le prime spese, mentre una commissione doveva controllare lo stato dei lavori[8]. Il 19 agosto del 1608 i lavori vennero ufficialmente affidati al mastro da muro Jean Albert e al mastro carpentiere Pierre Salomon, i quali ricevettero in pagamento 18.000 lire[9]. Nel 1613 il cantiere era ormai terminato: il risultato era sbalorditivo per l'epoca e con un'apertura d'arco di 46 metri il ponte superava con una sola campata in pietra il tumultuoso corso del Drac. Si trattava di un prodigio di ingegneria, e il *Pont de Bonne* divenne una delle "meraviglie del Delfinato". In totale era costato 40.660 lire, e il governatore manteneva il diritto di riscuotere un pedaggio di un soldo di Francia per ogni bestia da soma transitata[10]. Con un simile sistema viario era possibile per le armate francesi raggiungere il fronte italiano anche in pieno inverno, come l'armata del Delfinato fu in grado di fare nel tra il dicembre del 1616 e il gennaio del 1617.

Dal Trattato di Lione a quello di Bruzolo

Con il Trattato di Lione i francesi si erano aggiudicati una vittoria importante. L'acquisizione della Bresse, del Bugey e del Gex sanciva la definitiva chiusura del cammino di Fiandra, così come era stato pensato da Filippo II, e completava un disegno strategico già stabilito negli anni '80 del XVI secolo. Ma Saluzzo e tutto il saliente "italiano" erano andati perduti, ad eccezione della Castellata, con il Colle dell'Agnello, e naturalmente l'alta val di Susa e l'alta Val Chisone. Entrare in Italia era ancora possibile, ma se prima si poteva pensare ad una campagna di guerra *già* stabiliti in Piemonte, adesso occorreva trovare il modo di penetrarvi il più velocemente e con meno perdite possibile. Prima ancora che con le armi occorreva gire con la diplomazia e cercare di guadagnare alla Francia un alleato nello scacchiere italiano. Le attenzioni si concentrarono sul solito irrequieto ed impulsivo duca di Savoia, Carlo Emanuele I. Lo spostamento dell'asse strategico spagnolo dalla Savoia alla Valtellina aveva provocato il raffreddamento delle relazioni tra Torino e Madrid, e sembrava ora necessario per la Spagna cercare di placare, se non smorzare energicamente, il desiderio di avventura dello "stato cliente" sabaudo. Nel 1605 il duca rifiutò per la prima volta il libero transito a truppa spagnola diretta in Fiandra, se non dietro pagamento anticipato dei costi di alloggiamento. Nel 1607 impedì categoricamente il transito ai rincalzi per i Paesi Bassi[11].

La notte tra il 17 ed il 18 gennaio 1608 Charles d'Albigny, governatore della Savoia e marchese di Pianezza, fu decapitato su ordine di Carlo Emanuele I. La tragica fine di questo vecchio esponente della Lega Cattolica, passato al servizio sabaudo per combattere l'eresia ugonotta che riteneva la rovina della Francia, segna un punto di rottura nella politica estera sabauda. Albigny, strenuo difensore del partito spagnolo presso la corte di Torino, perse la vita per non aver voluto accettare il cambiamento della politica estera del duca. Inoltre aveva negoziato personalmente con i diplomatici spagnoli, non si comprende quanto all'insaputa di Carlo Emanuele I, per organizzare una nuova alleanza militare contro la Francia e tentare un assedio contro Ginevra. Questo atteggiamento venne ritenuto di fatto alto tradimento e lesa maestà. Fu per tutti una chiara lezione: il duca mostrava ai suoi sudditi che dovevano piegarsi ad un riavvicinamento alla Francia, mentre il partito filospagnolo

---

[8] ADI B 3397, *Acte d'assemblée des trois ordres intéressés à la construction du Pont de Claix dans laquelle on décide: 1° que pour dédommager Mgr de Lesdiguières, seigneur de Claix, du revenu qu'il perdra au port de ce lieu, il sera établi, à son profit, sur le nouveau pont, un péage égal à celui qu'il perçoit actuellement ; 2° que l'on dressera un état des villages et communautés qui devront participer à la dépense; 3° que la construction sera mise en adjudication par les soins de MM les trésoriers de France; 4° qu'une provision de 6000 livres, pour parer aux premiers frais sera mise à la disposition du châtelain de Claix; 5° qu'une commission de surveillance des travaux sera établie.*
[9] ADI B 3397.
[10] ADI B 3397. *14 Août 1613. Compte des recettes et dépenses relatives à la construction du pont de Claix, présenté par le sieur Drevet, comptable à la Chambre des Comptes.*
[11] PARKER 2004, p. 63.

era avvisato: intrighi e manovre sotterranee ai danni del duca non sarebbero state tollerate. Albigny, detestato da Enrico IV, era un ostacolo per nuovi colloqui con la Francia, ed ora questo ostacolo era stato rimosso.

Carlo Emanuele I aveva visto naufragare, nel 1606, l'illusione di succedere a Filippo III, senza eredi diretti. La nascita dell'Infante mandò questo sogno in fumo, e gli fece comprendere come in quel mentre non ci fossero ragioni di ordine pratico per mantenere un'alleanza con la Spagna, Enrico IV si accingeva in quel momento a riprendere la lotta contro gli Asburgo di Spagna, e un progetto per una lega offensiva contro il ducato di Milano venne seriamente preso in considerazione nel 1608. Se le operazioni militari avessero permesso a Carlo Emanuele I di estendere i suoi Stati, la Francia avrebbe annesso l'intera Savoia[12]. L'avvicinamento era segnato da tappe sempre più importanti. Nel 1609 il duca volle suggellare la nuova amicizia con Enrico IV con un matrimonio tra il delfino, il futuro Luigi XIII, e una delle figlie del duca. Lesdiguières e il ministro Sully furono i negoziatori da parte francese. Il comandante ugonotto, promosso Maresciallo di Francia nel 1609, fu il principale promotore per un attacco contro Milano, finalizzato alla distruzione del nuovo corridoio strategico spagnolo. Lo stesso anno il duca di Savoia compiva il clamoroso gesto di espellere da tutto il ducato le guarnigioni spagnole presenti sul suo territorio. Tra il 21 ed il 25 aprile 1610 al castello di Bruzolo venne redatto un trattato d'alleanza ufficiale tra il regno di Francia ed il ducato di Savoia, in base al quale sarebbero spettati a Carlo Emanuele I il ducato di Milano e il titolo di *re delle Alpi*, mentre la Savoia sarebbe passata ad Enrico IV.

La notizia del trattato ben presto raggiunse Madrid e il nord Italia si preparò a quello che tutti ritenevano uno scontro imminente. La piazzaforte di Alessandria venne potenziata e fu oggetto di urgenti restauri, i cui lavori continuarono ininterrotti da marzo sino a luglio. Tutte le milizie del Piemonte orientale furono levate. Nel solo contado alessandrino furono formati i contingenti di Felizzano, Solero, Quargnento, Oviglio, Sezzadio, Basaluzzo, Castellazzo, Frugarolo, Bosco Marengo e Cassine, mentre nella sola Alessandria vennero armate quattro compagnie. Il governatore di Milano allestì l'armata di Lombardia su una forza complessiva di 13.000 fanti e 2.000 cavalieri, con la quale avrebbe atteso l'invasione nemica.

La morte improvvisa di Enrico IV fermò per il momento un ritorno francese in Italia, ma non impedì a Carlo Emanuele I di rivendicare la successione al marchesato di Monferrato e a scendere in campo contro la Spagna, per ben due volte nel 1613-15 e nel 1616-17. Nel 1615 la Francia, governata di fatto da Maria de' Medici e dai suoi favoriti, il maresciallo d'Ancre e sua moglie Eleonora Galigai, era propensa ad una politica di neutralità, se non di connivenza, con la Spagna. Eppure la rottura della tregua tra il duca di Savoia e la Spagna suscitò numerosi dibattiti tra i ministri del giovane re Luigi XIII, se fosse necessario o meno riprendere l'aggressiva politica estera di Enrico IV. Il maresciallo Lesdiguières era tra i fautori di una guerra contro la Spagna. Nel mese di dicembre, malgrado gli ordini del re di non intraprendere azioni militari contro la Spagna, il maresciallo superò le Alpi per portare il proprio esercito a sostegno del duca di Savoia. La presenza di una forza francese in Piemonte si giustificava, secondo il comandante ugonotto, con la necessità di far rispettare la tregua di Asti (Primo Trattato di Asti, 1 dicembre 1614) e di servire come forza di interposizione tra i due contendenti. In realtà si trattava di intervenire direttamente a difesa di un alleato in una zona che continuava a rimanere di estremo interesse strategico per la corona francese, e i governatori delle province di confine erano stati informalmente autorizzati ad entrare

---

[12] Questi progetti vennero proposti per la prima volta a Montmélian il 9 novembre 1608. Si noti che il forte di Montmélian era uno dei pochi che non ospitavano truppa spagnola in Savoia in quel periodo, e dunque era l'ideale per un incontro il più possibile discreto con i francesi. Si veda AST, Corte, Materie politiche per il rapporto all'estero, Negoziazioni con la Francia, Mazzo 7, n. 35.

autonomamente in Piemonte per combattere gli Spagnoli, "senza attendere altri ordini o comandi della corte anche se i sabaudi stessi possano non essere d'accordo"[13].

In questa occasione la rete logistica messa in piedi dal Lesdiguières negli anni delle guerre di religioni funzionò a meraviglia. Il nuovo ponte sul Drac, a Le-Pont-de-Claix, consentì di concentrare un'impressionante quantità di materiali presso l'arsenale di Vizille da tutto il Delfinato. L'enorme fortuna personale del maresciallo gli permise di finanziare la costruzione di 6.000 moschetti a miccia[14], mentre furono raccolti ingenti quantitativi di polvere da sparo e altre armi da fuoco. Contrariamente a ciò che il castello di Vizille possa lasciare supporre, con le sue eleganti geometrie che lo rendono più simile ad un palazzo rinascimentale che non ad una fortificazione vera e propria, nel 1616 i suoi depositi erano stracolmi di qualsiasi materiale bellico, un arsenale in grado di equipaggiare in poche ore un esercito di 10.000 fanti e 3.000 cavalieri[15]. Un viaggiatore occasionale, tale Abrahm Gölnitz, ebbe la possibilità di ammirare l'armeria del castello, che ancora qualche anno dopo la morte del Conestabile poteva contare qualcosa come 600 armature da fante, 2.000 picche e 10.000 moschetti a miccia[16]. Non solo le armi, ma anche finimenti, selle, morsi, gioghi per le bestie da soma, persino coperte per riparare i muli dal freddo durante le marce invernali, furono preparate per la spedizione in Piemonte. Per concludere fu ingaggiato un pittore, Antoine Schanaert, perché ritoccasse le bandiere da guerra del Maresciallo, non più utilizzate dal 1600[17]. Non rimaneva che negoziare la propria presenza ed il proprio onorario con il duca. Il 17 gennaio 1616 a Grenoble il presidente Pescia, rappresentante straordinario del duca di Savoia, firmava una vera e propria *condotta*, un contratto di ingaggio, nei confronti di Lesdiguières che si sarebbe recato a combattere in Italia di fatto come un privato imprenditore della guerra[18]. Sebbene gli fossero stati richiesti in tutto 3.000 soldati, il maresciallo fu in grado di garantirne circa 6.000, ma pretese che tutti gli ufficiali fossero di sua nomina. L'addestramento della truppa fu da lui curato personalmente, come si curò in prima persona di fornire all'armata ducale la polvere da sparo necessaria alla campagna del 1617, a patto di sapere per tempo la quantità richiesta. Un moschetto a miccia bruciava circa 23 g di polvere nera, oltre all'innesco. Se tutti i moschettieri dell'armata del Lesdiguères (circa 3.000) avessero sparato contemporaneamente una salva, in un attimo almeno 70 kg di polvere sarebbero stati bruciati. Appare evidente che le riserve giungevano direttamente dalle polveriere dell'armata reale, in quanto la produzione della polvere da sparo era divenuta monopolio reale dal 1572, vincolo ribadito nel dicembre del 1601. Solo a partire dal 1623 il Lesdiguères poté permettersi di costruire un polverificio privato per le sue armate[19]. In cambio 545.689 lire ducali finirono nelle casse delfinali, delle quali 13.474 direttamente nei forzieri del maresciallo[20]. Il 19 dicembre 1616 l'armata del Delfinato si metteva in marcia per il Piemonte. Il 25 dicembre stava superando il Colle del Monginevro. La via che fu seguita era la seguente:
- Vizille, percorso di fondovalle della Valle della Romanche, Rochetaillé;
- da Rochetaillé sino ai ponti sulla Romanche di le Bourg d'Oisans;
- superamento delle Gorge dell'Infernet sino al Colle del Lautaret (2.057 m);

---

13 ARTICLES DE LA PAIX 1615, p. 7.
14 ADI, 11J17-53. La situazione del duca di Savoia era in quel momento molto difficile, come implicitamente ammesso nella RACCOLTA DI SCRITTURE 1615.
15 VIDEL 1649, p. 445.
16 *Description d'Abraham Gölnitz*, in MACE 1858, p. 75.
17 BMG, *Documents relatifs à la famille de Lesdiguières*, R 6150, Vol. VIII. Le spese per la spedizione in Piemonte sono raccolti nei registri R 6150, Vol. VIII, Vol. IX.
18 DOUGLAS-ROMAN 1878, Vol. II, Grenoble 1881, p. 137; AST, Corte, Materie Politiche per il rapporto all'estero, Negoziazioni, Spagna, Mazzo 1, *Mémoire de ce qu'a négocié le president Pescia avec Monsieur le Marèchal Desdiguères*.
19 BMG, *Documents relatifs à la famille de Lesdiguières*, R 6150, Vol. XIII. In realtà, più che un proprio arsenale, iniziò ad impiegare per i propri usi l'arsenale reale di Grenoble.
20 AST: Corte, Materie Militari, Levata Truppe Straniere, Mazzo 1, n. 7; Sezioni Riunite, Camera dei Conti, Art. 21, Mazzo 79.

- dal Colle del Lautaret, l'armata francese proseguì lungo la valle della Guisane sino a Brian-çon, dove risalendo brevemente la Durance fu in grado di guadagnare il colle del Monginevro (1.850 m).

Non si trattava di un percorso breve, in quanto si dovevano percorrere almeno 120 km, nondimeno la strada era tutta in territorio francese ed era ben supportata da una rete logistica che il Conestabile fu in grado di allestire per tempo.

Il corpo di spedizione francese non riuscì a far pendere le sorti del conflitto a favore del duca di Savoia. La disparità di forze era nettamente a favore della Spagna. Durante le operazioni di assedio di Vercelli gli spagnoli misero in campo un esercito di 20.000 fanti e 5.000 cavalieri. L'armata del duca a gennaio contava 6.000 fanti e 1.000 cavalieri. Dopo l'arrivo del Lesdiguières fu possibile mantenere circa 10.000 uomini di fanteria e 2.000 cavalieri. Ad ogni modo la presenza della truppa francese diede sufficiente potenza alle forze di Carlo Emanuele I per poter concludere in stallo una guerra che ormai si era messa male per la sua causa. Vercelli cadde il 26 luglio, e la conquista di Rocca d'Arazzo, spacciata dalla propaganda ducale come una grande vittoria, servì solamente a mantenere alto il morale della truppa e del duca, ma fu solo la presenza di Lesdiguières a salvare i sabaudi dal tracollo. Per il governatore di Milano, don Pedro di Toledo, bastava il risultato di aver messo in sicurezza lo stato cliente del Monferrato, senza dover per forza di cose distruggere le forze avversarie o pretendere in cambio della pace Vercelli. Del resto Lesdiguières lo aveva avvertito di cercare un compromesso, prima ancora che una vittoria schiacciante. *L'honneur*, ossia la versione francese della *reputación* spagnola, andava difeso. "Abbiamo agito saggiamente, e le confesso che non volevo mettere a soqquadro il mondo, ma far vedere a tutti che siamo tenuti in considerazione, come noi teniamo in considerazione loro[21]. E tutto questo per far vedere agli Spagnoli che non devono sottovalutare le forze del Re, né il suo nome"[22]. Il 3 agosto il Conestabile avvertiva don Pedro che "essendo desiderio del Re mio signore vedere gli stati del signor duca di Savoia in pace, sua Maestà mi ha ordinato di passare con la forza per mantenere la tranquillità o proteggere sua Altezza [il duca di Savoia, n.d.a.] dall'oppressione[23]. Il 14 settembre le trattative sono aperte tra le due parti, ed il 26 fu siglato un secondo Trattato di Asti con il ritorno allo *status quo*[24].

Questa guerra, distruttiva per il marchesato di Monferrato, fu anche l'ultima azione militare indipendente di un certo respiro del ducato di Savoia. Dopo la Prima Guerra del Monferrato Carlo Emanuele I e i suoi successori si muoveranno sempre e solo in un'alleanza con la Spagna o la Francia. Ciò che però fu subito chiaro a tutti, e agli spagnoli in particolare, fu il fatto che la Francia era ora in grado di mantenere in efficienza operativa un esercito ad oltre cento chilometri dal confine più vicino. Non accadeva dal regno di Enrico II, e si trattava solo di una prova generale.

Pinerolo, Casale e nuovamente la Valtellina

Le vicende della Valtellina avevano modificato i rapporti di forza nella Germania meridionale e nel nord Italia. Nel 1624 la Francia tentò per la prima volta di distruggere il nuovo corridoio strategico spagnolo. Nell'autunno di quell'anno un'armata francese comandata da François-Annibal d'Estrées era penetrata nei Grigioni attraverso l'alto corso del Reno e il passo di Julier (2284 m) in Engadina. Le fortificazioni della valle, destinate più a controllare le popolazioni locali che a fronteggiare un esercito regolare, caddero dopo una breve resistenza. Per permettere alle forze di d'Estrées di resistere ad una controffensiva imperiale o spagnola nella valle, occorreva un diversivo. Nel 1624 e

---

[21] DOUGLAS-ROMAN 1878, Vol. II, p. 121.
[22] DOUGLAS-ROMAN 1878, Vol. II, p. 135.
[23] DOUGLAS-ROMAN 1878, Vol. II, p. 131.
[24] Per l'elenco completo degli avvisi a stampa e dei rapporti sulla Prima Guerra del Monferrato tra 1617 ed il 1618 DOUGLAS-ROMAN 1878, Vol. III, pp. 527-528.

nel 1625 si combatté ancora una volta in Italia. La campagna del 1625 fu percepita in Francia come una semplice azione di disturbo[25], mentre negli ambienti sabaudi doveva essere l'azione che avrebbe portato alla conquista di Genova[26]. In pratica le operazioni belliche iniziarono sulla riviera ligure a primavera e terminarono in inverno sulle fangose colline di Verrua sul Po[27].

La morte del conestabile di Lesdiguières, nel 1622, segnò la rottura dell'alleanza franco-sabauda sancita nel 1601 con la Lega di Lione. Momentaneamente era stato perso un importante alleato in uno scacchiere che, per gli interessi immediati della Francia, poteva essere sacrificato. La politica francese, dominata dal 1622 dalla figura del cardinale di Richelieu, riuscì entro il 1633 ad assestare due durissimi colpi alla Spagna, che segneranno il corso delle vicende belliche sino alla Pace dei Pirenei del 1659.

La Seconda Guerra di Monferrato diede alla Francia l'occasione di intervenire per la terza volta in meno di trent'anni in Italia, ed in particolare per colpire il duca di Savoia. La sconfitta militare di quest'ultimo consentì l'occupazione della bassa Val Chisone e della piazzaforte di Pinerolo. Veniva a ricrearsi così quella vantaggiosa situazione strategica, persa dopo la cessione di Saluzzo, di possedere una base logistica sufficientemente grande per permettere ad un'armata di prendere i quartieri d'inverno in Piemonte. Non solo, ma l'alleanza con il duca di Mantova e Monferrato garantiva il pieno utilizzo della grande fortezza della Cittadella di Casale. Pinerolo e Casale distavano circa 115 km di distanza l'una dall'altra, circa 4 o 5 giorni di marcia, per lo più lungo il corso del fiume Po, le cui acque permettevano anche il trasporto di materiali bellici e di rifornimento in grandi quantità e pressoché costantemente per tutta la durata dell'anno. Le due piazzeforti erano collocate rispettivamente a 40 e 75 km di distanza dalla capitale del ducato di Savoia, Torino. Con due guarnigioni francesi così vicine alla città, divenne giocoforza necessario per il duca di Savoia Vittorio Amedeo I (Carlo Emanuele I morì nel 1630) allearsi con i francesi. Ovviamente più che alleanza tra Stati di pari potenza, in questo caso i sabaudi erano chiaramente i "soci di minoranza", presto destinati a divenire uno stato cliente della corona francese.

Nonostante il fatto che Casale fosse praticamente a ridosso del corridoio strategico tra i porti della riviera ligure, Milano e la Valtellina, la Francia fu in grado di interrompere il flusso di truppe nel 1633 in Lorena, ben lontano dalla Valtellina e dalla Pianura Padana. Nel 1626 i francesi avevano restituito la Valtellina al controllo papale, il che aveva comunque permesso alla Spagna di inviare sempre più truppe sia nelle Fiandre che nei nuovi fronti bellici che la Guerra dei Trent'Anni aveva aperto in Germania. Nel 1631 erano transitati attraverso i cantoni cattolici ben 11.000 uomini, ed altrettanti ne passarono nel 1633. Il blando controllo pontificio permise all'imperatore Ferdinando II di inviare circa 50.000 soldati tedeschi a prendere parte alla Seconda Guerra di Monferrato tra il 1629 ed il 1631.

[25] Non a caso gli avvisi a stampa sono tutte traduzioni dall'italiano di bollettini emessi dal duca di Savoia.

[26] Le vicende della campagna sono raccolte in AST, Corte, Materie Militari, Mazzo 1 da inventariare; *Relation au Vray de la deffaicte de six mille homes envoyez par le Duc de Feria pour le secours de Gennes: et la prise de la ville et reddition du Chasteau d'Ostage, par Son Altesse Serenissime de Savoye, le neusieme Avril, 1625*, Lyon 1625; *Faicts d'Armes du Serenissime Prince de Piedmont, au forcement de la Place et Forteresse de la Pieve, avec la prise du General des Genevois, jean Hieronime d'Oria, du 12. de May 1625. Jouste la copie Italienne imprimée à Turin*, Lyon 1625; *Le Progres Victorieux des Armes du Serenissime Prince de Piedmont contre le Genevois, avec la prise de Villeneusve, Albengue, Diano, Oneglia, le port S. Maurice, Taggia, S. Remi, Ventimiglia, et plusieurs autres places, et l'arrivée de Monsieur de Guise avec ses Galeres à Villefranche. Le 13. jusqu'au 23 de May 1625*, Lyon 1625; *L'entiere conqueste de la Riviere du Ponent, sur le Genevois, par le Ser.me Prince de Piemont. Recit tres-exact, Jour par Jour, et tres-fidele de toutes les particularites requises, et omises en ceux que l'avidité des promts advis a faict voir: et envoyé à sa Maie-sté Tres-chrestienne*, Lyon 1625. Sull'utilizzo degli avvisi a stampa, vedi DUCCINI 2003, pp. 177-190, 269-317.

[27] RELATIONE DELL'ASSEDIO DI VERRUA 1625. Altre relazioni si trovano in AST, Corte, Materie Militari, Mazzo 1, Mazzo 1 da inventariare.

Ma nel 1633 la Francia occupò il ducato di Lorena. Questa operazione tagliò nuovamente la "Strada di Fiandra". Tentativi fatti per forzare il passo andarono tutti frustrati a causa della massiccia presenza di truppe francesi. Tale evento fu per la Spagna totalmente inaspettato e provocò un senso di panico e smarrimento generale. I primi ad essere chiamati in causa furono i reggenti dei Paesi Bassi: "questo evento totalmente inaspettato ha un significato piuttosto ovvio per il servizio di Sua Maestà. Il Lussemburgo è cosi vicino [alla Lorena] che le nostre comunicazioni con la Franca Contea e i nostri collegamenti con l'Italia e la Germania sono tagliati e alla mercé dei francesi, mettendo ogni cosa nel più grande pericolo". La situazione fu riconosciuta in tutta la sua gravità anche alla corte di Madrid, e come sottolineò il conte-duca Olivares "il re di Francia ha completamente chiuso la strada tra l'Italia e le Fiandre. La Francia è posta tra la Spagna e le Fiandre, cosicché nessun aiuto dalla Germania può raggiungere sia le Fiandre che l'Italia. Nessuno dall'Italia può raggiungere le Fiandre, e nessuno può raggiungere la Spagna dalle Fiandre o le Fiandre dalla Spagna eccetto dalla Manica, circondata da porti inglesi su una sponda e da porti francesi sull'altra, in mezzo a navi olandesi"[28].

Olivares aveva comunque raccolto un esercito di grandi proporzioni a Milano e aveva affidato il comando al più giovane dei fratelli del re, il Cardinale Ferdinando. La nuova strategia spagnola prevedeva l'invio di questa forza in Germania, dove avrebbe operato insieme all'esercito dell'imperatore Ferdinando per sconfiggere le truppe svedesi e i lori alleati tedeschi di fede protestante. Dopo l'eventuale vittoria conseguita, il Cardinal-infante avrebbe marciato prima sulla Lorena, in modo da sconfiggere le forze francesi che occupavano quella regione e costringerle a ritirarsi, riaprendo in tal modo la Strada di Fiandra. Tale dimostrazione di forza avrebbe dovuto intimorire gli olandesi a tal punto da costringerli alla resa. Sorprendentemente l'azione di Olivares riuscì in pieno, almeno nel breve periodo: non si trattava di un'impresa così scontata, data l'abilità bellica degli avversari e i compiti, numerosi, affidati a Ferdinando. Il trattato con i cantoni svizzeri fu rinnovato nel giugno del 1634. Quindi l'armata del Cardinale, 12.000 uomini, il più grande esercito spagnolo che avesse mai lasciato l'Italia per il nord Europa e il primo comandato da un principe di sangue reale, attraversò la Valtellina e in tre settimane raggiunse Innsbruk. Dopo una breve sosta l'esercito spagnolo marciò verso ovest, a settembre si riunì con le forze imperiali e mise in rotta gli svedesi a Nördlingen, recuperando l'intera Germania meridionale alla causa cattolica. Dopo la vittoria, il Cardinal-infante mise le due forze in marcia verso nord-ovest, raggiungendo Bruxelles quattro mesi dopo aver lasciato Milano[29]. Ma qui si fermarono le fortune delle armi spagnoli; i francesi erano rimasti saldamente in possesso della Lorena, e nel marzo del 1635 Olivares si vide costretto ad autorizzare l'invasione dell'elettorato di Trieviri, territorio sotto la protezione francese, per creare una strada alternativa che mettesse in comunicazione la Germania, l'Italia e i Paesi Bassi. Questa azione portò alla dichiarazione di guerra da parte di Luigi XIII nei confronti della Spagna. La posta in gioco era, come sempre, il controllo delle comunicazioni terrestri.

---

[28] Entrambe le citazioni sono tratte da PARKER 2004, p. 66.
[29] Sulla campagna del 1634 tra Italia, Germania meridionale e Fiandre cfr. ENGERISSE-HRNČIŘÍK 2009. A nord delle Alpi la campagna è stata pianificata sulla carta conservata presso AGS, MPD, 61,078.

Conclusioni

All'inizio del XVII secolo la Spagna abbandonò parzialmente il sistema clientelare che aveva creato nell'Italia nord occidentale. In parte non era più necessario, in parte la mancanza di interessi strategici nei confronti del ducato di Savoia, venuti meno dopo il Trattato di Lione, spinse sempre più Torino in un'orbita francese che non spagnola, e comunque la diplomazia sabauda da allora fu più slegata da Madrid di quanto non lo fosse stato sino ad allora. Il nuovo corridoio strategico fu spostato ben all'interno del ducato di Milano, le cui tappe fondamentali, da sud a nord, erano Finale-Genova, Alessandria, Milano, Lecco e il Forte di Fuentes. La prosecuzione della strada verso lo Spluga o lo Stelvio era una questione legata alla situazione del momento, ciò che contava maggiormente era mettere in sicurezza il segmento lombardo. Per fare questo tra il 1604 ed il 1659 la grande strategia spagnola per la difesa della nuova "Strada di Fiandra" si basava su tre distinti elementi:

- difesa in profondità del territorio del ducato di Milano verso occidente;
- difesa avanzata della Valtellina e della Valchiavenna;
- aumento quantitativo dell'esercito spagnolo in Lombardia.

Non a caso proprio nel 1602 vennero fatte ricognizioni in tutte le piazzeforti della frontiera, Alessandria, Valenza, Novara, Tortona, Mortara e persino Cremona. Le ricognizioni produssero una breve relazione, titolata *Relatione delle fortezze di frontiera dello Stato di Milano*, datata al 15 giugno 1602[1]. Già allora, era passato poco più di un anno da Lione, le fortezze occidentali erano viste strettamente interdipendenti tra loro *per rispetto de' francesi*, mentre i corsi d'acqua del Ticino e del Po, sino ad allora vie di comunicazioni e assi portanti dei movimenti strategici all'interno del ducato, dovevano essere considerati come dei muri, difese passive da porre contro eventuali provenienze da occidente. Particolare importanza andava dunque a quelle piazzeforti, come Valenza ed Alessandria, che controllavano ponti o passaggi fluviali in grado di permettere il passaggio di truppe verso Milano.Per ognuna di esse vennero in seguito presentati vari progetti per un potenziamento generale delle fortificazioni, ma sino a quando l'esercito spagnolo rimase su livelli accettabili di efficienza la costruzione di nuove cinte bastionate ebbe un'incidenza minore. Non di meno nel 1610 nuovi lavori furono effettuati ad Alessandria, sul lato del quartiere Borgoglio, il più esposto verso occidente. Tuttavia le piazzeforti spagnole nel Piemonte Orientale e in Lomellina erano il risultato di un ammodernamento di fortificazioni tardomedievali con bastioni alla moderna, spesso in terra, la cui tenuta poteva essere soddisfacente presso alcune città, come Alessandria, sino a risultare del tutto lacunosa e poco di più che una barriera daziaria in altre, come Mortara. In caso di emergenza l'esperienza maturata nelle Fiandre aveva insegnato che un bastione in terra aveva sul medio periodo una resistenza pari ad uno in muratura, ma con un costo di realizzazione decisamente inferiore. L'aspetto negativo riguardava la manutenzione, che doveva essere pressoché costante.

Per migliorare la difesa lungo il confine della Sesia fu edificato il Forte di Sandoval. Quando il nuovo governatore spagnolo di Milano, don Giovanni de Mendoza, marchese di Hinojosa, nell'estate del 1612 giunse in Italia, la situazione al confine sabaudo, specie dopo il riavvicinamento tra tra Torino e Parigi, risultava tutto meno che rilassata. Una base militare come Vercelli era in grado di funzionare come trampolino di lancio per un'armata sabauda destinata a muovere contro Novara verso est o , a scelta, Trino e Casale verso sud. Sino a che Carlo Emanuele I fu tranquillo, le preoccupazioni spagnole rimasero sulla carta. Ma il 22 dicembre 1612 il duca del Monferrato, Francesco Gonzaga, moriva improvvisamente e la sua eredità venne prontamente rivendicata dal

---

[1] BAMI, Raccolta Ferrari, Manoscritti Militari, parte IV, S. 144 Sup., n. CCCLXXXIV, fasc. 1.

Savoia[2]. Mentre continuava la leva di nuove truppe, le principali piazzeforti della frontiera orientale, Vercelli, Crescentino, Verrua, Chivasso venivano messe in stato di difesa, preludio dell'azione di forza che venne messa in atto alle ore 2 di notte del 22 aprile 1613. Come il marchese di Hinojosa aveva previsto, Vercelli servì da base per l'attacco contro Trino: il duca in persona con 700 fanti, 2 compagnie di cavalleria e alcuni pezzi di artiglieria giunse davanti alla città, che cadde il 26. Sorte analoga toccò ad Alba e Moncalvo. Quindi il duca il 13 maggio muoveva contro Nizza, dove l'offensiva sabauda fu infine fermata[3]. Ad una fragile tregua raggiunta tra le parti a giugno, seguì il 7 settembre l'invasione del ducato da parte dell'armata spagnola di Hinojosa (12.000 uomini e 2.000 cavalieri) deciso ad ottenere il disarmo di Carlo Emanuele I, assalì e bruciò Caresana e Motta dei Contì e tentò di marciare verso sud in direzione di Asti. La guarnigione di Vercelli fu però in grado di interrompere a suo piacimento le esposte linee di comunicazione degli spagnoli, i cui magazzini di foraggio vennero distrutti durante un'incursione su Palestro. Il crollo della logistica costrinse gli spagnoli ad una rapida ritirata verso il novarese.

L'esito di questa campagna costrinse gli spagnoli a ripensare alla situazione strategica del Piemonte orientale a nord di Casale. Alla fine il marchese di Hinojosa giunse alle seguenti decisioni:
- costruzione di una nuova base logistica fortificata tra Novara e Casale. Un'armata diretta ad occidente si trovava senza validi punti di appoggio, anche per le diffidenze dei duchi del Monferrato, da cui dipendeva invece la gigantesca Cittadella di Casale. Venne dato ordine all'ingegner Claudio Cogorano di procedere alla costruzione di un forte pentagonale in terra presso Bolgaro (oggi Borgo Vercelli), sulla riva destra della Sesia[4];
- occupazione della piazzaforte di Vercelli. Sino a che la città fosse rimasta in mano ai sabaudi si riteneva, a ragione, che la frontiera non avrebbe conosciuto la pace. Vercelli venne puntualmente occupata nel 1617 e nel 1638, aumentando la profondità delle difese spagnole nel nord del ducato di Milano. Una volta divenuti padroni della piazzaforte sabauda le fortificazioni di Bolgaro risultavano del tutto superflue. Mentre gli spagnoli potenziavano la loro conquista con nuove opere fortificate, Vercelli era divenuta una base avanzata così importante da giustificare l'abbandono del Forte Sandoval nel 1644[5].

La difesa era dunque relegata a cinque principali fortezze, Novara, Valenza, Alessandria, Tortona e Mortara, le quali dovevano presidiare il Ticino, il Tanaro, l'Adda ed il Po. La fascia di territorio da controllare (larga da 25 a oltre 50 km a seconda dei settori) e l'entità delle fortificazioni davano sufficienti garanzie perché un eventuale invasore fosse rallentato prima che un gruppo di difesa mobile (l'armata spagnola di Lombardia) lo intercettasse. Finché le forze mobili a disposizione del governatore di Milano furono mantenute in discreta efficienza, e questo avvenne praticamente sin quasi alla fine della guerra, le possibilità di riuscire a conquistare parti importanti del ducato e di tagliare con efficacia il nuovo corridoio strategico verso il nord Europa erano pressoché nulle, anche a fronte di eventuali sconfitte campali, la perdita di qualche piazzaforte e il saccheggio della ricchissima campagna lombarda. Erano perdite accettabili. Paradossalmente anche la decisione del duca Vincenzo I Gonzaga di costruire la nuova grande Cittadella di Casale, la cui prima pietra venne posta il 26 maggio 1590, serviva ad aumentare la profondità delle difese e la qualità delle piazzeforti[6]. Come abbiamo già dimostrato, anche per il ducato di Monferrato non ha senso parlare

[2] Sulle rivendicazioni sabaude e la prima fase della Prima Guerra del Monferrato si veda PAGANI 1613.
[3] AST, Corte, Monferrato Ducato, Mazzo 33, *Relazione di quanto è successo nella guerra tra il duca di Savoia e quello di Mantova*. Fu anche realizzato, da parte sabauda, un opuscolo a stampa illustrante lo stato delle operazioni: RELATION DUMOUVIMENT D'ARMES 1615. Relazioni manoscritte sulle campagne militari sono in: BRTO, Magnocavalli, *Diario delle Guerre del Monferrato dall'anno 1613 sino all'anno 1630*, Manoscritto Militare90;Donato Alvise, *Guerre del Monferrato per gli anni 1613 e 1614*, Saluzzo 217; *Guerre 1616-1631, Relazioni*, Saluzzo 241.
[4] BELTRAME 1995, pp. 89-134.
[5] Sulle vicende di Vercelli occupata dalla Spagna tra il 1638 ed il 1659 si veda IACOBONE 2003, pp. 37-67.
[6] Inizialmente gli spagnoli non furono per niente favorevoli alla costruzione di una cittadella a Casale. Alla fine del 1572 la volontà ducale di fortificare Alba rientrava perfettamente nel piano strategico di difesa, in questo caso da

di "stato cuscinetto", quanto di "stato cliente" della monarchia spagnola. Quando il duca scriveva alla moglie che "qui non piace molto questo stecco negli occhi", gli occhi erano quelli di Carlo Emanuele I. Ma era del resto poco credibile che i Gonzaga da soli fossero in grado di gestire (logistica, rifornimenti per le artiglierie, munizioni, polvere da sparo, vettovaglie, ecc.) una simile macchina da guerra e, in caso di necessità, difenderla con efficacia. Sino alla morte di Vincenzo II Gonzaga, la piazzaforte di Casale rappresentò la migliore difesa di Milano contro un attacco francese. Naturalmente la situazione si ribaltò completamente quando Casale e il ducato di Monferrato entrarono nella sfera di influenza spagnola. Tre assedi (1628, 1630, 1640) non permisero la riconquista della piazzaforte, che rimase sempre la principale base francese in Italia insieme a Pinerolo. Solo nel 1652, grazie anche ad un'abile operazione diplomatica, la città e la cittadella vennero recuperate, ma ormai dal 1630 l'intero ducato di Savoia era una piattaforma ideale per le armate francesi destinate ad operare contro il ducato di Milano, e i segni di cedimento in questa logorante guerra di attrito furono avvertiti prima in campo spagnolo che in quello avverso. Al punto che nelle fasi finali del conflitto furono compiute le prime devastanti scorrerie nel territorio di Milano oltre l'Adda. Segno che ormai l'armata francese era libera di fatto di colpire ovunque volesse.

Completamente differente era la situazione nel nord del ducato di Milano e in Valtellina. In questo caso non si trattava di doversi difendere, ma di proiettare la propria potenza militare verso l'esterno. Base di partenza per quest'opera di conquista era il Forte di Fuentes. Basta osservare solo la collocazione delle rovine della fortificazione, smantellata nel 1796, per rendersi conto che questa non poteva assolutamente sbarrare alcuna strada. Posto su una roccia di origine morenica sulla riva sinistra dell'Adda, si trova su un pianoro paludoso chiamato, non a caso, "Pian di Spagna". La sezione della bassa Valtellina in questo punto è di circa 4 km di larghezza. Un'enormità, se la si paragona con i soli 160 metri di Exilles. Non solo, ma l'unica strada che effettivamente potrebbe (o dovrebbe) controllare, quella che da Colico sale verso Sondrio, si trovava nel XVI secolo ad oltre 1.500 metri di distanza. Il che significa che i cannoni del forte non avrebbero mai potuto colpire con efficacia un esercito in marcia verso Milano. Si tenga poi conto che esistevano strade più defilate, anche sulla riva destra dell'Adda. In realtà appare evidente che il forte controlli meglio l'Adda che non i cammini terrestri. Il fiume, ed il lago che si trova a poche centinaia di metri, erano la comunicazione più sicura con il resto del ducato di Milano. Fuentes era dunque la testa di ponte spagnola verso la Valtellina, e di fatto permetteva a qualsiasi esercito spagnolo di marciare verso il Brennero ogni volta che il re di Spagna lo volesse[7]. Non a caso i progetti delle leghe grigione per uno sbarramento della Valtellina poco distante da Fuentes furono prontamente preparati, ma mai realizzati per la grande porzione di territorio da controllare in quel settore della valle. Ma non si trattava di un forte "da contraltare", come è stato scritto, quanto di un progetto per bloccare le armate spagnole sbarcate sotto le mura di Fuentes o arrivare marciando dalla Valsassina. Anche i forti costruiti nella Valle dopo il 1620, in particolare quello di Bormio, servono come base di appoggio alla truppa in transito e per il controllo del territorio in operazioni a bassa intensità contro le locali popolazioni protestanti, piuttosto che come veri e propri sbarramenti. Il Forte di Bormio, opera in terra e legno, aveva una funzione maggiormente legata all'ordine pubblico che altro. Le piante e le sezioni dei rampari indicano una struttura molto vulnerabile al tiro di pesanti artiglierie d'assedio, ma al contrario sembrano essere ideate per fermare e vanificare l'assalto da parte di bande di rivoltosi. Nel 1625, quando venne assediato per la prima volta, il forte fu costretto alla resa dopo appena 11 giorni di assedio. Erano le forze mobili del ducato di Milano e, all'evenienza, quelle imperiali, a dover garantire il possesso ed il controllo della valle.

---

sudovest, della Strada di Fiandra. In tal senso vennero concessi alcuni ingegneri militari per il tracciamento delle nuove opere e la loro realizzazione. Casale invece al momento (nel 1588) non rientrava nei piani di Madrid, e veniva vista più come una minaccia che come una difesa. Dopo il Trattato di Lione le difficoltà spagnole caddero del tutto (RAVIOLA 2003, p. 77).

[7] Questo aspetto sfugge completamente in FIOR-SCARAMELLINI-BORGHI-OSIO 2003.

Sino a quando il ducato di Savoia rimase un alleato fedele e pacifico e sino a quando le guerre di religione che scuotevano la Francia rimasero limitate al solo contesto francese, non si videro ragioni valide per aumentare la presenza di reparti fissi nel ducato di Lombardia. Ma nel 1588 Carlo Emanuele I di Savoia si era lanciato alla conquista del marchesato di Saluzzo, parte integrante del regno di Francia dal settembre del 1549, mentre le forze ugonotte di Lesdiguières si accingevano a muovere alla conquista del saluzzese. Di fatto un alleato fondamentale per lo scacchiere italiano si era lasciato trascinare in una guerra troppo dispendiosa in termini di costi umani e materiali. Ufficialmente il governatore di Milano, Carlo de Aragón y Tagliavia duca di Terranova, dichiarò la sua disapprovazione ma inviò comunque quattro compagnie di fanteria (500 uomini) e una compagnia di corazze a partecipare alla conquista di Revello, avvenuta il 21 novembre 1588.

Ovviamente si trattava solo l'inizio di una vera e propria *escalation*, che veniva a coincidere con l'incoronazione di Enrico di Navarra e una maggiore presenza di truppe francesi ostili in Piemonte. La scelta di spostare il corridoio strategico per le Fiandre dal Piemonte alla Lombardia portò necessariamente ad un aumento esponenziale delle forze militari poste a difesa del ducato di Milano. Dopo il 1601 fu necessaria la levata di un nuovo *tercio*, denominato *Tercio de Saboya* per distinguerlo dal *Tercio di Lombardia*, a difesa dei passi montani. Nel primo decennio del secolo fu necessario raccogliere per ben tre volte una poderosa forza mobile per far fronte ad un possibile attacco contro il ducato. Oltre 25.000 uomini furono raccolti nel 1601, nella prospettiva di una guerra contro la Francia, e una frazione di queste forze venne effettivamente coinvolta in combattimento già nel 1600 in Savoia. Nel 1607 venne levato un esercito di 30.000 uomini per un intervento armato contro la repubblica di Venezia, ed altri 30.000 soldati furono inquadrati in un'armata destinata nel 1610 a combattere in un conflitto generale in Piemonte contro il duca di Savoia e la Francia. La Guerra di Successione del Monferrato, le operazioni franco-sabaude contro Genova del 1625 e la Seconda Guerra di Successione del Monferrato costrinsero i governatori del ducato a mantenere sempre alto l'aspetto qualitativo e quantitativo delle forze mobili. Tra il 1610 ed il 1620 queste non scesero mai sotto le 15.000 unità, e nel 1615 raggiunsero la cifra record di 40.000 effettivi. Nel gennaio del 1625 la forza totale si era assestata sui 25.000 uomini. Nel 1634, con la partenza verso i Paesi Bassi di gran parte delle forze presenti nella Pianura Padana, in Lombardia rimasero tre *tercios* di fanteria e la cavalleria ordinaria dello stato. Sulla carta si trattava di un complesso militare forte di circa 11.000 uomini che veniva ritenuto sufficiente a garantire la difesa del ducato, così come era stata impostata sul concetto di difesa "in profondità". A questi si dovevano aggiungere i 2.000 uomini delle guarnigioni ordinarie e, all'occorrenza, la milizia. Nel 1635 la forza complessiva dell'esercito del ducato di Milano raggiungeva la cifra di 11.546 uomini. La guerra contro Francia e i suoi alleati italiani costrinse la Spagna a mantenere costantemente dall'agosto del 1636 all'ottobre del 1640 una forza di oltre 30.000 effettivi, scesi a 20.000 nel ventennio successivo. Sino ad allora l'esercito di Lombardia rappresentava, dopo quello delle Fiandre, il più poderoso strumento di guerra a disposizione della corona di Spagna.

Forze dell'esercito di Lombardia 1601-1658 [8]					
Anno	Principali eventi bellici e diplomatici	Fanteria	Cavalleria	Totale	Esercito di Fiandra
1601	Trattato di Lione	18.000	7.000	25.000 c.a	
1607		-	-	30.000 c.a	41.471
1610	Minaccia di guerra contro la Francia (Trattato di Bruzolo)	13.000	2.000	15.000 c.a	15.000 c.a
1614	Prima Guerra del Monferrato	20.000	1.600	21.600 c.a	

---

[8] Si è preferito indicare possibilmente la forza dell'armata all'inizio della campagna o dell'anno (se di pace). Cifre dedotte da: BREMIO 1911; GHILINI 1903, Vol. II, Vol. III, 1600-1659; MAFFI 2007, pp.136-139; PARKER 2004, pp. 237-239.

1615	Prima Guerra del Monferrato Assedio di Asti	40.000	2.400	42.400 c.a	
1625	Alleanza franco-sabauda e guerra contro Genova Assedio di Verrua	20.000	3.500	23.500 c.a	70.000 c.a
1628	Seconda Guerra del Monferrato Primo assedio di Casale (1628-29)	19.261	4.266	23.527	
1629	Secondo assedio di Casale (1630)	16.000	4.000	20.000	
1631	Pace di Cherasco	21.826	2.646	24.472	
1632		14.316	1.361	15.677	
1633		11.814	1.391	13.205	52.715
1634		6.224	1.108	7.332	
1635	Guerra franco-spagnola (1635-1659) Assedio di Valenza	9.497	2.049	11.546	
1636	Battaglia di Tornavento. Invasione del Piacentino da parte sabauda	22.774	4.275	27.049	69.703
1637	Assedio spagnolo di Piacenza	25.014	6.541	31.555	65.000 c.a
1638	Assedio di Vercelli. Inizio delle guerre civili piemontesi	31.594	7.175	38.769	
1639	Operazioni in Piemonte	34.780	6.332	41.112	80.000 c.a
1640	Terzo assedio di Casale	21.410	3.687	25.097	88.280
1641	Assedio di Ivrea	17.837	4.909	22.746	
1642	Presa francese di Tortona	18.426	5.818	24.244	
1643	Riconquista spagnola di Tortona	19.283	4.819	24.102	77.517
1644		19.004	6.139	25.143	63.412
1645	Presa francese di Vigevano. Battaglia di Proh (vittoria spagnola)	13.330	5.662	18.952	75.306
1646	Assedio e presa francese di Orbetello e di Porto Longone	12.305	5.158	17.463	67.823
1647	Rivolta di Napoli	12.442	5.461	17-903	65.458
1648		12.037	6.081	18.118	
1650	Presa spagnola di Asti, riconquistadi Portolongone	10.310	4.765	15.075	36.950
1651	Presa di Casale (1652)	14.507	4.881	19.338	
1655		15.871	5.323	21.194	
1656	Presa francese di Valenza (1656), fallito assedio di Alessandria	16.225	5.948	22.173	
1658	Ultimo anno di ostilità	13.717	6.226	17.697	40.000 c.a

I numeri assoluti non devono però trarre in inganno. La difesa "in profondità" adottata dopo il 1604 e le dimensioni di alcune piazzeforti richiedevano aliquote importanti di truppa destinati ai rinforzi dei presidi, come illustra la seguente tabella:

Distribuzione delle truppe tra forze di presidio e gruppo mobile di difesa [9]				
Anno	Gruppo Mobile	Presidio	Totale	Percentuale forze di presidio
1613	15.000 ca.	15.000 ca.	30.000 ca.	50%
1614	21.600 ca.	20.000	41.600	48,8%
1636 [estate]	20.825	12.816	33.641	38%
1640	19.678	15.692	35.370	44%
1641	11.498	11.248	22.746	49%
1651	12.600	6.729	19.329	35%
Forze medie	16.150	11.621	27.771	44%

Su dieci soldati presenti in teatro operativo, almeno quattro erano destinati a ruoli di guarnigione, mentre il gruppo mobile, qui considerato come un gruppo omogeneo, in realtà veniva frazionato a seconda delle esigenze e delle missioni da svolgere.

Dopo lo scoppio della rivolta catalana sempre maggiori rinforzi furono dirottati sulla penisola iberica, trasformando quello italiano in un fronte di secondaria importanza, sebbene le forze qui presenti rappresentarono sempre una forza poderosa ed agguerrita con la quale occorreva confrontarsi sul campo di battaglia. Nel 1653 l'ambasciatore veneto Pietro Basadonna ricordava come l'esercito di Lombardia rimanesse il secondo più importante di tutta la monarchia, non solo per il numero di effettivi presenti, ma anche per le qualità di comando degli ufficiali e per il nutrito numero di soldati veterani[10].Cambi di rotta strategica che ebbero importanti ripercussioni sulla politica fortificatoria e militare della potenza spagnola i cui segni sono ancora oggi visibili nelle regioni dell'Italia Nord Occidentale.

---

[9] BREMIO 1911; GHILINI 1903, Vol. II, Vol. III, 1600-1659; MAFFI 2007, pp.136-144.
[10] RAV, Vol. I, relazione dell'ambasciatore Pietro Basadonna, p. 201.

Fonti e Bibliografia

Fonti manoscritte

AC St. Jean de Maurienne
Archivio del Comune di Saint Jean de Maurienne, EE 1.4
ADHA
Archives Départementales des Hautes-Alpes, G 2343, G 2557.
ADI
Archives Départementales de l'Isère, B 3397, 11J17-53.
ADS
Archives Départementales de Savoie, B 5806, SA 7570; SA 7461.
AGS
Archivio General de Simancas,
     1) Contaduria Mayor de Cuentas, 2a/63; 2a/87.
     2) Estado, Legajos 54, 59, 259, 261, 564, 573, 585, 596, 611, 1228, 1235, 1236, 1239, 1241, 1249, 1256, 1261, 1262, 1264, 1269, 1283, 1294, 1299, 1437, 1917, *3422.*
     3) Patronato Real, 1626.
     4) Fondo cartografico MPD, 04, 06, 08, 09, 11, 19, 24, 30, 45, 53, 61, 78.
ASFI
Archivio di Stato di Firenze, Mediceo, Filza 2962, Avvisi di Torino
ASMI
Archivio di Stato di Milano, *Guida Generale degli Archivi di Stato, Archivio di Stato di Milano*
     1) Parte Antica, Strade, buste 1, 2.
     2) Fondo Belgioioso, cart. 261.
     2) Potenze Estere Post. 1535, Busta 190.
AN
Archives Nationales, Paris, K 1490, K 1599, K 1602
AST
Archivio di Stato di Torino
     1) Corte
     - Biblioteca Antica: J-a.l.13-17; Jb.I.8-9; Z II 27.
     - Casa Reale, Protocolli Ducali, Vol. 234.
     - Lettere di duchi e Sovrani, Mazzo 9.
     - Lettere Ministri, Francia, Mazzo 1.
     - Lettere Ministri, Roma, mazzi 2, 3.
     - Lettere Particolari, C, Mazzo 104.
     - Lettere Particolari, P, Mazzo 64.
     - Lettere Principi Savoia-Carignano, Mazzo 75.
     - Materie ecclesiastiche, Mazzo 1.
     - Materie economiche, Strade e Ponti, mazzi 1, 2, 3.
     - Materie Militari, Imprese; mazzo 1, mazzo 1 da inventariare.
     - Materie Militari, Levata Truppe Straniere, Mazzo 1.
     - Materie politiche per rapporto all'Estero, *Negoziazioni Francia, mazzi 3, 7.*
     - Materie Politiche per il rapporto all'Estero, Negoziazioni, Spagna, Mazzo 1.
     - Materie politiche per rapporto all'Estero, Negoziazioni con gli Svizzeri, mazzi 1, 9.
     - Monferrato Ducato, Mazzo 33.
     - Paesi, Ginevra, Mazzo 14.

- Provincie, Cuneo, Mazzo 5.
- Storie della Real Casa, Storie Particolari, mazzi 7, 10.
2) Sezioni Riunite
- Camerale, Art. 21, Mazzo 79.
- Camerale, Art. 178, Mazzo 2.
- Camerale, Art. 203, Mazzo 2.
- Camerale, Art. 333, Miscellanea di conti 1571-1725, Mazzo 6.
- Camerale, Tipi Art. 666, nn. 9, 14, 17, 18, 22.
- Ministero della Guerra, Bilanci Militari, Mazzo 1.
- Ufficio Generale del Soldo, 1620, Mazzo 7.

ASVE
Archivio di Stato di Venezia, Senato secreta, Costantinopoli, Filza 2/B.

BAMI
Biblioteca Ambrosiana di Milano, Raccolta Ferrari, Manoscritti Militari, parte IV, S. 144 Sup., n. CCCLXXXIV, fasc. 1.

BMG
Biblioteca Municipale di Grenoble, R 6150 (14 voll.), 6151, 6152, 6153, 6154.

BNF
Bibliothèque nationale de France, MS F651.

BRTO
Biblioteca Reale di Torino
1) Manoscritti Militari: Manoscritto Militare 90, Manoscritto Militare 127; Manoscritto Militare 152; Manoscritto Militare 177.
2) Fondo Saluzzo: Saluzzo 217; Saluzzo 241.
3) Disegni, II, 14.

BTMI
Biblioteca Trivulziana, Milano, Fortezze di Piemonte, cart. 264.

SHAT
Service Historique de la Défence, Château de Vincennes (Paris), Ancien depôt, 4/5 sub. 1

Fonti a stampa

§ *Raccolte di documenti*

BALLY 1579
Bally, G., *Recueil des Edits des Ducs de la Royale Maison de Savoye depuis Emanuel Philibert, jusques à present, fait ensuite des Ordres de Madame Royale, heuresement Regente*, Chambery 1579.

BIBLIOTECA DE AUTORES ESPAÑOLES 1948 *Biblioteca de Autores Españoles*, Vol. XXXVIII, Madrid 1948.

CALENDAR OF STATE PAPERS
Calendar of state papers foreign, Elizabeth, 1558-1589, a cura di J. Stevenson, A.J. Crosby, A.J. Butler, S.C. Lomas, A.B. Hinds, R. B. Wernham, 23 voll., London, 1863-1966.

DOCUMENTS SUR L'ESCALADE DE GENEVE 1903
Documents sur l'Escalade de Genève tirés des Archives de Simancas, Turin, Milan, Rome, Paris et Londres, 1598-1603, a cura della Société d'Histoire et d'Archeologie de Genève, Genève 1903.

DUBOIN 1818-1868
Raccolta per ordine di Materie delle Leggi cioè Editti, Patenti, manifesti, Ecc. emanate negli stati di terraferma sino all'8 dicembre 1798 dai Sovrani della Real Casa di Savoia dai loro Ministri, Magistrati, Ecc. compilata dagli Avvocati Felice amato e Camillo Duboin proseguita

dall'Avvocato Alessandro Muzio colla direzione dell'intendente Giacinto Cottin, voll. 29, Torrino 1818-1868.

NUNZIATURE DI SAVOIA
Nunziature di Savoia, a cura di F. Fonzi, Vol. I, Roma 1960.

RAV
Raccolta di ambasciatori veneti al Senato, tratte dalle megliori edizioni disponibili e ordinate cronologicamente, a cura di L. Firpo, 13 voll., Torino 1965-1984.

TRAITES PUBLICS DE LA ROYALE MAISON DE SAVOIE 1836-1852
Traités publics de la royale maison de Savoie avec les puissances étrangères depuis la paix de Chateau-Cambresis jusqu'à nos jours, a cura di Solaro della Margherita, 7 voll., Torino 1836-1852.

WILD 1982
Wild, A., *Le papiers de Richelieu. Empire Allemand*, Vol. I, Paris 1982.

§ *Memorie, cronache, storie, raccolte di corrispondenza*

ARCHIVES OU CORRESPONDANCE INEDITE DE LA MAISON D'ORANGE-NASSAU 1837-1861
Archives ou Correspondance inédite de la Maison d'Orange-Nassau, a cura di G. Groen van Prinsterer, 10 voll., Leide 1837-1861.

BALMAS-DIENA 1972
Histoire memorable de la guerre faite par le Duc de Savoye contre ses subjectz des Vallées, a cura di E. Balmas, V. Diena, Torino 1972.

BRÄKER 1852
Bräker, U., *Der arme Mann in Tockenburg*, Leipzig 1852.

BREMIO 1911
Bremio, G.D., *Cronaca Monferrina (1613-1660)*, a cura di G. Giorcelli, Alessandria 1911.

BENTIVOGLIO 1645
Della Guerra di Fiandra descritta da Cardinal Bentivoglio, 3 voll., Venezia 1645.

BRUNELLI 1928
I Diari delle campagne di Fiandra, a cura di E. Brunelli, Torino 1928.

CALVIN 1877
Calvin, J., *Opera Quae Supersunt Omnia*, Vol. XVI [*Corpus Reformatorum* XLIV], a cura di G. Baum, E. Cunitz, E. Reuss, Halle 1877.

CALVIN 1878
Calvin, J., *Opera Quae Supersunt Omnia*, Vol. XVIII [*Corpus Reformatorum* XLVI] a cura di G. Baum, E. Cunitz, E. Reuss, Halle 1878.

CAMBIANO DI RUFFIA 1840
Cambiano di Ruffia, G., *Del Historico Discorso*, Torino 1840.

CAMPANA 1595
Campana, C., *Imprese nella Fiandra del Sereniss. Alessandro Farnese prencipe di Parma, &c.*, Cremona 1595.

CARDINAL DE GANVELLE 1877-1881
Correspondance du Cardinal de Granvelle, a cura di E. Poullet, C. Piot, 7 voll., Bruxelles 1877-1881.

CARNERO 1625
Carnero, A., *Historia de las Guerras civiles que ha avido en los Estados de Flandres. Des del Año 1559. hasta el de 1609. y las causas de la rebelion de dichos Estadodo*, Bruxelles 1625.

CAYET 1838
Mémoires de Victor Palma Cayet, ou chronologie novenarie contenant l'histoire de la guerre sous le regne du Très-chrétien Roy de France et de Navarre Henry IV, Londres 1789.

COLOMA 1635

Coloma, C., *Las Guerras de los Estados Baxos desde el año de MDLXXXVIII hasta el de MDXCIX*, Amberes 1635.

CORNEJO 1580

Cornejo, P., *Origen de la Civil Disension de Flandres, con lo a buelta de esta hoja en dos partes contenido*, Torino 1580.

D'ARAGON 1913

Voyage du Cardinal d'Aragon en Allemagne, Hollande, Belgique et Italie (1517-1518), a cura di M. Havard de la Montagne, Paris 1913.

DAVILA 1642

Davila, E.C., *Historia delle Guerre Civili di Francia*, Venezia 1642.

DE BEATIS 1913

Beatis, A. De, *Voyage du Cardinal d'Aragon en Allemagne, Hollande, Belgique, France et Italie (1517-1518)*, a cura di M. Harvard de la Montagne, Paris 1913.

DE HAEDO 1612

Haedo, P.D. de, *Topografia e historia general de Argel e Epitome de los Reyes de Argel*, Valladolid 1612.

DE LIGNE 1795

Ligne, C.J.de, *Mêlanges militaires, littéraires et sentimentaires*, 34 voll., Dresden 1795-1805.

DE LUCINGE 1994

Lucinge, R. de, *Lettres de 1587*, a cura di J. Supple, Genève 1994.

DE LUCINGE 2006

Lucinge, R. de, *Les occurrences de la paix de Lyon (1601)*, a cura di J.J. Supple, Genève 2006.

DENIS POSSOT 1890

Le Voyage de la Terre Sainte composé par maitre Denis Possot et achevé par Messire Charles Philippe Seigneur de Champarmoy er de Grandchamp 1532, a cura di C. Schefer, Paris 1890.

DON BERNARDINO DE MENDOZA 1592

Mendoza, Don Bernardino de, *Comentarios de Don Bernardino de Mendoça, de lo sucedido en las Guerras de los Payses baxos, desde el Año de, 1567. hasta el de 1577.*, Madrid 1592.

DOUGLAS-ROMAN 1878-1884

Douglas, C., Roman, J., *Actes et Correspondance du Connétable De Lesdiguières*, 3 voll., Grenoble 1878-1884.

FAURE DE PREGENTIL 2005

Encyclopédie du Champsaur, a cura di Robert Faure de Prégentil, imp. Louisjean, Gap 2005.

GHILINI 1903

Annali di Alessandria di Girolamo Ghilini, a cura di A. Bossola, 3 voll., Alessandria 1903.

GILLES 1644

Gilles, P., *Histoire Ecclesiatique des Eglises Reformées, recueillies en quelques Valées de Piedmont, et circonvoiusines, autrefois appelées Eglises Vaudoises, commençant des l'an 1160 de notre Seigneur, et finissant en l'an mil six cents quarante trois*, Geneve 1644.

GOULARD 1788

Goulard, S., *Mémoires de la Ligue, contenant les évenemens les plus remarquables depuis 1576, jusq'à la Paix accordée entre le Roi de France et le Roi d'Espagne, en 1598*, 5 voll., Amsterdam 1788.

LENTOLO 1906

Lentolo, S. *Historia delle grandi e crudeli persecutioni fatte ai tempi nostri in Provenza, Calabria e Piemonte contro il popolo che chiamano valdese e delle gran cose operate dal Signore in loro aiuto e favore*, a cura di T. Gay, Torre Pellice 1906.

LESTOCQUOY 1977

Corrispondance des Nonces en France Lenzi et Gualterio, Légation du Cardinal Trivulzio (1557-1561), a cura di J. Lestocquoy, Roma 1977.

MACÈ 1858

Description d'Abraham Gölnitz, in *Le Dauphiné et la Maurienne au XVIIe siècle*, a cura di A. Macè, 1858.

MATHIEU 1601

Mathieu, P., *Histoire Veritable des Guerres entre les Deux Maisons de France et d'Espagne, durant le regne des tres-Chrestiens Rois François I., Henry II, François II, Charles IX, Henry III, Roy de France et de Navarre à present regnant, jusques à la Paix de Vervins, et mort de Philippes II, Roy des Espagnes, 1598*, Lyon 1601.

MATHIEU 1604

Mathieu, P., *L'Histoire des Derniers Troubles de France, soubs les regnes des Roys Tres-Chrestiens Henry III, Roy de France et de Pologne; et Henry IIII, Roy de France et de Navarre*, Lyon 1604.

MEMOIRES DE EUSTACHE PIEDMONT 1973

Mémoires de Eustache Piédmont, notaire royal-delphinal de la ville de Saint-Antoine en Dauphiné (1572-1608), a cura di J. Brun-Durand, Genève 1973

MEMOIRES DE JACQUES PAPE DE SAINT AUBANE 1900

Mémoires de Jacques Pape de Saint Aubane, a cura di E. Maignien, Grenoble 1900.

MEMOIRES DE SULLY 1788

Mémoires de Sully, principal ministre de Henri-le-Grand, 6 voll., Paris 1788.

MEMOIRES ET CORRESPONDANCE DE DUPLESSIS-MORNAY 1824-1825

Mémoires et Correspondance de Duplessis-Mornay, pour servir à l'Histoire de la Réformation et des Guerre Cviles et Religieuses en France, sous les Règnes de Charles II, de Henri III, de Henri IV et de Louis XIII, depuis l'an 1571 jusq'en 1623, 12 voll., Paris 1824-1825.

MEMOYRE POUR L'ADVENIR 1562-1604

Mémoyre pour l'advenir par un Gapençais anonyme neveu du capitaine Esprit Michel de Beauregard, 1562-1604, a cura di P. Guillaume, in "Bullettin de la Société d'études des Hautes-Alpes", N. 17, Gennaio 1886, pp. 60-61.

MICHAUD 1838

Mémoires du sieur François de Boyvin, chevalier, baron du Villars, conseiller et maistre-d'hostel ordinaire des reynes Elizabeth et Loise, et bailli de Gez, sur les Guerres demeslées tant en Piedmont qu'au Montferrat et Duché de Milan. Par feu Messire Charles de Cossé, comte de Brissac, mareschal de France, et lieutenant-general pour le roy Henry II dela les monts; commençant en l'année 1550, et finissant en 1559, a cura di MM Michaud, Paris 1838.

MICHEL DE MONTAIGNE 1785

Journal du Voyage de Michel de Montaigne en Italie, par la Suisse et l'Allemagne en 1580 et 1581, 3 voll., Roma-Paris 1785.

NIETO 1892

Nieto, L., *Relacion de las Guerra de Barberia y del suceso y muerte del Rey don Sebastian (que N.S. haya en su Gloria) lo cual sucedio a cuatro de agosto de mil y quincentos y setente y ocho años*, in *Colección de documentos inéditos para la historia de España*, Vol. C, Madrid 1892, pp. 411-458.

PAGANI 1613

Pagani V., *Della Guerra di Monferrato, fatta da Serenissimo Signor Carlo Emanuele Duca di Savoia*, Torino 1613.

PARADIN 1561

Paradin, G., *Chronique de Savoye, avec les Figure de toutes les Alliances des mariages qui se sont faictes en la maison de Savoye, depuis le commencement jusq'à l'heure presente*, Lyon 1561.

PETER MUNDY 1907

The Travels of Peter Mundy in Europe and Asia, 1608-1667, a cura di R. Carnac Temple, 2 voll., Cambridge 1907.

PINGONE 1573

Pingone, E.F., *Augustae Taurinorum Chronica et Antiquitatum Inscriptiones*, in *Thesaurus Antiquitatum et Historiarium Italiae*, Tomo IX, Parte VI, Lione 1573.

PUFENDORF 1706

Pufendorf, S., *De Statu Imperii Germanici liber unus*, Colonia 1706.

RORENGO 1649

Rorengo, M.A, *Memorie historiche dell'introduttione dell'Heresie nelle Valli di Luserna, Marchesato di Saluzzo et altre di Piemonte*, Torino 1649.

SIR HENRY WOTTON 1907

The Life and letters of Sir Henry Wotton, 2 voll., London 1907.

STRADA 1681

Strada, F., *Guerras de Flandes. Primera Decada, desde la muerte del Emperador Carlos V. hasta el principio del Govierno de Alexandre Farnese, Tercero Duque de Parma y Placencia*, 2 voll., Colonia, 1681.

TADINO 1648

Tadino, A., *Ragguaglio dell'origine et giornali successi della gran peste contagiosa dell'anno 1629 sino all'anno 1632*, Milano 1648.

VIDEL 1631

Videl, L., *Letters du sieur Videl cy-devant secretaire de feu Monseigneur le connestable de Lesdiguières & à present de Msr le duc de Crequy dédiées à Msr le compte de Moret*, Paris 1631.

VIDEL 1649

Videl, L., *Histoire du Connestable de Lesdiguières, contenant toute sa vie; avec plusieurs choses memorables, servant à l'Histoire Generale*, Grenoble 1649.

§ *Avvisi a stampa (in ordine cronologico)*

REMONSTRANCE FAICTE AUX TROIS ESTATZ 1557

Remonstrance faicte aux trois Estatz, du pays et duché de Savoye et Bresse: touchant la guerre qui est au dict pays, Lyon 1557.

DISCOURS SUR LA COMPARAISON 1586

Discours sur la Comparaison et ellection des deux partis qui sont pour le iourd'huy en ce Royaume, Montauban 1586.

REMONSTRANCE FAICTE A MONSEIGNEUR LE DUC DE SAVOYE 1589

Remonstrance faicte a Monseigneur le Duc de Savoye, par un Gentil'homme François, pour poursuyvre et continuer ce quil a heuresement commencé contre la malheureuse ville de Geneve: Azyle et refuge de tous les Heretiques, Brigans, et voleurs de la Chrestinenté, Lyon 1589.

LA DEFFAICTE DES FORCES DE GENEVE 1590

La Deffaicte des Forces de Geneve. Par son Excellence, le Marquis de S. Rambert Grand Commandeur en Savoye, 1590.

DISCOURS VERITABLE 1590

Discours veritable des horribles meurtres et massacres commis et perpetrez de sang froid, par les troupes du Duc de Savoye, consuictes par Dom Amedée, bastard de ladicte Davoye, sur les pauvres paysans du Balliage de Géx, et mandement de Gaillart et Terny, pres de Geneve, sans aucune exception de aage ou sexe, tant hommes, femmes, qu'enfans masles et femelles, Langres 1590.

DISCOURS DE CE QUI S'EST PASSE EN DAUPHINE 1590

Discours de ce qui s'est passè en Dauphiné depuis le mois de may dernier par le sieur Desdiguières contre le duc de Savoye, Tours 1590.

ARTICLES ACCORDES SUR LE FAIT DE LA REDDITION DE LA VILLE DE GRENOBLE 1591

Articles accordés sur le fait de la reddition de la ville de Grenoble en l'obéissance du Roy, entre le sieur Desdiguières et le commis du païs, Tour 1591.

SOMMAIRE RECIT DES PROGRES DE L'ARMEE 1597

Sommaire recit des progres de l'Armée du Roy en Savoye, et de la prinse des places et victoires obtenues en icelle,, Lyon 1597.

BRIEF DISCOURS DE LA PRISE 1598

Brief Discours de la prinse faict par Monsiuer de Lesdiguieres le Dimanche 15. Mars 1598. du forte que le Duc de Savoye avoit fait faire à Barraux en l'annee 1597, Lyon 1598.

RELATIONE DEL SEGUITO NELLA IMPRESA 1598

Relatione del seguito nella impresa che il Serenissimo duca di Savoia à fatta nella ricuperatione della provincia della Moriana, et prigionia del Principe di Poys, Sig. di Crichi, col suo seguito et nobiltà, Torino 1598.

CONGRATULATION A LA FRANCE 1598

Congratulation a la France pour le benefice de la paix generale entre les Princes Chrestiens, faicte et conclue le deuxiesme May 1598, Lyon 1598.

ARTICLES ACCORDES ENTRE LE DEPUTES DU ROY 1599

Articles accordés entre le deputès du Roy, et ceux du Roy d'Espagne, à Vervins, avec ceux du Duc de Savoye, pour la negociation du traitté de paix, Grenoble 1599.

L'ALLEGRESSE DE LA FRANCE 1600

L'allegresse de la France à l'Arrive de Son Altesse de Savoye, Lyon 1600.

DECLARATION ET ORDONNANCE DU ROY 1600

Declaration et Ordonnance du Roy, contenant les causes de l'ouverture de la guerre contre le Duc de Savoye, asseureance à ses subjects qui ne porteront les armes contre sa Majesté, et commandement aus vrais François de se retirer à leur obeyssance, Lyon 1600.

LETTRES PATENTES DU ROY 1600

Lettres patentes du Roy, a messieurs de la Cour de Parlement à Grenoble, pour la levée de gens de guerre en Dauphiné contre le Duc de Savoye, Lyon 1600.

PROGNOSTICATION FAICTE AU DUC DE SAVOYE 1600

Prognostication faicte au Duc de Savoye par son devin, pour le moys d'Aoust de l'an 1600, Grenoble 1600.

L'ORACLE DE SAVOYE 1600

L'Oracle de Savoye. Contenant les predistions veritable faictes au Duc de Savoye sur l'Estat de la France, au mois d'Aoust de l'an mil six cens, avec un discours notable de se subject, Lyon 1600.

DECLARATION DU ROY 1601

Declaration du Roy, sur le Traicté de Paix faict avec Monsier de Savoye, Lyon 1601.

ORAISON PANEGYRIQUE 1601

Oraison Panegyrique de la Paix, au Tres-Chrestien Roy, Henry IV, Roy de France et de Navarre, Lyon 1601.

RISTRETTO DEL DISCORSO 1614

Ristretto del Discorso fatto sopra la Casa del Monferrato per l'Altezza Seren.ma di Savoia, Torino 1614.

RELATION DU MOUVIMENT D'ARMES 1615

Relation du mouviment d'armes faict pour les Spagnouls contre son Altesse Serenissime, Chambery 1615.

ARTICLES DE LA PAIX 1615

Articles de la paix establie entre la majesté du roy catholique et le serenissime duc de Savoye, le 21 de Juin 1615, traduit d'italien en françois, Paris 1615.

RACCOLTA DI SCRITTURE 1615

Raccolta di Scritture, manifesti, Capitoli accordati dal Serenissimo Sg.r Duca di Savoia, per risovere, e concludere la pace;et altre chiarezze continenti i disegni, c'hanno i Spagnuoli contro questa Sereniss. Casa, et li suoi Stati, Torino 1615.

RELATIONE DELL'ASSEDIO DI VERRUA 1625
Relatione dell'Assedio di Verrua, Torino 1625.

§ *Manuali militari di tattica*

BRANCACCIO 1620
Brancaccio, L., *I carichi militari o Fucina di Marte*, Venezia 1620.
FUCINA DI MARTE 1641
Fucina di Marte, nella quale con mirabile industria, e con finissima tempra d'Instruzioni Militari, s'apprestano tutti gli Ordini appartenenti à qual si voglia Carico, essercitabile in Guerra, Venezia 1641.
GALLO 1639
Gallo, A., *Destierro de Ignorancias de todo genero de Soldados de Infanteria*, Madrid 1639.
EL PERFETO CAPITAN 1590
El Perfeto Capitan, instruido en la disciplina Militar, y nueva ciencia de la Artilleria, Madrid 1590.
MORA 1570
Mora, D., *Il Soldato*, Venezia 1570.
PUYSEGUR 1748
Puysègur, F. de Chastenet de, *Art de la guerre par principes et par règles*, 2 vool, Paris 1748.
WALLHAUSEN 1616
Wallhausen, J.J. von, *Manuale Militare, oder KriegßManual*, Franckfurt 1616.

§ *Manuali militari di fortificazione*

BUSCA 1619
Busca, G. *l'Architettura militare di Gabriello Busca Milanese. Nella quale si da contezza ad ogni professore, e seguace della Guerra, fabricar fortezze, cosi al monte, come alla pianura, e della maniera di diffenderle da qualsivoglia batteria, e assalto*, Milano 1619.
FLAMAND 1611
Flamand, C., *La Guide des Fortifications et Conduitte Millitaire, pour bien se fortifier et deffendre*, 2 voll., Montbeliart 1611.
FURTTENBACH 1630
Furttenbach, J., *Architectura Martialis*, Ulm 1630.
WILHELMS 1641
Wilhelms, J., *Architectura civilis oder Beschreibung und Vorreissung vieler vornehmer Dachwerck, als hoher Helmen, Creutzdächer, Wiederkehrungen, welscher Hauben, auch Kelter, Fallbrücken*, 2 voll., Nürnberg 1641.

Bibliografia

§ *Volumi*

AGRELA 2001
Agrela, C., *Don Bernardino de Mendoza: un escritor soldado al servicio de la Monarquia Catolica (1540-1604)*, Guadalajara 2001.
AMORETTI 1984-1988
Amoretti, G., *Il ducato di Savoia dal 1559 al 1713*, 4 voll., Torino 1984-1988.
ANSELMO 2005
Anselmo, C., *Agguati e Assedi. Il castello di Volpiano tra Piemonte ed Europa*, Torino 2005.

ARZANS DE ORSUA Y VELA 1965

Arzáns de Orsúa y Vela, B., *Historia de la Villa Imperial de Potosí*, Providence 1965.

BABEAU 1885

Babeau, A., *Les Voyageurs en France depuis la Renaissance jusq'a la Revolution*, Paris 1885.

BAIRD 1886

Baird, H.M. *The Huguenots and Henry of Navarre*, 2 voll., New York 1886.

BAKEWELL 1976

Bakewell, P.J., *Silving Mining and Society in Colonial Mexico, Zacatecas 1546-1700*, Cambridge 1976.

BAKEWELL 1989

Bakewell P.J., *Mineros en la montaña roja. El trabajo de los indios en Potosí*, Madrid 1989.

BAKEWELL 1997

Bakewell, P.J. *A History of Latin America. Empires and sequels 1450-1930*, Oxford 1997.

BARBERIS 1988

Barberis, W. *Le armi del Principe. La tradizione militare sabauda*, Torino 1988.

BATAILLON 1937

Bataillon, M. *Erasme et l'Espagne*, Paris 1937.

BAYARD 1988

Bayard, F. *Le mond des financiers au XVIIe siècle*, Paris 1988.

BERGER DE XIVREY-GAUDET 1872

Xivrey, J. Berger de, Gaudet, J., *Recuil de lettres missives de Henri IV*, 8 voll., Paris 1853-1872.

BEZEGHER 1986

Bezegher, L.D. *Claix et Pont-de-Claix à travers les siècles*, Grenoble 1986.

BIANCARDI 2009

Biancardi, S., *La chimera di Carlo VIII (1492-1495)*, Novara 2009.

BIBLIOTECA DELLA SOCIETÀ STORICA SUBALPINA 1928

Biblioteca della Società Storica Subalpina, *Lo Stato Sabaudo al tempo di Emanuele Filiberto*, 3 voll., Torino 1928.

BIRGHINGHAM 2000;

Birghingham, D., *Trade and Empire in the Atlantic 1400-1600*, London 2000.

BISCHOFF-URACK 1983

Bischoff-Urack, A., *Michael Gaismair. Ein Beitrag zur Sozialgeschichte des Bauernkrieges*, Innsbruck 1983.

BLICKLE 1983

Blickle, P., *La riforma luterana e la guerra dei contadini*, Bologna 1983.

BORROMEO 1998

La Valtellina crocevia d'Europa. Politica e religione nell'età della guerra dei Trent'anni, a cura di A. Borromeo, Milano 1998.

BOURRILLY-BUSQUET 1944

Bourrilly, V.L., Busquet, R., *Histoire de la Provence*, Paris 1944.

BOXER 1969

Boxer, C.R., *The Portoguese Seaborne Empire 1415-1825*, London 1969.

BRAUDEL 2010

Braudel, F., *Civiltà e imperi del Mediterraneo nell'età di Filippo II*, 2 voll., Torino 2010.

BROSSARD 1831

Brossard, J., *Histoire politique et religieuse du Pays de Gex et lieux circonvoisins, depuis César jusqu'a nos jours*, Borg-en-Bresse 1831.

BRUNET 1842

Brunet, J.B., *Histoire Générale de l'Artillerie*, 2 voll., Paris 1842.

CAFFARO 1901

Caffaro, P. *Notizie e Documenti della Chiesa Pinerolese*, Vol. VI, Pinerolo 1901-1903.

CAIMMI 2007

Caimmi, R., *La Guerra del Friuli, altrimenti nota come Guerra di Gradisca o degli Uscocchi*, Gorizia 2007.

CALABRIA 1991

Calabria, A., *The Cost of Empire. The finances of the Kingdoms of Naples in the time of Spanish Rule*, Cambridge 1991.

CAMERON 1984

Cameron, E. *The Reformation of the Heretics. The Waldenses of the Alps*, 1480-1580, Oxford 1984.

CAPONETTO 1992

Caponetto, S. *La Riforma protestante nell'Italia del Cinquecento*, Torino 1992.

CARTER 1964

Carter, C. H., *The Secret Diplomacy of the Habsburgs, 1598-1625*, New York 1964.

CERESOLE 1890

Ceresole, V., La République de Venise et les Suisses. Relevé des Manuscits des Archives de Venise se rapportant à la Suisse et aux III Ligues Grises, Venezia 1890.

CHABRAND 1910

Chabrand, E., *Le pertuis du Viso (la plus ancienne trouée souterraine des Alpes). La légende et l'histoire*, Grenoble 1910.

CHIAPUSSO 1891

Chiapusso, F., *Carlo Emanuele I. La sua impresa sul Marchesato di Saluzzo*, in *Carlo Emanuele I. Duca di Savoia*, a cura di R. Costanzo, Torino 1891.

CONTI 1838-1841

Conti, V. de, *Notizie storiche della cittá di Casale del Monferrato*, 10 voll., Casale 1838-1841.

COPPA 2002

Coppa, A. *Francesco Paciotto architetto militare*, Milano 2002.

CORINO 1996

Corino, P.G., *Fortificazioni e Spie*, Borgone di Susa 1996.

COSTANTINI 1986

Costantini C., *La Repubblica di Genova*, Torino 1986.

DANDELET 2001

Dandelet, T. J., *Spanish Rome 1500-1700*, New Heaven 2001.

DARBY 2001

Darby, G., *Origins and Development of the Dutch Revolt*, London 2001.

DAVIS 1931

Davis, R.T., *The Golden Century Spain 1501-1622*, New York 1931.

DE CARDEVACQUE 1876

Cardevacque, A. de, *Histoire de l'Abbaye de Cercamp, ordre de Citeaux, au diocese d'Amiens*, Arras 1876.

DE CONSOLI 1999

Consoli, C. De, *Al soldo del duca. L'amministrazione delle armate sabaude (1560-1630)*, Torino 1999.

DE CRUE 1901

Crue, F. de, *Henry IV et les députés de Genève Chevalier et Chapeaurouge*, Genève-Paris 1901.

DELABORDE 1888

Delaborde, H. F., *L'expedition de Charles VIII en Italie, histoire diplomatique et militaire*, Paris 1888.

DE GRANDMAISON-Y-BRUNO 1840

Grandmaison-y-Bruno, M. de, *Le Mont-Cenis, ou description historique de ce passage des Alpes depuis Lans-le-Bourg jusqu'a Suze*, Paris 1840.

DE LAPLANE 1843

Laplane, E. de, *Histoire de Sisteron tirée de ses Archives*, 2 voll, Digne 1843.

DE LA PILORGERIE 1866

Pilorgerie, J. De la, *Campagne de la Grande Armée d'Italie commandée par Charles VIII 1494-1495*, Paris-Nantes 1866.

DE MEIJ 1972

Meij, J.C.A. de, *De Watergeuzen en de nederlanden 1568-1572*, Amsterdam 1972.

DE RUBLE 1889

Ruble, A., de *Le Traité de Cateau-Cambrésis (2 et 3 avril 1559)*, Paris 1889.

DE SIMONE 1958

Simone, R. de, *Tre anni decisivi di storia valdese. Missioni, repressioni e tolleranza nelle valli piemontesi dal 1559 al 1561*, Roma 1958.

DUCCINI 2003

Duccini, H., *Faire voir, faire croire, l'opinion publique sous Louis XIII*, Seyssel 2003.

DUCIS 1861

Ducis, C.A., *Mémoire sur les Voies Romaines de la Savoie*, Annecy 1861.

DUFFY 1987

Duffy, C., *The military experience in the Age of Reasons*, London 1987.

DUFFY 1996

Duffy, C., *Siege Warfare. The Fortress in the Early Modern World 1494-1660*, London 1996.

DUFOUR-RABUT 1881

Dufour, A., Rabut, F., *Montmélian. La place forte*, Chambery 1881.

DUKE 2003

Duke, A., *Reform and Revolt in the Low Countries*, London 2003.

EGIDI 1928

Egidi, P. *Emanuele Filiberto*, 2 voll., Torino 1928.

EHREBERG 1896-1922

Ehreberg, R., *Das Zeitaler der Fugger. Geldkapital und Creditverkeher im 16. Jahrhundert*, 2 voll, Frankfurt 1896-1922.

EILERT 1988

Riforma protestante e rivoluzione sociale. Testi della guerra dei contadini tedeschi (1524-1526), a cura H. Eilert, Milano 1988.

ELDEMAYER 2002

Eldemayer, F., *Söldner und Pensionäre. Das Netzwerk Philipps II. Im Heiligen Römischen Reich*, Munich 2002.

ELLIOTT 1963

Elliott, J. H., *Imperial Spain 1469-1716*, London 1963.

ELLIOTT 1972

Elliott, J. H., *The Old World and the New 1492-1650*, London 1972.

EMMANUELI 1991

Emmanueli, F.X., *La Provence moderne 1481-1800*, Rennes 1991.

ENGERISSE-HRNCIRIK 2009

Engerisse, P., Hrnčiřík, P. *Nördlingen 1634. Die Schlacht bei Nördlingen – Wendepunkt des Dreißigjährigen Krieges*, Weißenstadt 2009.

FAUCHE-PRUNELLE 1857

Fauché-Prunelle, A., *Essai sur les Anciennes Institutions autonomes ou populaires des Alpes Cottiennes-Briançonnaises augmenté de recherches sur leur ancien état politique et social, sur les libertés et les principales institutions du Dauphiné, ainsi que sur plusieurs points de l'histoire de cette province*, 2 voll., Grenoble-Paris 1857.

FAZY 1897

Fazy, H., *La Guerre du Pays de Gex et l'occupation genevoise (1589-1601)*, Genève 1897.

FAZY 1902

Fazy, H., *Histoire de Genève à l'époque de l'Escalade, 1597-1603*, Genève 1902.

FERNANDEZ DURO 1896-1903

Fernandez Duro, C. *Armada Española desde la union de los Reinos de Castilla y de Aragón*, 9 voll., Madrid 1896-1903.

FEROS 2000

Feros, A. *Kingship and Favouritism in the Spain of Philip III 1598-1621*, Cambridge 2000.

FIOR-SCARAMELLINI-BORGHI-OSIO 2003

Fior, M., Scaramellini, G., Borghi, A., Osio, A., *1603-2003, Il Forte di Fuentes nel Pian di Spagna*, Milano 2003.

FOX 2003

Fox, R.A., *Archaeology, History, and Custer's last Battle*, Norman 2003.

FRIGG 1982

Frigg, A. *Bünddner Kirchengeschichte*, Chur 1982.

GABEREL 1880

Gaberel, J., *Les Guerres de Genève aux XVIme, et XVIIme Siècles et l'Escalade, 12 décembre 1602*, Genève 1880.

GACHARD 1854

Gachard, L.-P., *Retraite et Mort de Charles Quint au monastère de Yuste*, 2 voll., Bruxelles 1854.

GAL 2000

Gal, S., *Grenoble au temps de la Ligue, étude politique, sociale et religieuse d'une cité en crise, vers-1562-vers 1598*, Grenoble 2000.

GAL 2004

Gal, S., *Le verb et le chaos, les harangues du premier président du parlament de Dauphiné, 1585-1595*, Grenoble 2004.

GAL 2007

Gal, S., Lesdiguières. Prince des Alpes et connetable de France, Grenoble 2007.

GALESLOOT 1854

Galesloot, A.L., *Recherches historiques sur la Maison de Chasse des ducs de Brabant et de l'ancienne cour de Bruxelles*, Bruxelles-Leipzig 1854.

GARIGLIO-MINOLA 1994-1995

Gariglio D., Minola, M., *Le Fortezze delle Alpi Occidentali*, 2 voll., Cuneo 1994-1995.

GAROGLIO 2010

Garoglio, E., *La Fortezza di Revello*, Revello 2010.

GAUTIER 1844

Gautier, T., *Precis de l'histoire de la Ville de Gap*, Gap 1844.

GIUSSANI 1905

Giussani, A., *Il forte di Fuentes. Episodi e documenti di una lotta secolare per il dominio della Valtellina*, Como 1905.

GOLOBEVA 2000

Golobeva, M., *The Glorification of Emperor Leopold I in Image, Spectacle and Text*, Mainz 2000.

GOLDSWORTHY 2000

Goldsworthy, A. *Roman Warfare*, Phoenix 2000.

GOMANE 2000

Gomane, P., *Chamousset, Les Molettes, 19 juillet-14 août 1597. La Savoie s'oppose à Henri IV et Lesdiguières*, Annecy-le-Vieux 2000.

HANSELMANN 1971

Hanselmann, J., *L'alliance Hispano-Suisse de 1587*, Bellinzona 1971.

HANSON 1983

Hanson, V. D., *Warfare and Agriculture in Classical Greece*, Pisa 1983.

HARRINGTON 2004

Harrington, P., *English Civil War Archaelogy*, London 2004.

HERRE 1907

Herre, P. *Papsstum und Papstwahl im Zeitalter Philipps II.*, Leipzig 1907.

HOLT 1995

Holt, M.P., *The French Wars of Religion 1562-1668*, Cambridge 1995.

ISAAC *1992*

Isaac, B.H., *The limits of empire. The Roman army in the East*, Oxford 1992.

ISRAEL 1995

Israel, J.I., *The Dutch Republic. Its rise, greatness and fall 1477-1806*, Oxford 1995.

JALLA 1914

Jalla, J. *Storia della Riforma in Piemonte fino alla morte di Emanuele Filiberto (1517-1580)*, Firenze 1914.

JALLA 1936

Jalla, G. *Storia della Riforma Religiosa in Piemonte durante i regni di Carlo Emanuele I e Vittorio Amedeo I, 1580-1637*, Torre Pellice 1936.

KAMEN 2003

Kamen, H., *Spain's Road to Empire. The making of a world power 1492-1763*, London 2003.

KAMEN 2006

Kamen, H., *Il duca d'Alba*, Torino 2006.

KIRSCH 1990

Kirsch, P. *The Galleon: the great ships of the Armada era*, London 1990.

KNECHT 2000

Knecht, R.J., *The French Civil Wars 1562-1598*, Harlow 2000.

KOENIGSBERGER 2001

Koenigsberger, H.G., *Monarchies, States Generals and parliaments in the Netherlands in the Fifteenth and Sixteenth Centuries*, Cambridge 2001.

KONSTAM 2004

Konstam, A., *Spanish Galleon 1530-1690*, Oxford 2004.

LABANDE-MAILFERT 1986

Labande-Mailfert, Y., *Charles VIII. Le vouloir et la destinée*, Paris 1986.

LABANDE-MAILFERT 1975

Labande-Mailfert, Y., *Charles VIII et son milieu (1470-1498). La jeunesse au pouvoir*, Paris 1975.

LA GUERRE DE 1557 1896

AA.VV., *La guerre de 1557 en Picardie. Bataille de Saint-Laurent, siège de Saint-Quentin, prises du Catelet, de Ham, de Chauny et de Noyon*, Saint-Quentin 1896.

LAVISSE 1911

Lavisse, E. *Histoire de France illustrée depuis les origines jusqu'à la rèvolution*, Vol. V, Tomo II, Paris 1911.

LEONARD 1962

Leonard, E.G., *Histoire générale du Protestantisme*, 2 voll., Parigi 1961-1964.

LEYDI 1989

Leydi, S., *Le cavalcate dell'ingegnero. L'opera di Gianmaria Olgiati, ingegnere militare di Carlo V*, Modena 1989.

LINCH 1981

Linch, J., *Spain under the Habsburgs*, 2 voll., Oxford 1981.

LOCKHART-SCHWARTZ 1983

Lockhart, J., S.B. Schwartz, *Early Latin America. A History of Colonial Spanish America and Brazil*, Cambridge 1983.

LONG 1856

Long, J.-D., *La Réforme et les Guerre de Religion en Dauphiné, de 1560 à l'Edit de Nantes (1598)*, Paris 1856.

LOVEMAN 2001

Loveman, B., *Chile. The legacy of Hispanic capitalism*, Oxford 2001.

LYNCH 2003

Lynch, M. *Mining in World History*, London 2003.

LYNCH 1992

Lynch, J., *The Hispanic World in Crisis and Change 1598-1700*, Oxford 1992.

LUTTWAK 1981

Luttwak, E., La Grande Strategia dell'Impero Romano. L'apparato militare come forza di dissuasione, Milano 1981.

MACKAY 1999

Mackay, R., *The Limits of Royal Authority. Resistance and obedience in seventy-century Castile*, Cambridge 1999.

MAFFI 2007

Maffi, D., *Il Baluardo della Corona. Guerra, esercito, finanze e società nella Lombardia seicentesca (1630-1660)*, Firenze 2007.

MALTE-BRUN 1808

Description de la Perte du Rhone, et d'une partie de son Cours depuis le Fort de l'Ecluse jusq'au Détroit de la Glière, in *Annales de Voyagers de la Géographie et de l'Histoire; ou Collection des Voyages nouveaux les plus estimés, traduits de toutes les Langues Européennes*, a cura di M. Malte-Brun, Vol. IV, Paris 1808.

MARCARINI 2005

Marcarini, A., *Il Sentiero della Regina*, Sondrio 2005.

MARTINELLI 1935

Martinelli, U., Le Guerre per la Valtellina nel secolo XVII, Varese 1935.

MAURICE 1987

Maurice, C., *Le capitaine La Cazette, 1520-1590. Les guerres de religion dans le Haut-Dauphiné (Oulx-Exilles-Briançon)*, St. Paul-de-Vence 1987.

McNALLY 2011

McNally, M., *Teotoburg Forest AD 9. The destruction of Varus and his legions*, Oxford 2011.

MENABREA 1841

Ménabréa, L. *Montmélian et les Alpes*, Chambery 1841.

MERLIN-ROSSO-SYMCOX-RICUPERATI 1994

Merlin, P., Rosso, C., Symcox, G., Ricuperati, G., *Il Piemonte sabaudo. Stato e terriotori in età moderna*, Torino 1994.

MERLIN 1995

Merlin, P. *Emanuele Filiberto. Un principe tra il Piemonte e l'Europa*, Torino 1995.

MELLE 1881

Mellé, I.O., *De la Viabilité dans la Vallée d'Aoste jusqu'en 1848*, Turin 1881.

MIQUEL 1980

Miquel, P. *Les Guerres de religion*, Paris 1980.

MOLNAR-HUGON 1974

Molnar, A., Hugon, A.A.; *Storia dei Valdesi*, 2 voll., Torino 1974.

MOR 1929

Mor, C.G., *Recenti studi su Emanuele Filiberto*, Firenze 1929.

MUSTON 1862

Muston, A., *Histoire populaire des Vaudois, enrichie de documents inédits*, Paris 1862.

NEWITT 2005

Newitt, M., *A History of Portuguese Overseases Expansion, 1400-1668*, London 2005.

OLIVERO 1858

Olivero, G. *Memorie storiche della Città e Marchesato di Ceva*, Ceva 1858.

PAGDEN 1995

Pagden, A., *Lords of all the World. Ideologies of empire in Spain, Britain and France c. 1500 – c. 1800*, New Heaven 1995.

PARKER 1979

Parker, G., *Spain and the Netherlands 1559-1659*, London 1979.

PARKER 1985

Parker, G., *Un solo Re, un solo Impero. Filippo II di Spagna*, Bologna 1985.

PARKER 1999

Parker, G., *The Great Strategy of Philip II*, New Haven 1999.

PARKER 2004

Parker, G., *The Army of Flanders and the Spanish Road 1567-1659*, Cambridge 2004.

PARRY 1966

Parry, J.H., *The Spanish Seaborne Empire*, London 1966.

PASCAL 1960

Pascal, A. *Il Marchesato di Saluzzo e la Riforma Protestante durante il periodo della dominazione francese (1548-1588)*, Firenze 1960.

PERCY 1880

Percy, J., *Metallurgy. The art of extracting metals from their ores. Silver and Gold.* London 1880.

PITTAVINO 1964

Pittavino, A. *Storia di Pinerolo e del Pinerolese*, Vol. I, Milano 1964.

POLITI 1995

Politi, G., *Gli statuti impossibili. La rivoluzione tirolese del 1525 e il programma di Michael Gaismair*, Torino 1995.

RAVIOLA 2003

Raviola, B.A., *Il Monferrato Gonzaghesco. Istituzioni ed élites di un micro-stato (1536-1708)*, Firenze 2003.

RAWLINGS 2002

Rawlings, H., *Church, Religion and Society in Early Modern Spain*, Basingstoke 2002.

ROCK 1987

Rock, D. *Argentina 1516-1987*, Berkeley 1987.

ROMIER 1913-1914

Romier, L. *Les origines politiques des guerres de religion*, 2 voll., Paris 1913-1914.

ROWEN 1988

Rowen, H.H., *The Princes of Orange*, Cambridge 1988.

RICOTTI 1861-1869

Ricotti, E. *Storia della Monarchia Piemontese*, 6 voll., Firenze 1861-1869.

RIZZI 1998

Gries, da Milano a Berna una via per l'Europa, a cura di E. Rizzi, Anzola d'Ossola 1998.

ROBERTS 1999

Roberts, P., *The French Wars of Religion*, London 1999.

ROTT 1881

Rott E., *Méry de Vic et Padavino, Quelques pages de l'Histoire diplomatique des Ligues Suisses et Grises au commencement du XVIIme Siècle*, Basel 1881.

ROTT 1882

Rott, E., *Henri IV, les Suisse et la Haute Italie. La Lutte pour les Alpes (1598-1610)*, Paris 1882.

SALUZZO 1818

Saluzzo, A., *Histoire Militaire du Piémont*, 5 voll., Torino 1818.

SANCHEZ 1998

Sanchez, M. S., *The Empress, the Queen, and the Nun. Women and power at the court of Philip III of Spain*, Baltimore 1998.

SCHÄFER 1902

Schäfer, E. *Beiträge zur Geschichte des spanischen Protestantismus und der Inquisition im 16. Jahrhundert*, 3 voll., Gütersloh 1902.

SCHULTEN 2009

Schulten, K., *L'Indépendance des Provinces Unies (1559-1659). Cents ans de sièges et de guerres*, Paris 2009.

SCOTT-BABITS-HAECKER 2007

Fields of Conflict. Battlefield Archaeology from the Roman Empire to the Korean War, a cura di D. Scott, L. Babits e C. Haecker, 2 voll., Westport 2007.

SEGRE 1905

Segre, A. *La Campagna del duca d'Alba in Piemonte nel 1555*, Roma 1905.

SEGRE-EGIDI 1928

Segre, A. Egidi, P., *Emanuele Filiberto*, 2 voll., Torino 1928.

STEIN-STEIN 2000

Stein, S.J., Stein, B.H., *Silver, Trade and War. Spain and America in the making of early modern Europe*, Baltimore 2000.

STRADLING 1981

Stradling, R. A., *Europe and Decline of Spain. A study of the Spanish system 1580-1720*, London 1981.

STRADLING 1988

Stradling, R. A., *Philip IV and the Government of Spain 1621-1665*, Cambridge 1988.

STRAUB 1980

Straub, E., *Pax und Imperium. Spaniens Kampf um seine Friedensordnung in Europa zwischen 1617 und 1635*, Paderborn 1980.

STUDI PUBBLICATI DALLA REGIA UNIVERSITÀ DI TORINO 1928

Studi pubblicati dalla Regia Università di Torino nel IV centenario della nascita di Emanuele Filiberto, Torino 1928.

SWART 2003

Swart, K.W., *William of Orange and the Revolt of the Netherland 1572-1584*, Aldershot 2003.

TANNER 1993

Tanner, M., *The Last Descendants of Aeneas. The Hapsburgs and the mythic image of the emperor*, New Heaven 1993.

TAULIER 1855

Taulier, J. *Histoire du Dauphiné depuis les temps le plus reculés jusqu'a nos jours*, Grenoble 1855.

TESTA 2003

Testa, G., *La Strada Beretta 1666. Una via per l'imperatrice "Todo el viaje en coche muy comodamente"*, Finale Ligure 2003.

THOMAS 2003

Thomas, H., *Rivers of Gold. The rise of the Spanish Empire*, London 2003.

THOMPSON 1976

Thompson, I.A.A., *War and Government in Habsburg Spain 1560-1620*, London 1976.

TICINETO 1999

Ticineto, S., *Il marchesato di Finale con Carcare, Calizzano, Pallare, Bormida e Osiglia sotto la dominazione spagnola nel XVII secolo. La strada Beretta ed il viaggio della regina nell'anno 1666*, Carcare 1999.

TRUCHET 1887

Truchet, A., *St Jean de Maurienne au XVIe siècle*, Chambery 1887.

VIGLINO DAVICO 2005

Fortezze «alla moderna» e ingegneri militari del ducato sabaudo, a cura di M. Viglino Davico, Torino 2005.

VACCARONE 1881

Vaccarone, L., *Le pertuis du Viso. Etude historique d'apres des documents inèdits conservès aux archives nationales de Turin*, Turin 1881.

VALLENTIN 1883

Vallentin, F., *Les Alpes Cottiennes et Graies. Géographie Gallo-Romaine*, Paris 1883.

VAN NIEROP 1883

Nierop, H.F.K. van, *The Nobility of Holland from Knights to Regents1500-1650*, Cambridge 1883.

VILLA 1904

Villa, A.R., *Ambrosio Spinola, primer marques de los Balbases*, Madrid 1904.

VON KOSS 1914

Koss H. von, 1914, *Die Schlachten bei St. Quentin, 10. August 1557, und bei Gravelingen, 13. Juli 1558; nebst einem Beitrag zur Kenntnis der spanischen Infanterie im 16. Jahrhundert*, Berlin 1914.

WALTON 2002

Walton, T. R., *The Spanish Treasure Fleets*, Sarasota 2002.

WEBER 1972

Weber, L., *Veit Adam von Gepeckh, Fürstbischof von Freising, 1618 bis 1651*, München 1972.

WEISENER 1889

Weisener, L., *Études sur les Pays-Bas au XVIe siècle*, Paris 1889.

WELLS 2004

Wells, P., *La battaglia che fermò l'impero romano. La disfatta di Q. Varo nella Selva di Teutoburgo*, Milano 2004.

WILLIAMS 2006

Williams, P., *The Great Favourite. The duke of Lerma and the court and government of Philip III of Spain, 1598-1621*, Manchester 2006.

WILSON 2009.

Wilson, P.H., *The Thirty Years War. Europe's Tragedy*, Cambridge 2009.

WOOD 1996

Wood, J.B., *The King's Army, Warfare, Soldiers and Society during the Wars of Religion in France, 1562-1576*, Cambridge 1996.

ZELLER 1887

Zeller, B. *Le Trois Henri, le Valois, le Lorraine, le Béarnais (1587-1589)*, Paris 1887.

ZELLER 1888

Zeller, B., *Henri IV, le Saint-Siège et l'Espagne, l'édit de Nantes et la Paix de Vervins 1594-1598*, Paris 1888.

§ *Contributi a volumi*

AMORETTI 1973

Amoretti, G., *Il forte dell'Annunziata a Rumilly (1569-1590)*, in *Di qua e di là dai monti*, a cura di G. Amoretti, Vol. I, Savigliano 1973, pp. 89-129.

BATTISTONI-LOMBARDINI 2007

Battistoni, M., Lombardini, S., *Strade e territori ai confini del Monferrato nella prima età moderna*, in *Cartografia del Monferrato. Geografia, spazi interni e confini in un piccolo Stato italiano tra Medioevo e Ottocento*, a cura di B.A. Raviola, Milano 2007, pp. 89-134.

BONARDI TOMESANI 2005a

Bonardi Tomesani, C., *Fortezze «alla moderna» e ingegneri militari del ducato sabaudo*, a cura di M. Viglino Davico, Torino 2005, all'interno del quale si vedano in particolare C. Bonardi Tomesani, *La presa di possesso di un territorio disarmato*, pp. 239-251.

BONARDI TOMESANI 2005b

Bonardi Tomesani, C., *L'avvio della ricostruzione*, pp. 259-266.

CHABOD 1986

Chabod, F., *Milano o i Paesi Bassi? Le discussioni in Spagna all'alternativa del 1544*, in *Carlo V e il suo Impero*, a cura di F. Chabod, Torino 1986, pp. 185-217.

CROXTON 2000

Croxton, D., *A territorial imperative? The military revolution, strategy and peacemaking in the Thirty Years War*, in "War in History", N. 5, 1998, pp. 253-279.

ELLIOTT 1991

Elliott, J.H., *Managing Decline: Olivares and the Great Strategy of Imperial Spain*, in *Grand Trategies in War and Peace*, a cura di P. Kennedy, New Heaven-London 1991, pp. 87-104.

FASANO GUARINI 2003

Fasano Guarini, E., *Italia non spagnola e Spagna nel tempo di Filippo II*, in *Filippo II e il Mediterraneo*, a cura di L. Lotti, R. Villari, Roma-Bari 2003, pp. 5-23.

GIANA 2007

Giana, L., *Attraversare l'Appennino tra Riviera ligure e Piemonte meridionale nel XVII secolo*, in *Per Vie di Terra. Movimenti di uomini e di cose nelle società di antico regime*, a cura di A. Torre, Milano 2007, pp. 57-84.

GRENDI 1987

Grendi, E. *Genova a metà del Cinquecento: una politica del grano?*, in E. Grendi, *La repubblica aristocratica dei genovesi. Politica, carità e commercio fra Cinque e Seicento*, Bologna 1987, pp. 173-223.

ISRAEL 1998

Israel, J.I. *The Dutch-Spanish War and the Holy Roman Empire (1568-1648)*, in *1648: War and Peace in Europe*, a cura di K. Bussmann, H. Schilling, Vol. I, Münster 1998, pp. 111-121.

MAFFI 2007b

Maffi, D., *Alle origini del "camino español". I transiti militari in Liguria (1566-1700)*, in *Finale porto di Fiandra, briglia di Genova*, a cura di A. Peano Cavasola, Finale Ligure 2007, pp. 119-150.

MASOERO-MAMINO-ROSSO 1999

Torino, Parigi, Madrid. Politica e cultura nell'età di Carlo Emanuele I, a cura di M. Masoero, S. Mamino, C. Rosso, Firenze 1999, pp. 37-79.

PASCAL 1913

Pascal, A., *Le Ambascerie dei Cantoni e dei principi protestanti di Svizzera e Germania al Re di Francia in favore dei Valdesi durante il periodo della dominazione francese in Piemonte (1535-1559)*, in "Bollettino Storico Bibliografico Subalpino", Vol. XVIII, 1913, pp. 80-119, 314-333; Vol. XIX, 1914, pp. 26-38.

PATETTA 1972

Patetta, F., *Di Nicolò Balbo professore di diritto all'Università di Torino e del "Memoriale" al duca Emanuele Filiberto che gli è falsamente attribuito*, in *L'Università di Torino nel secolo XVI e XVII*, a cura di J. Patetta, M. Chiaudano, A. Lange, M. Amietta della Corna, F. Fiscaro Vercelli, Torino 1972, pp. 7-49.

PEYROT 1959

Peyrot, G., *Influenze franco-ginevrine nella formazione delle discipline ecclesiastiche valdesi alla metà del XVI secolo*, in AA.VV., *Ginevra e l'Italia*, Firenze 1959, pp. 215-285.

PERSOONS 1964

Persoons, E. *Prieuré de Groenendael, à Hoeilaart*, in Monasticon belge, Volume 4, Liège 1964, pp. 1067-1088.

QUATREFAGES 1990

Quatrefages, R., *Le système militaire des Habsburgs*, in *Le premiere âge de l'Etat en Espagne (1450-1700)*, a cura di C. Hermann, Paris 1990, pp. 311-347.

172

REPGEN 1992

Repgen, K., *Sie wann gibt es den Begriff "Dreissigjährigen Krieg"?*, in *Weltpolitik, Europagedanke, Regionalismus: Festschrift für Heinz Gollwitzer*, a cura di H. Dollinger, Münster 1992, pp. 59-70.

RIZZO 1998

Rizzo, M., *"A forza di denari" e "per buona intelligenza co' prencipi". Il governo di Milano e la Monarchia di Filippo II*, in *Las sociedades ibéricas y el mar a finales del siglo XVI*, Vol. III, Madrid 1998, pp. 292-302.

RIZZO 1997

Rizzo, M., *Competizione politico-militare, geopolitica e mobilitazione delle risorse nell'Europa cinquecentesca. Lo Stato di Milano nell'età di Filippo II*, in *La Lombardia spagnola. Nuovi indirizzi di ricerca*, a cura di E. Brambilla, G. Muto, Milano 1997, pp. 371-387.

RIZZO 1998

Rizzo, M., *Milano e le forze del Principe. Agenti, relazioni e risorse per la difesa dell'Impero di Filippo II*, in *Felipe II (1527-1598). Europa y la Monarquia Catolica*, a cura di J. Martinez Millan, Vol. I, Madrid 1998, pp. 731-766.

RIZZO 2002

Rizzo, M., *Sulle implicazioni economiche della politica di potenza nel XVI secolo: gli alloggiamenti miliatri in Lombardia*, in *Historia y Humanismo. Estudio en honor del professor Dr. D. Valentin Vazquez da Prada*, a cura di J.M. Usunariz Garayoa, Vol. II, Pamplona 2002, pp. 265-276.

RIZZO 2009

Rizzo, M., *Alloggiare in casa d'altri. Le implicazioni economiche, politiche e fiscali della presenza militare asburgica nel territorio finalese fra Cinque e Seicento*, in *Finale fra le Potenze di Antico Regime. Il ruolo del marchesato sulla scena internazionale (secoli XVI-XVIII)*, a cura di P. Calcagno, Savona 2009, pp. 77-98.

ROSSO 1994

Rosso, C., *Il Seicento*, in P. Merlin, C. Rosso, G. Symcox, G. Ricuperati, *Il Piemonte Sabaudo. Stato e Teritori in età moderna*, Torino 1994, pp. 182-187.

ROSSO 1999

Rosso, C., *L'ordine disordinato: Carlo Emanuele I e le ambiguità dello stato barocco*, in *Torino, Parigi, Madrid. Politica e cultura nell'età di Carlo Emanuele I*, a cura di M. Masoero, S. Mamino, C. Rosso, Firenze 1999, pp. 37-79.

SOMMER-MATHIS 2001

Sommer-Mathis, A., *Ein Picaro und spanisches Theater am Wiener Hof zur Zeit des Dreißigjährigen Krieg*, in *Wien im Dreißigjährigen Krieg*, a cura di A. Weigl, Wien 2001, pp. 655-694.

SPAGNOLETTI 1972

Spagnoletti, A. *Lo Stato di Milano e l'impero di Carlo V*, in *Lo Stato e la vita religiosa a Milano nell'epoca di Carlo V*, Torino 1972, pp. 19-22.

STORRS 2007

Storrs, C. *La politica internazionale e gli equilibri continentali*, in *I Savoia. I secolo d'oro di una dinastia europea*, a cura di W. Barberis, Torino 2007, pp. 3-47.

VIDAL 2000

Vidal, J. J., *The populaion of the Spanish monarchy during the baroque period*, in *Spain and the Sweden in the Baroque Era (1600-1660)*, a cura di E. Martinez Ruiz, M. de Pi Corrales, Madrid 2000, pp. 443-469.

§ *Articoli in periodici*

ANGIOLINI 1980

Angiolini, F., *Diplomazia e politica nell'Italia non spagnola nell'età di Filippo II. Osservazioni particolari*, in "Rivista Storica Italiana", N. 93, 1980, pp. 432-469.

ASCH 1999

Asch, R.G., *Kriegsfinanzierung, Staatsbildung und ständische Ordnung in Westeuropa im 17. und 18. Jahrhundert*, in "Historische Zeitschrift", Bd. 268, 1999, pp. 635-671.

BELTRAME 1995

Beltrame, D., *Il Forte Spagnolo "Sandoval" presso Borgo Vercelli (1616-1644)*, in "Bollettino Storico Vercellese", Vol. V, A. XXIV, 1995, pp. 89-134.

BOLLEA 1907

Bollea, L. C., *Assedio di Bricherasio dato da Carlo Emanuele I duca di Savoia*, in "Miscellanea di Storia Italiana", Tomo XII, Torino 1907, pp. 317-400.

CHEVALIER 1880-1881

Chevalier, U. *Confisquation des revenus du prieuré de Taulignan per ordre de Lesdiguières, 1757-1578*, in "Bullettin d'histoire ecclesiatique et d'archeologie du diocèse de Valence", Vol. I, 1880-1881, pp. 29-34.

COMBA 1904

Comba, E. *La campagna del Conte della Trinità, narrata da lui medesimo*, in "Bullettin de la Société d'Histoire Vaudoise", N. 21, 1904, pp. 3-32.

COMBA 1905

Comba, E. *La campagna del Conte della Trinità, narrata da lui medesimo*, in "Bullettin de la Société d'Histoire Vaudoise", N. 22, 1905, pp. 7-27.

CONTRERAS GAY 1981;

Contreras Gay, J., *Aportacion al estudio de los sistemas de reclutamiento militar en la España moderna*, in "Anuario de Historia Contemporanea", VIII, 1981, pp. 7-44.

CONTRERAS GAY 1993-1994;

Contreras Gay, J., *El servicio militar en España durante el siglo XVII*, in "Chronica Nova", XXI, 1993-1994, pp. 99-122.

CONTRERAS GAY 1996

Contreras Gay, J., *El siglo XVII y su importancia en el cambio de los sistemas de reclutamientos durante el Antiguo Régimen*, "Studia Historica. Historia Moderna", XIV, 1996, pp. 141-154.

DAVIES 1990

Davies, J.M., *The Duc de Montmorency, Philip II and the House of Savoy: A Neglected Aspect of the Sixteenth-Century French Civil Wars*, in "The English Historical Review", Vol. CV, No. 417, 1990, pp. 870-892.

DAVIES 1991

Davies, J., *Neither Politique Nor Patriot? Henri de Montmorency and Philip II, 1582-1589*, in "The Historical Journal", Vol. XXXIV, No. 3, 1991, pp. 539-566.

DRELICHMAN 2005

Drelichman, M., *American silver and the decline of Spain*, in "Journal of Economic History", No. 65, 2005, pp. 532-535.

ELLIOTT 1977

Elliott, J.H., *Self-perception and decline in the early seventeenth-century Spain*, in "Past and Present", No. 76, 1977, pp. 41-61.

ELLIOTT 1983

Elliott, J.H., *A Question of Reputation? Spanish Foreign Policy in the Seventeenth Century*, in "The Journal of Modern History", Vol. 55, No. 3, 1983, pp. 475-483.

EPPENSTEIN 1920

Eppenstein, L., *Beiträge zur Geschichte des auswärtigen Kriegsdienstes der Deutschen in der zweiten Hälfte des 16. Jahrhunderts*, in "Forschungen zur Brandenburg-Preußischen Geschichte", N. 32, 1920, pp. 283-367.

IACOBONE 2003

Iacobone, D., *Strategie e realizzazioni difensive a Vercelli durante la dominazione spagnola*, in "Bollettino Storico Vercellese", A. XXXII, 2003, pp. 37-67.

JONES 1988

Jones, J.R., *The Dutch Navy and National Survival in the Seventeenth Century*, in "The International History Review, Vol. 10, No. 1, 1988, pp. 18-32.

JONES 1994

Jones, M., *War and Fourteenth-Century France*, in *Arms, Armies and Fortifications in the Hundred Years War*, a cura di A. Curry, M. Hughes, Woodbridge 1994, pp. 103-120.

LANZIMMER 1985

Lanzimmer, M, *Friedenssicherung und Zentralisierung der Reichsgewalt. Ein Reformversuch auf dem Reichstag zu Speyer 1570*, in "Zeitschrift für Historische Forschung", N. 12, 1985, pp. 287-310.

MOTOMURA 1994

Motomura, A. *The Best and Worst of Currencies: Seigniorage and Currency Policy in Spain, 1597-1650*, in "The Journal of Economic History, Vol. 54, No. 1, 1994, pp. 104-127.

LLORENTE 1868

Llorente, A., *La primera crisis de hacienda en tiempo de Felipe II*, in "Revista de España", I, 1868, pp. 317-361.

MANN 1979

Mann, J.C., *Power, force and the frontiers of the empire, in "Journal of Roman Studies"*, No. 69, 1979, pp.175-183.

NEF 1941

Nef, J.U., *Industrial Europe at the Time of the Reformation (ca. 1515 - ca. 1540)*, in "The Journal of Political Economy", Vol. 49, No. 1 (Feb), 1941, pp. 1-40.

PABLO 1957

Pablo, J. De, *Contribution à l'histoire des institutions militaires huguenotes. L'armée de mer huguenote pendant la 3e Guerre de Religion*, in "Archiv für Reformationsgeschichte", No. 47, 1957, pp. 64-76.

PARKER 1970

Parker, G., *Spain, Her Enemies and the Revolt of the Netherlands 1559-1648*, in "Past & Present", No. 49, 1970, pp. 72-95.

PARKER 1972

Parker, G., *Spain and the Revolt of the Netherlands 1559-1648. A Rejoinder*, "Past & Present", No. 55, 1972, pp. 157-159.

PARKER 1973

Parker, G., *Mutiny and Discontent in the Spanish Army of Flanders 1572-1607*, in "Past and Present", No. 58, 1973, pp. 38-52.

PASCAL 1929

Pascal, A., *La lotta contro la Riforma in Piemonte al tempo di Emanuele Filiberto, studiata nelle relazioni diplomatiche tra la Corte sabauda e la Santa Sede*, in "Bullettin de la Société d'Histoire Vaudoise", N. 53, 1929, pp. 5-35; N. 55, 1930), pp. 5-108.

PASCAL 1961

Pascal, A., *Fonti e documenti per la storia della campagna militare contri i Valdesi negli anni 1560-1561*, in "Bollettino della Società di Storia Valdese", N. 110, 1961, pp. 51-126.

PITHON 1960

Pithon, R., *Les débuts du ministère de Richelieu et la crise de la Valtelline*, in "Revue d'Histoire Diplomatique", N. 74, 1960, pp. 298-322.

PITHON 1963

Pithon, R. *La Suisse, thèatre de la guerre froide entre la France et l'Espagne pendant la crise de la Valtelline*, in "Schweizerische Zeitschrift für Geschichte", N. 13, 1963, pp. 33-53.

PROMIS 1863

Promis, C., *La vita di Francesco Paciotto da Urbino, architetto civile e militare del secolo XVI*, in "Miscellanea di Storia Italiana, Vol. IV, 1863, p. 359-442.

PROMIS 1871

Promis, C. *Gl'ingegneri militari che operarono o scrissero in Piemonte dall'anno MCCC. all'anno MDCL*, in "Miscellanea di Storia Italiana", Vol. XII, 1871, pp. 411-616.

RINGROSE 1970

Ringrose, D.R., *Carting in the Hispanic World: An example of Divergent Development*, in "The Hispanic American Historical Review", Vol. 50, No. 1, 1970, pp. 30-51.

RIZZO 1992

Rizzo, M., *Centro spagnolo e periferia lombarda all'interno dell'impero asburgico tra Cinque e Seicento*, in "Rivista Storica Italiana", N. 104, 1992, pp. 315-348.

RODRIGUEZ-SALGADO 1990

Rodriguez-Salgado, M.J., *The Spanish Story of the 1588 Armada Reassessed*, in "The Historical Journal", Vol. 33, No. 2, 1990, pp. 461-478.

SCADUTO 1959

Scaduto, M., *Le missioni di A. Possevino in Piemonte. Propaganda calvinista e restaurazione cattolica, 1560-1563*, in "Archivium Historicum Societatis Jesus", Vol. XXVIII, 1959, pp. 51-191.

SCHULZ 1976

Schulz, J., *New Maps and Landscape Drawings by Cristoforo Sorte*, in "Mitteilungen des Kunsthistorischen Institutes in Florenz", Bd. 20, H. 1, 1976, pp. 107-126.

STEIN 1888

Stein, H., *La bataille de Saint-Quentin et les prisonniers français (1557-1559)*, in "Mémoires de la Société Académique de Saint-Quentin", 4e série, Tomo VIII, 1888, pp. 162-189.

STRADLING 1979

Stradling, R.A. *Seventeenth-century Spain: decline or survival*, in "European Studies Rewiev", No. 9, 1979, pp. 157-194.

STRADLING 1986

Stradling, R.A., *Olivares and the origins of the Franco-Spanish War, 1627-1635*, in "The English Historical Review", Vol. 101, No. 398, 1986, pp. 68-94.

THOMPSON 2003

Thompson, I.A.A., *El soldado del Imperio: una proximation al perfil del recluta español en el Siglo de Oro*, in "Manuscrits", XXI, 2003, pp. 17-38.

WOOD 1984

Wood, J.B., *The impact of the Wars of Religion: A View of France in 1581*, in "The Sixteenth Century Journal", Vol. XV, No. 2, 1984, pp. 131-168.

ZURAWSKI 1988

Zurawski, S., *New Sources for Jacques Callot's Map of the Siege of Breda*, in "The Art Bullettin", Vol. LXX, No. 4, 1988, pp. 621-639.

SSTC - Schedario Storico dei Comuni Piemontesi

Volpiano, L. Provero, 1998.